Destinados para reinar

JOSEPH PRINCE

CASA CREACIÓN
Para vivir la Palabra

Para vivir la Palabra

MANTÉNGANSE ALERTA;
PERMANEZCAN FIRMES EN LA FE;
SEAN VALIENTES Y FUERTES.
—1 CORINTIOS 16:13 (NVI)

Destinados para reinar por Joseph Prince
Publicado por Casa Creación
Miami, Florida
www.casacreacion.com
©2012, 2020 Derechos reservados

Library of Congress Control Number: 2012937663
ISBN: 978-1-62136-103-9

Desarrollo editorial: *Grupo Nivel Uno, Inc.*
Diseño interior: *Grupo Nivel Uno, Inc.*

Publicado originalmente en inglés bajo el título:
  Destined to Reign
  por Joseph Prince Teaching Resources
  © Copyright Joseph Prince, 2007.
  Todos los derechos reservados.

Visite la página web del autor: www.josephprince.com

Nota de la editorial: Aunque el autor hizo todo lo posible por proveer teléfonos y páginas de Internet correctas al momento de la publicación de este libro, ni la editorial ni el autor se responsabilizan por errores o cambios que puedan surgir luego de haberse publicado.

Impreso en Colombia

21 22 23 24 25 LBS 9 8 7 6 5 4 3 2 1

Dedicatoria

Este libro está dedicado amorosamente a:

La gloria de mi Señor Jesucristo
Quien me ha bendecido por encima de cualquier cosa que yo pudiera haber imaginado jamás y quien me ha amado por encima de mi comprensión.

Wendy
Mi querida esposa, cuyo apoyo y amor por mí siempre me elevan por encima de las nubes de derrota y mediocridad. "Mujer virtuosa, ¿quién la hallará?". ¡Yo lo hice!

Jessica
Mi preciosa hija querida cuya vida, aunque aún es joven, ha mostrado maravillosos retratos de gracia que han impactado a multitudes. Cuando ella está en los brazos de papá, él es el hombre más rico del mundo entero.

Y a la amorosa comunidad de la iglesia New Creation, cuyo continuo apoyo y lealtad a su pastor están definitivamente escritos en los anales del libro del recuerdo de los cielos. ¡Ellos son un bendito gozo para su pastor!

Índice

Prefacio

TODO COMENZÓ EN 1997, cuando yo estaba de vacaciones con mi esposa Wendy. Ella estaba dormida en el asiento del pasajero, respirando suavemente cerca de mí mientras yo conducía atravesando los dramáticos paisajes de los Alpes suizos. Entonces, claramente oí la voz del Señor en mi interior; era un testimonio del Espíritu. Era una voz, y escuché a Dios decirme lo siguiente con claridad: "Hijo, no estás predicando la gracia".

Yo dije: "¿A qué te refieres, Señor? Eso es un golpe bajo. ¡Es un golpe verdaderamente bajo!". Añadí: "Yo soy un predicador de la gracia. He sido predicador de la gracia por años y, como la mayoría de predicadores, ¡predico que somos salvos por gracia!". Él dijo: "No. Cada vez que predicas la gracia, la predicas con una mezcla de ley. Intentas balancear gracia y ley como hacen muchos otros predicadores, y en el momento en que balanceas la gracia, la neutralizas. No puedes poner vino nuevo en odres viejos. No puedes poner juntas gracia y ley". Él siguió diciendo: "Hijo, muchos predicadores no están predicando la gracia del modo en que el apóstol Pablo predicaba la gracia". Él entonces terminó enfáticamente con esta afirmación que revolucionó mi ministerio: "Si no predicas la gracia radicalmente, las vidas de las personas nunca serán bendecidas radicalmente y transformadas radicalmente".

Esa poderosa palabra del Señor me sacudió, y entendí por primera vez que ciertamente yo había estado predicando un mensaje de gracia que estaba templado por la ley. Regresé a mi iglesia con un fuerte mandato de parte del Señor y comencé a predicar la gracia radicalmente.

En aquel momento nuestra congregación había llegado a un tamaño continuado de aproximadamente 2000 personas; sin embargo, poco después de mi encuentro con el Señor en los Alpes suizos, comenzamos a experimentar un crecimiento explosivo en la iglesia año tras año, y por la gracia de nuestro Señor, más de 15 000 personas asistieron a nuestros servicios el primer domingo del año 2007. El Señor ha validado su palabra no solamente en nuestra creciente congregación, sino también en la increíble transformación de miles de preciosas vidas expuestas a la predicación radical de la gracia. A lo largo de los años, he tenido el privilegio de ser testigo de la restauración de matrimonios, la cancelación sobrenatural de deudas, sanidades milagrosas, y de sentir el gozo de ver a los hijos de Dios liberados de adicciones destructivas.

En años recientes, el Señor también ha abierto puertas para que yo predique el evangelio de la gracia en Noruega, Holanda, Londres, Canadá, Australia, Tailandia e Indonesia. También hemos comenzado a retransmitir en Estados Unidos, Canadá, Australia y Uganda. La respuesta a lo que yo denomino "la revolución del evangelio" ha sido tremenda. He recibido testimonio tras testimonio del modo en que individuos han sido liberados de la atadura de la ley, y actualmente viven y disfrutan de las verdades y promesas del nuevo pacto que Jesús compró con su propia sangre.

Podrás imaginar cómo este libro ha estado cociéndose en mi corazón por muchos años. Si hay un libro que yo quería escribir a este lado del cielo, era este, y estoy muy contento de que ahora lo tengas entre tus manos. Creo que este libro te tocará y te transformará. Lo que el Señor me dijo hace unos 10 años acerca de que las vidas nunca serán radicalmente bendecidas y transformadas sin la predicación radical de la gracia aún sigue resonando con fuerza en mi corazón. Este libro trata, por tanto, de ser radicalmente transformado por su gracia, y solamente por su gracia.

¡En este libro descubrirás el secreto de la manera de Dios para reinar sin esfuerzo en la vida! El hombre ha desarrollado muchas estrategias, metodologías, técnicas y tácticas para alcanzar el éxito personal. Tan sólo mira en las librerías actualmente. De hecho, puede que estés en una de ellas en este momento. Si es así, echa un vistazo. ¿Qué ves? Probablemente encontrarás una larga selección de libros de autoayuda. Déjame declararte que hay un camino más elevado que el de confiar en tus propios esfuerzos para alcanzar el éxito en la vida. La Biblia dice en el primer versículo del Salmo 1: "Bienaventurado el varón que **no** anduvo en consejo de malos". De ahí, mientras que hay algunos "consejos" en los recursos "de malos", ¡hay un camino más elevado para el creyente! ¿Por qué confiar en la autoayuda cuando puedes tener acceso directo a la ayuda de Dios? El nombre de Jesús en hebreo, *Yeshua*, sencillamente significa Salvador. Clamemos a Él para que nos salve, en lugar de depender de nuestras propias capacidades para salvarnos a nosotros mismos.

Desgraciadamente, hay creyentes en la actualidad que no claman a su Salvador porque creen la **mentira** de que no tienen derecho alguno a hacerlo. Hay creyentes que piensan que sus errores les han descalificado para poder clamar a Dios. Algunos pueden que incluso crean que no se merecen la ayuda de Dios no han asistido a la iglesia regularmente, no han leído la Biblia lo suficiente, o no han orado bastante tiempo. Amigo mío, cuando te estás ahogando no necesitas un maestro para que te enseñe los pasos correctos que tienes que dar a fin de nadar y salvarte a ti mismo. No necesitas una lista de cosas que hacer y qué no hacer. Necesitas un Salvador que esté dispuesto a sumergirse sin temor en el agua para salvarte independientemente de lo que tú sepas o no sepas, ¡de lo que hayas hecho o no hayas hecho! No puedes ganarte por tus propias obras el deseo de Él de salvarte. ¡Es por su gracia!

Comencemos a reconocer eso en nosotros y de nosotros mismos: no podemos ni tenemos la capacidad y los recursos para salvarnos a nosotros mismos. En esencia, debemos una deuda que no podemos pagar, pero Jesús en la cruz pagó con su propia vida, una deuda que Él no tenía. Es por completo el esfuerzo y la acción de Él. Nuestra parte es creer en Él y recibir todo lo que Él ha logrado por nosotros. ¿Suena ridículamente simple, parcial e injusto? Bien, amigo mío, ¡eso es exactamente lo que hace que la gracia sea la gracia! Gracia es solamente gracia cuando es inmerecida ni se gana.

¿Estás preparado para ser tremendamente bendecido y transformado por la gracia de Él, y renunciar a tus propios esfuerzos para tener éxito, sanidad y una vida victoriosa? Creo que cuando comiences a realizar este viaje de descubrir la gracia radical de Él, tu vida nunca volverá a ser la misma. Amigo mío, ¡estás destinado a reinar!

Capítulo 1

Destinados para reinar

Tú estás destinado para reinar.

El Señor te llama a ser un éxito, a disfrutar de riqueza, a disfrutar de salud y a disfrutar de una vida de victoria. No es deseo del Señor que vivamos una vida de derrota, pobreza y fracaso.

Él te ha llamado a ser cabeza y no cola.

Si eres un hombre de negocios, Dios quiere que tengas un negocio próspero. Si eres ama de casa, estas ungida para educar hijos maravillosos en el Señor. Si eres estudiante, Dios quiere que sobresalgas en todos tus exámenes. Y si estás confiando en el Señor para una nueva carrera, Él no sólo quiere que tengas un empleo; Él quiere que tengas una posición de influencia, ¡de modo que puedas ser una bendición y un bien para tu organización!

Cualquiera que sea tu vocación, estás destinado a reinar en vida porque Jesús es Señor de tu vida. Cuando reinas en vida, reinas sobre el pecado, reinas sobre las potestades de oscuridad, y reinas sobre la depresión, sobre la pobreza, sobre toda maldición y sobre toda enfermedad y mal. ¡Tú REINAS sobre el diablo y todos sus planes!

La capacidad de reinar no depende de tu trasfondo familiar, tus calificaciones educativas, tu aspecto o cuántos ahorros tengas en tu cuenta bancaria. La capacidad de reinar se basa totalmente en Jesús, y solamente en Él. Amigo, esto no es un cliché de algún libro de autoayuda sobre pensamiento positivo. La declaración de que tú reinas está basada en una promesa que ha sido registrada por toda la eternidad en la Palabra de Dios:

> Romanos 5:17
> Pues si por la transgresión de uno solo reinó la muerte, mucho más **reinarán en vida** por uno solo, Jesucristo, los que **reciben la abundancia de la gracia** y del **don de la justicia**.

La palabra "reinar" utilizada en Romanos 5:17 es la palabra griega *basileuo*,[1] de donde obtenemos la palabra "basílica". En la antigua Roma, las basílicas se utilizaban como tribunales.[2] Por tanto, se refiere a un gobierno real, judicial. En otras palabras, reinar aquí es **reinar en vida como rey**, tener un gobierno real y poseer dominio de rey.

El secreto de reinar en vida está en recibir todo lo que Jesús ha logrado por nosotros en la cruz.

Si estás viviendo una vida de derrota, de ser derrotado por el pecado, mediante perpetua culpabilidad y condenación, con enfermedad, con ataques de ansiedad, con carencia financiera y con relaciones rotas, no estás viviendo la vida que Dios quiso para ti. Basado en la autoridad de la Palabra de Dios, estás destinado a "reinar en vida" como rey, a tener dominio de rey sobre todos tus retos y circunstancias. Eres llamado a estar **por encima** de ellos y no estar pisoteado por ellos. ¡Ha llegado el momento de que dejes de abdicar tu derecho a reinar en vida!

Actualmente, en lugar de vernos a nosotros mismos reinando en vida, vemos más evidencias de muerte reinando en el mundo. La Biblia nos dice que se debió a la "ofensa de un hombre" (el pecado de Adán en el huerto de Edén) el que la muerte comenzase a reinar. Es importante que entiendas que nuestras vidas están arropadas en las de nuestros antecesores. Tú no existirías si no hubiese estado tu abuelo. Por tanto, somos pecadores no debido a que pecamos, sino debido al pecado de Adán. Muchos creyentes siguen pensando que se convirtieron en pecadores por haber cometido pecado, pero eso no es lo que dice la Palabra de Dios. Lo que dice es que somos pecadores debido al pecado de Adán. De igual modo, somos hechos justos en el nuevo pacto no debido a obras de justicia, sino debido a la obediencia de un Hombre (Jesús) en la cruz. El secreto de reinar en vida está, por tanto, en recibir lo que Jesús ha logrado por nosotros en la cruz.

Recibir contra lograr

La Biblia afirma con mucha claridad que debemos reinar en vida mediante Jesucristo **recibiendo** dos cosas de Él: la abundancia de gracia y el regalo de la justicia. Los caminos de Dios son contrarios a los caminos del hombre. El hombre cree que para que Dios le bendiga, necesita merecer, ganarse y obtener el favor y las bendiciones de Dios mediante sus propios esfuerzos. El hombre cree que las bendiciones de Dios están basadas en su rendimiento y sus buenas obras.

Sin embargo, ese no es el camino de Dios. Su camino no trata de lograr sino de recibir. Él prometió que cuando **recibimos** la abundancia de gracia y el regalo de la justicia, reinaremos en vida. No dijo que cuando **logremos** gracia y nuestra propia justicia, reinaremos en vida. Pero por alguna razón, ¡los cristianos siguen viviendo basándose en un sistema de logros!

"Pastor Prince, si realmente es así de fácil, ¿por qué no hay más cristianos reinando en vida?".

Me alegro de que me hagas esa pregunta. Como respuesta, permite que antes te plantee otra pregunta: ¿Te das cuenta de que la mayoría de personas creen que uno necesita trabajar más duro para **lograr** éxito en la vida? El sistema de éxito del mundo está construido sobre los pilares gemelos del esfuerzo propio y la diligencia. Siempre hay algunas "leyes" a las que tienes que sujetarte, y algunos "métodos y técnicas" que tienes que seguir practicando antes de que pueda haber algún resultado. La mayoría de las veces, cualquier resultado que puedas conseguir comenzará a desvanecerse cuando ceses de seguir los métodos y pasos prescritos.

Se nos ha enseñado a enfocarnos en los logros, en hacer y en confiar en nuestros esfuerzos propios. Somos impulsados a "hacer, hacer, hacer", olvidando que el cristianismo es en realidad "hecho, hecho, hecho". El mundo te dice que cuanto más hagas, cuanto más trabajes y cuantas más horas emplees, más éxito lograrás. El camino del mundo es persistir en que trabajes más, en que te olvides de asistir a la iglesia los domingos, en que pases menos tiempo con tu esposa y tus hijos, y pases más tiempo en la oficina trabajando en la noche, los fines de semana y las vacaciones. Estoy seguro de que habrás oído que tienes que "pagar el precio"; después de todo, "sin dolor no hay beneficio", ¿cierto?

Lo que hacen los creyentes es que toman el sistema del mundo y lo aplican a su vida cristiana. En lugar de depender de la gracia de Dios para que su favor y bendición fluyan, dependen de sus esfuerzos propios para intentar merecerse el favor y las bendiciones de Dios. Sin embargo, el camino de Dios no es que seamos bendecidos por nuestros propios esfuerzos. No puedes ganar las bendiciones de Dios mediante tu rendimiento. Las bendiciones de Dios están basadas totalmente en su gracia. Sus bendiciones sobre tu vida tienen que ser inmerecidas, no pueden ganarse ni obtenerse por el mérito. En otras palabras, no hay nada que puedas hacer para merecer sus bendiciones, porque están basadas por completo en **recibir a Jesús**, y mediante su obra terminada, la abundancia de la gracia y el regalo de la justicia.

Dios quiere que dejemos de intentar lograr y comencemos a recibir el favor, las bendiciones y la sanidad que Jesús logró en la cruz. Cuando Él estaba colgado en la cruz hace unos 2000 años, clamó en alta voz: "**¡Consumado es!**".[3] Todo lo que tú y yo requerimos para reinar en vida fue logrado en el Calvario por nosotros. Por eso llamamos a lo que Jesús hizo en la cruz su **"obra consumada"**. Él la terminó. Él la completó. ¡Está HECHO! ¡Lo único que funciona es la obra terminada! ¡Deja de hacer lo que ya está HECHO! ¡Deja de hacer y comienza a recibir lo que Jesús ha HECHO!

La obra está terminada, siéntate

Recientemente estaba con mi querido amigo, Brian Houston, y él compartió conmigo que su molestia cuando se trata de cantos de adoración son los cantos que intentan pedir lo que Jesús ya ha logrado por nosotros en la cruz. Yo estoy totalmente de acuerdo con Brian, y creo que todos estamos de acuerdo en que Brian es alguien que sabe de lo que habla cuando se trata de cantos de adoración. Brian es el pastor principal de la iglesia Hillsong, y Dios ha ungido verdaderamente su iglesia para escribir hermosos cantos de alabanza y adoración que han impactado a toda una generación de adoradores en estos últimos tiempos. De hecho, algunos de mis cantos favoritos de adoración son de Hillsong. En mis momentos de quietud delante del Señor, cuando le doy gracias por haber pagado el precio completo en la cruz por todos mis pecados, mi enfermedad y mi pobreza, mi corazón rebosa de gratitud y le adoro:

> Eres magnífico, eternamente
> Maravilloso, glorioso
> Jesús
> Nadie se comparará jamás a ti
> Jesús[4]

Oh, me encanta cuando el Señor responde llenando todo mi estudio de su presencia tangible, ¡y mi corazón comienza a arder en la presencia de mi amante! Le recuerdo a mi iglesia que no siempre tenemos que sentir su presencia tangible, porque no es eso por lo cual vivimos hoy. Pero cuando uno **siente** su presencia, especialmente durante momentos de profunda adoración íntima, disfruta de Él, saborea su amor, ¡y permite que su abrazo te lave!

Deléitate en los momentos en su presencia cuando Él te renueva, te restaura y te sana. No tienes que esperar a que sea domingo para adorar al Señor. No necesitas una banda de varias personas y un líder de alabanza para adorar a tu Salvador. Allí donde estés, sin instrumentos, puedes levantar tus manos, tu voz y tu corazón, y adorarle a Él y darle gracias por su obra terminada y su gracia en tu vida.

¡Aleluya! ¡Él es tan hermoso!

Me encantan los cantos de adoración que están llenos de la persona de Jesús y de su obra terminada. En mi iglesia, he encargado a mi director de música que se asegure que los cantos que utilizamos en las reuniones de nuestra iglesia sean cantos que testifiquen de la obra terminada de Jesús. Por ejemplo, bajo el nuevo pacto no tenemos que seguir pidiendo perdón al Señor en nuestros cantos porque **Él ya nos ha perdonado.**[5] Quiero que digas lo siguiente en voz alta conmigo:

"¡Ya he sido perdonado!".

¡La sangre de Jesús nos ha limpiado una vez para siempre!

La Palabra de Dios declara lo siguiente sobre la obra terminada de Jesús en la cruz:

> Hebreos 10:12-14
> Pero Cristo, habiendo ofrecido una vez **para siempre un solo sacrificio** por los pecados, **se ha sentado** a la diestra de Dios…porque con una sola ofrenda **hizo perfectos para siempre** a los santificados.

Su obra terminada en la cruz fue ofrecida como un sacrificio PARA SIEMPRE, y cuando recibiste a Jesucristo en tu vida, ¡fuiste PERFECCIONADO PARA SIEMPRE! ¿Y cuánto dura para siempre? Busqué la palabra griega original para "para siempre" en este versículo, ¿y sabes qué? ¡"Para siempre" significa para siempre! Has sido perfeccionado para siempre por la sangre limpiadora de Jesús, ¡no por la sangre de sacrificios animales que **nunca** pueden quitar los pecados!

Puede que te sorprenda descubrir que hay muchos creyentes en la actualidad que no creen que hayan sido perfeccionados para siempre por la obra terminada de Jesucristo. Siguen dependiendo de sus propios esfuerzos para calificarse a sí mismos. Quizá tú mismo te preguntes: "¿Cómo puedo estar totalmente seguro de que todos mis pecados ya han sido perdonados?". ¡Buena pregunta! Notemos que después de que Jesús ofreciera su vida como sacrificio y pago por todos nuestros pecados, ¡Él "se sentó"!

Él se sentó a la diestra del Padre. ¿Entiendes que bajo el antiguo pacto "todo sacerdote **está día tras día ministrando** y ofreciendo muchas veces los mismos sacrificios, que **nunca pueden quitar los pecados**"?[6] Pero la Biblia dice después que Jesús, "habiendo ofrecido una vez para siempre un solo sacrificio por los pecados, **se ha sentado**".

Jesús se ha sentado para demostrarnos que la obra ciertamente está terminada. Bajo el antiguo pacto, el sacerdote que servía en el tabernáculo de Moisés nunca se sentaba, sino que estaba "día tras día ministrando" porque su obra nunca podría estar terminada. La sangre de los toros y los carneros "nunca puede quitar los pecados". De hecho, ¿has observado que en el lugar santo del tabernáculo de Moisés no hay ni un solo mueble preparado donde el sacerdote se siente? No encontrarás ni una sola silla en el lugar santo. Encontrarás el altar del incienso, la menorah e incluso una mesa de la proposición, pero es interesante que no hay ninguna silla. Eso se debe a que la obra del sacerdote **nunca terminaba**. Solamente la obra de Jesús es una **obra terminada**. Y Él no sólo se sentó a la diestra del Padre; ¡nos hizo SENTAR CON ÉL!

Efesios 2:4-6
Pero Dios, que es rico en misericordia, por su gran amor con que nos amó, aun estando nosotros muertos en pecados, nos

dio vida juntamente con Cristo…y nos hizo sentar en los lugares celestiales con Cristo Jesús.

Quizá te preguntes: "¿De qué se trata todo esto de 'sillas' y 'sentarse'?". Bien, amigo, "sentarse" en la Biblia es un cuadro del creyente que descansa en la obra terminada y completada de Jesús. Él ha terminado toda la obra de la cruz por ti y ahora está sentado a la diestra de Dios. Como todo ha sido logrado por ti, esto significa que puedes dejar de depender de tus propios esfuerzos para ganarte las bendiciones de Dios y calificarte para ellas en tu vida. ¡Puedes sentarte con Jesús a la diestra del Padre!

Deja de depender de tus propios esfuerzos para ganarte las bendiciones de Dios y calificarte para ellas en tu vida.

Ahora, escucha con atención lo que estoy diciendo. No estoy defendiendo una vida de pasividad y pereza. Puedes hacer cursos, leer libros, hacer tu trabajo con diligencia y otras cosas, pero tu confianza no debe estar en esas cosas; debe estar en lo que Jesús ha hecho por ti. Por tanto, si eres un estudiante, por ejemplo, por todos los medios estudia mucho. ¡Saca las mejores calificaciones para la gloria de Dios! Pero no confíes en tu inteligencia o tus calificaciones para que esas cosas te produzcan las bendiciones de Dios.

La gracia de Dios no nos hace ser perezosos e improductivos. Por el contrario, te hace trabajar más abundantemente para su gloria. El apóstol Pablo, un predicador de la gracia de Dios y de la obra terminada de Jesús, dijo que él trabajaba más abundantemente que todos ellos.[7] En el nuevo pacto, la manera de Dios es bendecirte primero, y el conocimiento de su bendición te da la capacidad para trabajar más abundantemente. En otras palabras, no trabajamos para ser bendecidos, sino más bien tenemos la capacidad de trabajar porque **ya somos bendecidos**. ¿Puedes ver la premisa diferente para trabajar en el nuevo pacto?

Muchos creyentes están derrotados en la actualidad porque batallan para calificarse para las bendiciones de Dios mediante sus propias obras. El esfuerzo propio te robará el reinar en vida por la gracia de Él. No puedes ganarte tu salvación, tu sanidad o tu victoria financiera mediante tus propios esfuerzos. Si el mayor milagro de todos, ser salvos del infierno, viene por gracia mediante la fe, y no por tus obras, cuánto más los milagros menores, como sanidad, prosperidad y matrimonios restaurados.

Amigo mío, Jesús ha logrado todo en la cruz. Nuestra parte es confiar en su obra perfecta, recibir con brazos abiertos la abundancia de gracia y el regalo de la justicia, y comenzar a reinar en vida por medio de uno: Jesucristo. Que tu oración sea hoy que dejes de intentar ganarte la gracia y la justicia de Dios. Permite que el Espíritu Santo te enseñe a comenzar a depender de la obra terminada de Jesús y a comenzar a recibir mediante su gracia. ¡Esta es la manera de Dios de tener éxito, sanidad y una vida victoriosa sin esfuerzo!

Capítulo 2

La ley ha sido cumplida

RECUERDO QUE ME invitaron a hablar en una convención hace algunos años, y cuando uno de los oradores pasó a la plataforma para predicar, dijo con gran convicción en su voz: "¡El mayor llamado en tu vida es con tu familia!". A la multitud le encantó, y todo el auditorio aplaudía y animaba en acuerdo. En la sesión siguiente, otro de los oradores se puso en pie y declaró con mucha pasión en sus ojos que "el mayor llamado en tu vida es a las misiones". Esa vez, el grupo se emocionó mucho y todo el auditorio resonaba con gritos de ¡"Amén"!

Entonces llegó mi turno para predicar, y oré: "Dios, ellos ya han agotado todos los 'mayores llamados'. Dame algo". Y cuando me puse en pie, el Señor puso lo siguiente en mi corazón y lo compartí: "¡El mayor llamado en tu vida es a ser un adorador!" Mira, mucho después de que todas las misiones hayan sido logradas en la tierra, y mucho después de que las familias estén unidas en el cielo, seguiremos adorando a nuestro hermoso Salvador Jesucristo por todo lo que Él ha hecho por ti y por mí, durante toda la eternidad.

¡Todo se trata de Jesús! ¡Todo se trata de su obra terminada!

Cuanto más aprecies la obra terminada de Jesús y todo lo que Él ha hecho para que tú reines en vida, ¡más le adorarás y le glorificarás! Leamos la Palabra de Dios para ver más de su obra terminada.

Juan 1:17
Pues la ley por medio de Moisés fue dada, pero la gracia y la
verdad vinieron por medio de Jesucristo.

¿Has observado que la verdad está del lado de la gracia, no de
la ley? Notemos también que la ley fue **dada**. Esto implica un sentimiento de distancia. Como contraste, ¡la gracia **vino**! La gracia
es personal y vino como una persona: la persona de Jesucristo. La
ley es dura, fría e impersonal. No puedes tener una relación con
dos tablas de piedra; pero la gracia es amable y cálida. La gracia
no es una enseñanza o doctrina; la gracia es una persona, y puedes tener una relación con una persona. Dios no está interesado
en mera obediencia y sumisión; Él es un Dios de amor y anhela
tener una relación íntima contigo. Esto es lo que hace que el cristianismo sea único. Muchos de los sistemas de creencias del mundo están gobernados por códigos morales, normas y leyes. Pero el
cristianismo no se trata de esas cosas; se trata de tener una relación
con el Dios todopoderoso.

Nuestro Dios vino, murió una muerte cruel en la cruz y pagó toda
la deuda de pecado con su propia vida para que tú y yo podamos reinar en vida hoy. Su sacrificio en la cruz habla de relación. Jesús vino
a reconciliar al hombre pecador con un Dios santo. Cuando recibes a Jesucristo como tu Señor y Salvador, eres hecho santo y justo
por su sangre una vez para siempre. Y puedes entrar confiadamente en la presencia del Dios todopoderoso sin ninguna culpabilidad,
condenación o esperanza de castigo. Debido a la cruz, el precio por
el pecado ha sido pagado, el juicio ejecutado, la ira hacia el pecado
extinguida, el velo rasgado y el camino hacia la intimidad con Dios
abierto. El pecado ya no te obstaculiza para que entres en la presencia de Él. ¡Su sangre ha quitado todo vestigio de tus pecados!

---

*Nuestro Dios vino, murió una muerte cruel en la
cruz y pagó toda la deuda de pecado con su propia
vida para que tú y yo podamos reinar en vida hoy.*

Jesús cumplió la ley

En el momento en que sitúas de nuevo la ley de Moisés entre Dios y tú, estás negando la obra terminada de Jesús, porque si la justicia viniese por la ley, entonces Cristo murió en vano.[1] El cristianismo no puede ser reducido a una lista impersonal de cosas que hacer y no hacer. La muerte de Jesús ha cumplido los requisitos de la justicia de la ley del viejo pacto. La Palabra de Dios nos dice que el "acta de los decretos" ha sido clavada en la cruz.[2] Jesús vino para cumplir todos los requisitos de la ley por nosotros, de modo que el camino a Dios ahora está abierto. ¡Aleluya!

"Pastor Prince, usted está diciendo que ya no estamos bajo la ley, pero Jesús mismo dijo que Él no había venido a abolir la ley".

Eso es totalmente cierto, amigo mío, pero tienes que citar por completo lo que Jesús dijo. Él dijo: "no he venido para abrogar, **sino para cumplir**".[3] Jesús no barrió la ley y la metió bajo la alfombra, sino que vino y cumplió perfectamente todos los decretos de la ley por nosotros. Todo lo que nosotros no podíamos hacer, Él lo hizo por nosotros. Así, ¡mediante Jesús se ha cumplido la ley!

Cuando hayas saldado tu deuda con el banco por la hipoteca de tu casa, te recomiendo que dejes de enviar tus pagos mensuales, porque ya has saldado tu deuda. Si el banco te envía una carta pidiéndote más pagos, lo único que tienes que hacer es presentar la escritura de tu casa. Del mismo modo, la deuda que tú y yo le debíamos a la ley ya la ha pagado nuestro Salvador Jesucristo. ¡Aleluya! Cuando el diablo llegue a acusarte con la ley, y te diga que aún eres deudor y que has fracasado, lo único que debes hacer es enseñarle el pago que Jesús hizo en la cruz. Cristo es tu escritura, razón por la que hoy te llamas **cristi**ano. Tú no te perteneces, porque has sido comprado con la preciosa sangre de Jesucristo. ¡La ley ya no puede atraparte más!

El diablo ha sido desarmado

Probablemente ya sepas que el tema del "desarme nuclear" está en las noticias de todo el mundo. ¿Pero eres consciente de que existe alguien más siniestro que ya ha sido desarmado? La Biblia dice que Dios "desarmó a los gobernantes y a las autoridades espirituales". Sabemos por el libro de Efesios que "gobernantes y autoridades" son términos que hacen referencia a Satanás y sus huestes.[4] Entonces el diablo ya ha sido desarmado. Pero ¿sabes qué arma llevaba cuando fue desarmado? Veamos lo que dice sobre esto la Palabra de Dios:

> Colosenses 2:14-15
> Él anuló el **acta con los cargos** que había contra nosotros y la eliminó clavándola en la cruz. De esa manera, desarmó a los gobernantes y a las autoridades espirituales. Los avergonzó públicamente con su victoria sobre ellos en la cruz.

Según el contexto del versículo, el diablo fue desarmado de su "acta con los cargos que había contra nosotros". ¿Qué "acta con los cargos" era tan poderosa que necesitaba la muerte de Jesús para anularla? En el monte Sinaí, Dios escribió los Diez Mandamientos en dos tablas de piedra. El "acta con los cargos" era entonces una referencia a la ley que fue escrita mediante el dedo de Dios. El diablo después se armó con la ley para acusar y condenar al hombre. Ahora escucha esto con atención: Dios no entregó la ley para armar al diablo, pero el diablo, sabiendo que la ley era en contra del hombre, se aprovechó de ella y la ha estado usando contra el hombre.

Has sido redimido de la maldición de la ley.

La ley siempre condena y mantiene al hombre alejado de Dios. De ahí que el diablo la use como su arma para alienar más al hombre de Dios. Por eso cuando Dios clavó la ley a la cruz, ¡hizo un espectáculo público del diablo y todos los poderes de las tinieblas! Una vez clavada la ley a la cruz de Jesús, Dios sabía que la ley ya no tendría el poder de condenar al hombre mientras él creyera en Jesús. Por tanto, cuando sabes y crees que **Jesús ha cumplido por completo los justos requisitos de la ley, el diablo no puede usar la ley para condenarte cada vez que falles.** Aunque use la ley y remarque tus pecados hoy, puedes señalar a la cruz de Jesús y rechazar la condenación. Quizá digas: "Nadie puede borrar el acta de Dios". Sí, tienes razón; ningún hombre lo puede hacer, ¡pero Dios sí puede! Y Dios lo hizo de manera justa. Amigo mío, has sido redimido de la maldición de la ley. El diablo y su equipo han sido desarmados. ¡Aleluya!

Sin embargo, si insistes en estar bajo la ley, ¡en realidad estás volviendo a armar al diablo! Dios ha clavado la ley. Él ha borrado sus requisitos, la ha quitado del camino y ha desarmado al diablo; pero cuando tú mismo te sometes al sistema del antiguo pacto de la ley, estás volviendo a poner ese arma en manos del diablo. Toda enseñanza que dice: "Tenemos que cumplir la ley para que Dios nos bendiga", es poner el arma de la ley de nuevo en manos del diablo. En vez de descansar en el desarme de Dios, ¡la gente esta rearmando y remilitarizando los poderes de las tinieblas!

Permíteme subrayar que la ley es santa, justa y buena. Por favor, no creas que estoy diciendo lo contrario, pero aunque la ley es santa, buena y justa, no tiene la capacidad de hacerte santo, justo y bueno. Mira, la ley se diseñó para poner en evidencia tus debilidades, tus pecados y tu ineptitud para ser santo, justo y bueno. Es como un espejo que expone tus fallos: tus imperfecciones y espinillas. Pero no puedes tomar el espejo y comenzar a frotar tu rostro con él para limpiar tus imperfecciones y espinillas, ¡porque ese no es el propósito del espejo! Tienes que entender que por mucho que guardes la ley, eso nunca podrá hacerte santo. Sólo la sangre de Jesús puede hacerlo. Sin embargo, la ley **es** santa. No proviene del diablo, sino de Dios mismo.

El propósito de la ley

Dios dio la ley con un propósito, y es que mediante la ley, el mundo tuviera conocimiento del pecado,[5] y reconociera su necesidad de un Salvador. Sin ley, no habría pecado.[6] Por ejemplo, si no hubiera una ley sobre la velocidad a la que se puede conducir en una carretera, es decir, si no hubiera límite de velocidad, la policía no podría detenerte y ponerte una multa por exceso de velocidad. En términos sencillos, sin ley no hay pecado. No reconocer el pecado equivale a no tener necesidad de un Salvador. La ley se dio para llevar al hombre al límite de sí mismo, para que en su desesperación viera su necesidad de Jesús. Gracias a la ley, ningún hombre puede decir que no es pecador y ningún hombre puede decir que no necesita a Jesús. Ese es el propósito de la ley. No se diseñó para hacerte bueno, sino para poner en evidencia tu falta de bondad.

Lo que el diablo ha hecho ha sido que el hombre tenga siempre en la mente la ley, para que constantemente sienta condenación y culpabilidad. El diablo es el maestro legalista que constantemente te recuerda lo indigno que eres. Se le conoce como el acusador de los hermanos.[7] Estos son algunos de sus ataques más comunes:

"¿Y tú te llamas cristiano?"

"¡Eres un hipócrita!"

"Olvídate de orar. Dios nunca escuchará tus oraciones"

"Mira tu vida. ¿Cómo te atreves a ir a la iglesia?"

Amigo mío, son mentiras, ¡TODO mentira! El diablo está usando la ley para que seas consciente de todos tus fallos, pero mediante Jesucristo ya no estás bajo la maldición de la ley. ¡El poder de la cruz ha desarmado al diablo! Jesús, que no conoció pecado, fue condenado por ti en la cruz. Mediante Jesucristo, ahora eres justificado aparte de las obras de la ley. Por eso cuando oigas la voz del acusador condenándote, recuérdale que eres la justicia de Dios mediante Jesucristo. ¡Decláralo en voz alta! Vamos, dilo conmigo tres veces, cada vez más fuerte:

"¡Soy la justicia de Dios mediante Jesucristo!"

"¡Soy la justicia de Dios mediante Jesucristo!"

"¡Soy la justicia de Dios mediante Jesucristo!"

La justicia es un regalo. No es una recompensa por obedecer perfectamente la ley. Hoy estás vestido no con tu propia justicia, que es justicia propia, sino con la justicia de Jesucristo. Dios te ve tan justo como a Jesús mismo.

Sólo la gracia produce esperanza

Sólo la predicación radical de la gracia produce esperanza en los creyentes. Sólo la obra consumada de Jesús puede darnos sanidad, plenitud y paz shalom. Algunas personas dicen que la vida cristiana es muy dura. Amigo mío, no es dura, ¡es imposible! El único que puede vivirla es Jesús mismo, y quiere hacerlo hoy en nosotros. Por eso no depende de nuestros propios esfuerzos el cumplir la ley de Moisés. Fue cumplida por nosotros y el precio de nuestros pecados se pagó en la cruz. Nuestra parte hoy es creer en nuestro Salvador, y recibir de Él la abundancia de gracia y el regalo de la justicia. La vida cristiana es una vida de descanso en Cristo Jesús y en su obra consumada. Ha llegado el momento de descansar de tus propios esfuerzos, ¡y de disfrutar a Jesús! El diablo odia el evangelio de gracia porque hace que el creyente reine en la vida; y cuando el creyente reina, ¡no lo hace el diablo!

Sólo la obra consumada de Jesús puede
darnos sanidad, plenitud y paz.

Capítulo 3

Controversias en torno al evangelio de la gracia

¿ALGUNA VEZ TE has preguntado por qué en cuanto pronuncias la palabra "gracia", (ni tan siquiera hablemos aún de la abundancia de gracia), la gente se pone a la defensiva?

Oirás decir a la gente: "Oh…ten cuidado con ese predicador de la gracia. He oído que viene a la ciudad", o: "Debes tener cuidado, demasiada gracia no es buena para ti. Hay que compensarla con la ley". ¿Alguna vez te has preguntado de dónde vienen todos estos temores y aprensiones?

Piensa en todas las películas de Indiana Jones que has visto. Antes de que el héroe Indiana pudiera apropiarse de cualquier reliquia costosísima, tuvo que vencer los obstáculos y las trampas que rodeaban al valioso objeto. Dardos de fuego le pasaban zumbando por la izquierda. Flechas envenenadas volaban hacia él por la derecha. Hoyos escondidos llenos de lanzas con picos irregulares delante de él y pedruscos gigantes le caían desde arriba. Se construyeron tantos obstáculos simplemente porque detrás de ellos hay un tesoro.

En el momento en que aprendas a recibir la gracia, ¡comenzarás a reinar en vida!

Por la misma razón, el diablo ha construido muchos obstáculos y barreras en torno al evangelio de la gracia, ya que sabe muy bien que en el momento en que aprendas a recibir la gracia, ¡comenzarás a reinar en vida! El diablo viene para robar, matar y destruir.[1] Él quiere verte arruinado y hecho pedazos. No quiere verte reinar en vida, así que ha estado trabajando mucho para impedir que los creyentes reciban la abundancia de gracia y el regalo de la justicia.

Controversias: la estrategia del diablo

La estrategia del diablo es rodear de controversias las verdades de Dios. Para impedir que el pueblo de Dios se beneficie de la plenitud de las promesas de Dios, levanta controversias como barreras alrededor de estas verdades. **¡Siempre se puede conocer lo poderosa que es una verdad por el número de controversias que el diablo levante a su alrededor!** La Palabra de Dios nos recuerda que no ignoremos las maquinaciones del diablo. Cuando Jesús murió en la cruz, la cabeza de la serpiente fue aplastada. Dios le dio al diablo un PhD: **D**año **P**ermanente en los **h**emisferios. Así que descubrirás que a las estrategias del diablo siempre les falta creatividad, que lo que está haciendo ahora es lo que ha hecho en el pasado.

Por ejemplo, cuando Dios estaba restaurando la verdad de la sanidad en el Cuerpo de Cristo, el diablo puso un letrero que decía. "¡Herejía!". Durante muchos años la Iglesia miró este letrero y retrocedió, diciendo: "Eso es herejía. Eso es peligroso y polémico. Olvidémonos de hablar de la sanidad en la iglesia".

En lugar de estudiar la Palabra de Dios para comprobar lo que Dios mismo dice sobre la sanidad, ¡la Iglesia retrocedió! No importó que cuando Jesús estuvo en la tierra, más de dos tercios de su ministerio se basó en la sanidad de los enfermos. Él iba sanando a los enfermos, y a todos los que tocaba eran sanados. La Biblia dice: "Y toda la gente procuraba tocarle, porque poder salía de él **y sanaba a todos**".[2]

Desearía que alguien en Hollywood produjera la escena que describe Lucas 6:19. (Mel Gibson, ¿estás leyendo esto?). Todos los enfermos, cojos y ciegos acudían a Jesús, ¡y bum! El poder sanador de Jesús se liberaba de forma poderosa cuando todos los que le tocaban eran sanados. ¡Es una imagen poderosa para tener en mente si estás esperando alguna sanidad de parte de Dios!

El mundo no tiene la verdad, así que lo que hace es envolver ficción y presentarla como verdad. Presentan criaturas del espacio exterior y te quieren hacer creer que los alienígenas son reales. En el otro lado de la moneda, nosotros los creyentes tenemos la verdad, pero la presentamos y la envolvemos como si fuera ficción. ¡Vamos! Creyentes, tenemos la verdad. ¡Proclamemos la verdad del evangelio de Jesús con osadía! Sólo la verdad de la gracia y el poder de Jesús tiene la unción de liberar a la gente. Creo con todo mi corazón que Dios está levantando una nueva generación de directores, productores y guionistas por todo el mundo que presentarán la verdad del evangelio de Jesús en toda su pureza y poder.

Ahora bien, cuando Dios estaba restaurando la verdad de la prosperidad en la Iglesia, de nuevo se pusieron letreros que lo tachaban de herejía. Durante muchos años, la Iglesia se apartó de la enseñanza de la prosperidad porque traía polémica. De nuevo, no importó que la Biblia declarase que Jesucristo se hizo pobre en la cruz para que nosotros mediante su pobreza pudiéramos ser prósperos.[3] La Iglesia se retiró, diciendo: "Olvidemos esto. Es demasiado controvertido".

No entiendo por qué algunos creyentes luchan por su derecho a estar enfermos y ser pobres.

¿Acaso tú como padre o madre quieres que tus hijos estén enfermos y vivan en la mayor miseria?

¿Por qué llevas a tus hijos al doctor cuando no están bien?

¿Por qué les das la mejor educación que puedes?

¿No es porque quieres que tus hijos sean bendecidos, estén sanos y tengan un futuro próspero? ¿Crees que tu Padre celestial quiere menos para ti? ¿Realmente piensas que tu Padre celestial te bendecirá con una mano escasa cuando las calles del cielo están hechas de oro puro? Escucha con atención: las calles del cielo no están chapadas en oro. ¡Son de oro puro! Piensa en esto un momento. Si tú en la tierra sabes darle buenos regalos a tus hijos, **¡cuánto más tu Padre en el cielo!**[4]

Reconoce que el diablo ha estado usando la controversia como un medio a lo largo de toda la historia de la Iglesia para impedir que los creyentes tengan acceso a las verdades más poderosas de Dios. Construyó barreras de controversia en torno a la sanidad, la prosperidad y la gracia para impedir que los creyentes reinen sobre la enfermedad, la pobreza y el pecado. Cuantas más controversias encuentres en torno a una verdad de Dios, más poderosa debe de ser esa verdad.

Presta mucha atención a lo que estoy diciendo. No todas las controversias están basadas en la verdad de la Palabra de Dios. Tenemos que probar todo con lo que dice la Biblia. No obstante, la controversia es una herramienta que el diablo usa para impedir que el pueblo de Dios acceda a las verdades de Dios. Él es un mentiroso astuto y un ladrón engañoso, así que tenemos que basar lo que creemos en la Palabra de Dios y probar todo con las Escrituras. No te apartes de la gracia sólo porque hayas oído que es polémico. Estudia la Palabra de Dios por ti mismo y ve lo que dice sobre la gracia.

Favor merecido contra inmerecido

"¡Ah, entonces es usted uno de esos predicadores del 'evangelio de la prosperidad'!".

Amigo, no existe algo llamado "el evangelio de la prosperidad". Tan sólo hay un evangelio en la Biblia, y es el evangelio de Jesucristo. Sin embargo, cuando crees en el evangelio de Jesús, que está basado por completo en su gracia, dará como resultado salud y prosperidad. De hecho, el evangelio de Jesucristo lleva a bendiciones, éxito, sanidad, restauración, protección, avances económicos, seguridad, paz, plenitud ¡y MUCHO MÁS!

Dios no te bendice porque seas bueno, sino porque Él es bueno.

Dios no te bendice porque seas bueno, sino porque Él es bueno. La gracia está basada en su fidelidad y bondad hacia ti. No depende de tu desempeño, sino que está basada en el favor **inmerecido** de Él. Si dependiera de lo bueno que eres, ya no estaría basado en la gracia, sino que entonces estaría basado en el sistema de la ley. Sería un favor **merecido**. Esta es la diferencia entre el antiguo pacto de la ley y el nuevo pacto de gracia:

La ley es un favor merecido: Si obedeces los mandamientos a la perfección, serás bendecido.

La gracia es un favor inmerecido: Jesús obedeció a Dios a la perfección, y tú serás bendecido por creer en Él.

Amigo mío, ¿bajo qué pacto te encuentras hoy? ¿El antiguo pacto de la ley o el nuevo pacto de la gracia? ¿Favor merecido o favor inmerecido? Si ser bendecido por Dios hoy depende de lo que hagas, de tu capacidad para cumplir la ley y de tu habilidad para hacerte justo, entonces no habría diferencia entre estar bajo el antiguo pacto de la ley y estar bajo el nuevo pacto de la gracia. La buena noticia no sería tan buena, ya que no habría una diferencia real entre lo antiguo y lo nuevo. Vamos, amigo, Dios desestimó el antiguo pacto,[5] ¡y por una buena razón!

Barreras en torno a la abundancia de gracia

Un buen amigo mío que es ministro, una vez le sugirió al decano de una escuela bíblica de renombre que incorporase la "gracia" en el temario de la escuela. El decano respondió: "Hay que tener cuidado con la gracia". Esta aprensión hacia la gracia está latente en muchos círculos cristianos. En el momento en que escuchan "gracia", ¡se ponen a la defensiva!

Le dije a mi amigo ministro que yo no estaba de acuerdo conque la gracia debiera ser parte del temario de una escuela bíblica.

La gracia no es una asignatura: la gracia **es** el evangelio. ¡Son las Buenas Nuevas! La palabra "evangelio" sencillamente significa "buenas nuevas". La gracia no es una teología, ni es una asignatura o doctrina. Es una persona, y su nombre es Jesús. Esa es la razón por la que el Señor quiere que recibas la abundancia de gracia, porque **tener abundancia de gracia es tener la abundancia de Jesús.**

"¿Cómo puede decir que la gracia es una persona y que esa persona es el mismo Jesús?".

¡Excelente pregunta! Veamos lo que dice acerca de esto la Palabra de Dios:

Juan 1:17
Pues **la ley** por medio de Moisés **fue dada**, pero **la gracia y la verdad vinieron** por medio de Jesucristo.

Observa que la ley **fue dada**, pero la gracia y la verdad **vinieron** por medio de **Jesucristo**. La ley fue dada, lo cual implica distanciamiento, ¡pero la gracia vino! La gracia viene como una persona, y su nombre es Jesucristo. Jesús es la personificación de la gracia. ¡Jesús **es** gracia! Es importante que comiences a darte cuenta de que la verdad está del lado de la gracia, y no del lado de la ley. La Palabra de Dios declara que si conoces la verdad, la verdad te hará libre. Bueno, amigo, la gracia es **la** (artículo determinado) verdad que te hará libre, no la ley de Moisés. La ley está del lado de Moisés, pero la gracia y la verdad están del mismo lado de nuestro Salvador. Sin embargo, hay personas que se aferran en la actualidad a la ley de Moisés y lo predican como si fuera la "verdad" que libera. Amigo mío, la gracia de Dios es la única verdad que libera. ¡La verdad está del lado de la gracia!

Si el diablo puede mantenerte bajo la ley, puede mantenerte derrotado.

Nunca se oye: "Ten cuidado con los Diez Mandamientos" o "Ten cuidado con ese predicador de la ley. He oído que viene a la ciudad". ¿Por qué no hay controversia con los Diez Mandamientos? Se debe a que el diablo quiere que seas esclavo de la ley. No quiere que sepas que Jesús te ha liberado de la ley. Si puede mantenerte bajo la ley, puede mantenerte derrotado.

Curiosamente, la gente teme que si se le dice a un creyente que la gracia le ha perdonado por completo, y que ya no tiene que ganarse más su derecho a estar delante del Señor mediante la ley de Moisés, pueda caer en una vida de pecado y libertinaje. Sin embargo, la Biblia dice claramente que "el poder del pecado es la ley".[6] No es la gracia lo que le da a la gente el poder para pecar, ¡sino la ley! Cuanto más estamos bajo la ley, más se fortalece el pecado; en cambio, cuando más estamos bajo la gracia, más fuerza pierde el pecado.

De hecho, la Biblia declara que "el pecado no se enseñoreará de vosotros, pues no estás bajo la ley, sino bajo la gracia". Ahora bien, no pase por alto esta poderosa revelación. Vuelva a leer el versículo. Está en Romanos 6:14: "Porque **el pecado no se enseñoreará de vosotros**; pues **no estáis bajo la ley**, sino **bajo la gracia**". Esto significa que cuando más gracia recibes, más poder tienes para vencer al pecado. En otras palabras, el pecado no se enseñoreará de ti cuando recibas la abundancia de gracia.

Desgraciadamente, hay personas hoy que con buena intención predican un mensaje totalmente diferente. Predican que el pecado no se enseñoreará de ti si estás bajo la ley. Así que cuando ven pecado, ¡predican más sobre la ley! Eso, amigo mío, es como añadir leña a un fuego porque el poder del pecado es la ley. El pecado se fortalece cuando se predica más ley. Pero el poder para enseñorearse del pecado se imparte cuando se predica más gracia. Así, ¿quién es el que cambió los papeles? Por favor, ¿se puede levantar el verdadero evangelio? El diablo ha puesto lana en los ojos de las ovejas de Dios. Es hora de predicar la verdad. Es la hora de quitar la lana de nuestros ojos y romper las barreras que rodean el evangelio de gracia.

Barreras en torno al regalo de la justicia

El diablo también ha tenido éxito a la hora de levantar barreras en torno al regalo de la justicia. Hoy, la teología convencional enseña que no sólo existe lo que se denomina "justicia posicional", sino que también hay algo que se llama "justicia práctica". Dicen que aunque la gracia nos justificó, ahora tienes que actuar bien y guardar la ley para seguir siendo justo. A esto lo llaman tener "justicia práctica".

Amigo mío, ¡esto es algo que el apóstol Pablo nunca enseñó! Hay tan sólo una justicia en Cristo Jesús. Veamos lo que dice Pablo sobre quienes ignoran esta justicia. Dijo: "Porque ignorando la justicia de Dios [eso es lo que algunas personas denominan 'justicia posicional'], y procurando establecer la suya propia [esto sería lo que llaman la 'justicia práctica'], no se han sujetado a la justicia de Dios".[7] Así que está claro que Pablo está contra cualquier enseñanza que diga que tenemos que ganar y merecernos nuestra propia justicia. O eres justo o no lo eres. No existe la idea de tener primero una "justicia posicional" y luego tener que mantenerla mediante la "justicia práctica". Eres la justicia de Dios en Cristo, y punto.

Observa que la estrategia aquí es engañar al creyente para que crea que la justicia es algo que tiene que lograr cumpliendo la ley perfectamente. Suena muy bien para la carne, pero si es así, entonces estamos tirando por la ventana la promesa del **regalo** de la justicia. El diablo es muy astuto, y no tiene problema con la justicia, pero quiere engañarte para que persigas tu propia justicia mediante la ley. Quiere que dependas de tu propia justicia, así que se deshace de la palabra "regalo" de la frase "regalo de la justicia". Después te da la falsa impresión de que eres responsable de ganarte tu propia justicia mediante tus propias obras y esfuerzos, en vez de depender de la obra consumada de Jesús.

Eres la justicia de Dios en Cristo, y punto.

Hay muchos creyentes que son muy sinceros con guardar la ley y ganarse su propia justicia, pero lamento decir esto: están sinceramente equivocados. La manera de Dios es mediante la gracia. La justicia no se puede ganar mediante buenas obras. Sólo se alcanza como un regalo, y un regalo no es un regalo si tienes que trabajar para tenerlo.

Por ejemplo, si yo te diera un Ferrari rojo nuevo con la condición de que me pagaras 20 000 dólares al mes durante el resto de tu vida, ¿realmente el Ferrari sería un regalo? ¡Claro que no! ¿Cómo podría ser un regalo si tienes que pagar o trabajar para tenerlo? Eso no es coherente. Pero eso es lo que las personas están predicando en estos tiempos. Dicen que Dios te da el regalo de la justicia, con la condición de que guardes los Diez Mandamientos durante el resto de tu vida para seguir siendo justo. ¿Realmente es un regalo? Vamos, cuando Dios te dio el regalo de la justicia, fue un verdadero regalo. Deja de intentar ganártelo con tus propias obras. ¡Los regalos de Dios para nosotros son incondicionales!

Comienza a creer que la justicia es un regalo en el nuevo pacto. Muchos creyentes están derrotados hoy porque están intentando ganar su propia justicia cumpliendo la ley y haciendo buenas obras. Amigo mío, la justicia es un regalo debido a lo que Jesús ha logrado en la cruz por ti. Todos tus pecados, pasados, presentes y futuros, han sido lavados con su preciosa sangre. Has sido perdonado por completo, y desde el momento en que recibiste a Jesús en tu vida, nunca tendrás que volver a dar cuentas de tus pecados. Fuiste hecho tan justo como Jesús, no por tu conducta, sino por la fe en Él y en su obra consumada en la cruz.[8]

No puedes hacer nada que provoque que Dios te ame más y no puedes hacer nada que provoque que te ame menos.

Quizá estás diciendo: "Pero…pero…yo no hice nada para ser justo". Tienes toda la razón. No hiciste nada para ser justo, y Jesús no hizo nada para ser pecador. No estás vestido con tu propia justicia, sino con la justicia perfecta de Jesús. Es un regalo que Él compró para ti con su propia sangre. Por tanto, delante del Señor no puede ganarse. Tu condición de justo delante de Él sólo se puede recibir como un regalo. Hoy, tu derecho a ser justo es un derecho comprado con sangre. No puedes hacer nada que provoque que Dios te ame más y no puedes hacer nada que provoque que te ame menos. Él te ama de manera perfecta y te ve vestido con la justicia de Jesús. Así que comienza a verte vestido con la justicia de Jesús.

¿Licencia para pecar?

"Pero pastor Prince, si predica que somos justos para siempre ante el Señor independientemente de nuestras obras y de cumplir la ley, ¿no cree que la gente comenzará a llevar una vida licenciosa? ¿No le dará a la gente la licencia para pecar?".

¡Otra pregunta fantástica! Permíteme comenzar preguntándote esto: ¿Has observado que la gente ya está pecando sin tener ninguna "licencia"? Todos tenemos el mismo objetivo de querer que la gente viva una vida de victoria sobre el pecado. Permíteme dejar esto totalmente claro, en términos de blanco y negro, para que no haya duda:

Yo, Joseph Prince, estoy vehementemente, completamente, agresivamente e irrevocablemente CONTRA EL PECADO.

El pecado es malo, y yo no apruebo el pecado. Un estilo de vida de pecado sólo lleva a la derrota y la destrucción. Así que aunque nuestro objetivo es el mismo, donde diferimos es en el "cómo" conseguir la vida victoriosa. Algunos piensan que es predicando más de la ley. Yo estoy convencido de que es predicando la gracia de Dios.

Si visitas nuestra iglesia, no encontrarás una congregación que, habiendo recibido las Buenas Nuevas de la abundancia de gracia y el regalo de la justicia, quiere lanzarse y comenzar a vivir en pecado. ¡Claro que no! De hecho, algunas de las mejores personas de negocios, ejecutivos, empresarios, abogados, contables y consultores de mi país asisten a nuestra iglesia, y encontrarás una congregación que está profundamente enamorada de la persona de Jesús. Oirás testimonios maravillosos y sorprendentes de matrimonios que han sido restaurados, de enormes deudas que alcanzaban cifras millonarias que se han cancelado sobrenaturalmente, de enfermedades terminales que han sido sanadas milagrosamente y otros testimonios increíbles que producen las Buenas Nuevas de Jesús.

El pecado pierde su encanto cuando te encuentras con la Persona de la gracia, Jesucristo, y te das cuenta de todo aquello con lo que Dios te ha bendecido y todo lo que ha hecho por ti en la cruz. Comienzas a darte cuenta de que te han dado este gran regalo de la justicia y que no hiciste nada para merecerlo. No hiciste nada para ganártelo y no hiciste nada para merecértelo.

Ahora, ¿qué ocurre? ¿Este encuentro con Jesucristo te hace querer salir a cometer pecados? ¡Claro que no! Por el contrario, te hará enamorarte de Jesús una y otra vez. Te hará ser un mejor marido, un mejor padre, una mejor ama de casa, un mejor estudiante. Te hará ser alguien que desea con todo su corazón guardar la gloria de nuestro Señor Jesús viviendo una vida de victoria sobre el pecado, ¡mediante su gracia y su poder! La preocupación con Cristo en lugar de con el yo te hará comenzar a reinar en vida mediante Jesucristo: eso es la revolución del evangelio. La Palabra de Dios dice: "Velad debidamente, y no pequéis".⁹ Cuanto más te das cuenta de que eres justo, más victoria experimentarás sobre el pecado. Despiértate cada mañana y da gracias por ser la justicia de Dios mediante Jesucristo.

La restauración final

A lo largo de los siglos, Dios ha estado restaurando sus verdades en la Iglesia, y creo que la verdad última y final es la persona de Jesucristo y todo lo que Él ha logrado en la cruz. La revelación de la **obra consumada** de Jesús será cada vez más fuerte en los últimos tiempos, y el hombre comenzará a disfrutar de todos los beneficios del nuevo pacto de gracia.

Jesús no murió en la cruz por nosotros porque alguno de nosotros lo mereciésemos. Todos merecíamos el fuego del infierno, pero hemos sido redimidos por Jesucristo. La palabra "redimir" significa literalmente comprar por precio. El precio aquí es Jesús mismo. Él se entregó como rescate por ti y por mí. Él se entregó para que tú y yo podamos recibir la abundancia de gracia y el regalo de la justicia para reinar en vida. ¡Todo se trata de Jesús!

Es hora de que la Iglesia deje de retirarse de la gracia y deje de preocuparse de si es algo demasiado controvertido. Estudia las Escrituras y comienza a ver por ti mismo que este es el poder de Dios para salvación. ¡Deja de retirarte de la gracia!

Cómo discernir el evangelio de gracia

Permíteme enseñarte cómo discernir si la enseñanza sobre la gracia que estás oyendo es doctrinalmente sana. Cuando oigas predicar sobre el nuevo pacto de gracia, siempre tiene que exaltar a Cristo. Siempre revela más y más de Jesús. Siempre revela la belleza de Jesús y la perfección de su obra consumada en la cruz. Jesús es siempre glorificado cuando se enseña sobre la gracia. ¡No hay gracia sin Jesús!

Por tanto, no te impresione demasiado sólo porque alguien te diga que predica la gracia. La Palabra de Dios nos dice que probemos todo. Dios quiere que seamos astutos como serpientes pero sencillos como palaomas.[10] Incluso mientras lees este libro, no quiero que me creas porque sí. Quiero que abras tu Biblia y estudies la Palabra de Dios por ti mismo, y veas la gracia de nuestro Señor Jesús en el nuevo pacto cobrando vida. La gracia no es una doctrina. La gracia es una persona, y su nombre es Jesús. Por tanto, no hay enseñanza de gracia sin Jesucristo. La gracia y Jesús no se pueden separar. Si alguien utiliza la palabra *gracia* en sus sermones pero no exalta a Jesús y su obra consumada, **no** es el evangelio de gracia.

Igualmente, para discernir más si lo que estás oyendo es el evangelio de gracia, observa que la gracia no apunta a tus propios esfuerzos, a tu desempeño o tu hacer. No tiene nada que ver con los esfuerzos del ser humano y señala totalmente a los esfuerzos de Jesús y lo que Él ha hecho. La ley nos hace conscientes de nosotros mismos. Siempre pregunta: "¿Qué debo hacer?", pero la gracia nos hace conscientes de Cristo. Siempre pregunta: "¿Qué ha hecho Jesús?".

Tu parte es solamente creer en Jesucristo, ¡y cuando crees eres bendecido y declarado justo!

Bajo la ley, la carga del pecado queda sobre lo que tú haces. Bajo la gracia, la carga está sobre lo que Cristo ha hecho en la cruz. Por eso Jesús dijo: "Venid a mí todos los que estáis trabajados y cargados, y yo os haré descansar...porque mi yugo es fácil, y ligera mi carga".[11] Jesús no estaba hablando a personas que estaban cansadas y agotadas a causa de sus trabajos seculares, sino que estaba hablando a personas que estaban cansadas y cargadas por los requisitos de la ley de Moisés. El yugo de la ley es duro y pesado. Jesús llegó para revelar gracia, y el yugo de la gracia es fácil y ligero porque no requiere nada de ti y todo de Cristo. Él ha llevado la carga del pecado por ti. Bajo la gracia, tu parte es solamente creer en Jesucristo, ¡y cuando crees eres bendecido y declarado justo! ¿Acaso no es esto una gracia increíble?

El nuevo pacto de gracia es tan poderoso que incluso se han producido intentos de pervertir la enseñanza sobre la gracia de Dios. Existen personas que dicen ser predicadores que están predicando una "gracia" que no es de Dios. Creen en una "salvación universal" y afirman que por la gracia de Dios, todos seremos salvos, incluso sin creer en Jesús. **Esto es una mentira del infierno.** Ningún hombre puede salvarse si no es por medio de nuestro Salvador Jesucristo. Jesús es el camino, la verdad y la vida.[12] Ningún hombre viene al Padre y recibe vida eterna si no es mediante Jesús. No hay gracia sin la persona de Jesús. La enseñanza de la "salvación universal" es una MENTIRA que deshonra a Jesús y niega su obra en la cruz. La verdadera gracia siempre hace a Jesús el centro de todo. ¡Se trata de Jesús!

Es tiempo de que la Iglesia derribe estas barreras de controversia en torno a la gracia y comience a revelar más y más de Jesús. Este es el latido de mi ministerio: revelar a Jesús y ver más de Jesús, su amor, su perfección y su gracia. ¡Se trata tan sólo de llevar la palabra "increíble" de nuevo a la gracia!

Cuando los creyentes no entienden que la gracia de Dios es su favor que no merecemos ni tampoco podemos ganar, dependerán de sus propios esfuerzos para cumplir la ley de Moisés a fin de merecer y ganar su favor. De igual forma, cuando los creyentes no entienden que la justicia es un regalo, y que se trata de "ser" y no de "hacer", dependerán de sus propios esfuerzos para ganarse ese regalo.

Derribar las barreras de la controversia

Amigo mío, estás destinado a reinar en esta vida. A nuestro Señor le place ver tu matrimonio bendecido, tu familia bendecida, tus almacenes rebosando con más que suficiente y tu cuerpo lleno de la vida resucitada de Jesús.

Comienza a ver que el diablo ha levantado barreras y fortalezas y ha construido fortalezas que hoy son como un muro muy ancho. Estos muros rodean la abundancia de gracia y el regalo de la justicia. Por la gracia de Dios, vamos a derribar estos muros, porque las armas de nuestra milicia no son carnales, sino poderosas en Dios para la destrucción de fortalezas. Derribemos estas fortalezas que han robado a los creyentes su destino de reinar en vida. Comienza a recibir los tesoros que compró la sangre de Jesús, ¡y comienza a reinar en cada área de tu vida!

A nuestro Señor le place ver tu matrimonio bendecido, tu familia bendecida, tus almacenes rebosando con más que suficiente y tu cuerpo lleno de la vida resucitada de Jesús.

Capítulo 4

¡Nos han robado!

A VECES D*IOS* *ESTÁ enojado conmigo, a veces está contento conmigo".*

"A veces Él me bendice, y a veces me maldice".

"A veces cuida de mí, a veces me abandona".

"Hoy me prospera, pero mañana puede que me dé pobreza para humillarme".

"Hoy me sana, pero mañana puede que me dé una enfermedad para enseñarme una lección".

"Hoy perdona todos mis pecados. Mañana, soy responsable de mis pecados".

¡Bienvenido al cristianismo esquizofrénico! Esto es lo que muchos creyentes están oyendo y creyendo hoy: a veces Dios es bueno, y a veces no. A veces está contento, y a veces no. Van de aquí para allá, y nunca se anclan en la roca de Jesucristo. Tales creyentes están viviendo entre dos pactos: el antiguo pacto de la ley y el nuevo pacto de la gracia. Creen en un mensaje mezclado que les dice que hay veces en que Dios está enojado con ellos y hay veces en que está contento con ellos.

Cuando les preguntas: "¿Cuándo está Dios contento contigo?", te responden: "Cuando hago lo correcto".

Cuando les vuelves a preguntar: "¿Significa eso que cuando no lo haces, Dios se enoja contigo?", dicen: "¡Sí! Dios se enoja conmigo cuando no hago lo correcto".

Amigo, los que creen que Dios a veces se enoja con ellos están viviendo aún bajo el antiguo pacto de la ley y no bajo el nuevo pacto de la gracia. Bajo la ley, Dios demandaba justicia del hombre. Bajo la gracia, Dios proveyó justicia para el hombre. Bajo la ley, todo dependía del hombre y de su obediencia; pero bajo la gracia, todo depende de Jesús y de lo que Él hizo en la cruz. La ley demanda, pero no moverá un dedo para ayudar, mientras que la gracia imparte y lo ha hecho todo por ti.

¿Has notado que en el antiguo pacto basado en la ley de Moisés, todo dependía de lo que TÚ tenías que **hacer** y **no hacer**? Tan sólo cuenta el número de veces que aparece la frase "No..." en Éxodo 20 cuando Dios da los Diez Mandamientos. Comparar esto con el nuevo pacto de gracia donde el Señor dice:

> Hebreos 8:8-12
>
> ...**estableceré** con la casa de Israel...un nuevo pacto... No como el pacto que hice con sus padres...**Pondré** mis leyes en la mente de ellos, y sobre su corazón las escribiré; y **seré** a ellos por Dios, y ellos me serán a mí por pueblo...Porque **seré** propicio a sus injusticias, y nunca más me **acordaré** de sus pecados y de sus iniquidades.

El antiguo pacto de la ley está basado en "no...no... no...", mientras que nuevo pacto de gracia es el Señor diciendo: "yo...yo...yo...". Está claro que el énfasis y la demanda del pacto de la ley está sobre **tu** desempeño, mientras que el énfasis y la demanda del pacto de gracia está en **Dios mismo haciendo**. Él lo hará todo por ti. De hecho, como Jesús ya ha muerto en la cruz por nosotros, Él ha **hecho** todo por nosotros. Recuerda: el cristianismo es "hecho, hecho, hecho", y no "haz, haz, haz". Jesús vino para establecer el nuevo pacto de gracia y bajo este nuevo pacto, Dios ya no está enojado contigo porque su ira y enojo se derramaron por completo en el cuerpo de Jesús en la cruz.

La gracia imparte justicia y ha logrado todo por ti.

Presta mucha atención a esto, porque transformará radicalmente tu vida: la única razón por la que Jesús clamó "¡Consumado es!" en la cruz fue porque toda la ira de Dios contra el pecado había sido vertida totalmente sobre su cuerpo. ¡Jesús no puede mentir! Y si la ira de Dios había sido vertida por completo, ¿cómo puede Dios enojarse hoy contigo? ¿Cómo puede Dios enojarse contigo cuando ya ha declarado: "Nunca más me acordaré de sus pecados y de sus iniquidades"?

¿Cómo ves hoy a Dios?

La razón por la que muchos creyentes viven una vida de derrota es porque se creen la MENTIRA de que Dios está enojado con ellos. La razón por la que muchos no son capaces de reinar en la vida y experimentar una vida de victoria es que siguen cargando con ellos esta culpabilidad y condenación de que Dios está enojado con ellos por algo que han hecho en el pasado. Amigo mío, ten cuidado cuando oigas sermones que reflejen a Dios como un anciano con un gran bastón, esperando volcar su ira sobre ti cuando fracases al intentar cumplir sus normas.

Cuando yo estaba creciendo en el Señor, así era exactamente como y imaginaba a Dios. En mi mente, Él era un hombre anciano y serio con el cabello blanco, cejas blancas y barba blanca. Solía verle con un gran palo, esperando a golpearme en la cabeza en el momento en que pecara. Por supuesto, cuando crecí en el entendimiento de Dios, comencé a verle sin ese gran palo, pero aún no sonreía y seguía siendo muy anciano.

Un día, cuando era un adolescente, estaba en un autobús orando al Señor, y escuché la voz de Dios que me decía: "Hijo, ¿por qué me ves así, como un hombre anciano?". Yo respondí con seguridad: "Bueno, eres un Padre y así es como son los padres, ¿no es cierto?". Me respondió: "Hijo, ¿no sabes que envejecer es parte de la maldición que vino sobre la tierra por el pecado de Adán? En el cielo no hay maldición. Somos siempre jóvenes".

Cuando le oí decir eso, de repente comencé a ver a Dios como el mismo Dios que habló con Abraham como un amigo bajo los árboles y le mostró las estrellas, el mismo Dios que abrió el mar Rojo y liberó a los hijos de Israel de la esclavitud, el mismo Dios cuya mano de favor hizo que el niño pastor se convirtiera en rey de todo Israel. Así es como veo hoy a Dios: **Él es siempre joven, fuerte y amoroso**. No tiene un palo ni está presto a castigarme. Sus brazos están abiertos, listos para abrazarme.

Amigo, ¿ves hoy a un Dios enojado, o un Dios que está sonriendo y listo para abrazarte? Gracias a la obra consumada de Jesús, ya no estamos bajo el pacto de la ley donde Dios a veces está contento contigo y otras veces enojado. **Hoy, Él está siempre complacido contigo gracias a Jesucristo.**

Que esta verdad profundice y te enamores nuevamente de Él.

¿Qué ocurre con la ira de Dios?

Hace varios años, me dirigía caminando hacia mi auto tras haber predicado cuando un tipo llegó corriendo hacia mí desde el auditorio. Cuando estaba a punto de abrir la puerta de mi auto, él se detuvo justo delante de mí, y me dijo resollando: "Espere, pastor...". Estaba jadeando mucho e intentando recuperarse de su carrera. "Espere...tengo una pregunta para usted".

Parecía muy preocupado, y dijo: "Usted habló sobre el amor de Dios, pero la Biblia también dice que Dios es ira".

Allí mismo en el aparcamiento, comencé mi siguiente sermón. Le expliqué que aunque Dios **tiene** ira, la Biblia nunca define a Dios como ira. En cambio, según la definición de la Biblia, Dios es **amor**.

Después exclamó: "Pero pastor Prince, a veces veo a Dios enojado".

Le expliqué: "Vemos a Dios enojado en el Antiguo Testamento, y en el libro de Apocalipsis, donde su ira se vuelca sobre los que han rechazado a Jesús. Pero usted y yo, creyentes del nuevo pacto, no somos parte del Antiguo Testamento y nunca seremos castigados porque hemos recibido a Jesús. Como creyentes, Dios ya no está enojado con nosotros porque toda su ira por nuestros pecados recayó sobre Jesús en la cruz. Jesús se convirtió en el Cordero de Dios que quita todos nuestros pecados. En la cruz, Jesús clamó: 'Dios mío, Dios mío, ¿por qué me has desamparado?'. ¿Por qué cree que dijo eso? Dijo eso para que todos supiéramos específicamente que en ese momento del tiempo, la ira de Dios cayó sobre Él. Él se convirtió en nuestra ofrenda por el pecado y el fuego de la ira de Dios le devoró completamente ya que Él, que no conoció pecado, se convirtió en nuestro pecado para que usted y yo nunca experimentemos otra vez la ira de Dios".

Dios ya no está enojado con nosotros porque toda su ira por nuestros pecados recayó sobre Jesús en la cruz.

Después de explicarle eso, me dio las gracias. La mirada de inquietud que había en su rostro se había convertido en una sonrisa. Creo que mientras se alejaba, tenía la paz y la seguridad en su corazón de que Dios ya no estaba enojado con él porque sus pecados ya habían sido juzgados por completo en la cruz del Calvario. ¡Aleluya!

Hay muchos creyentes sinceros en la actualidad que son como ese hombre. Creen que Dios es un Dios de amor, pero al mismo tiempo también creen que puede ser un Dios de gran ira. Cuando leen la Biblia, se confunden porque ven un Dios enojado a menudo en el Antiguo Testamento, pero un Dios amoroso en el Nuevo Testamento. ¿Acaso es Dios esquizofrénico? ¿Realmente está enojado algunas veces y contento otras? Descubrámoslo en el siguiente segmento.

Separar correctamente los pactos

Es importante que entendamos que Dios trabaja mediante pactos porque eso explica cómo Dios bendice a la gente. Bajo el antiguo pacto de Moisés, si los hijos de Israel obedecían los "diez grandes" (los Diez Mandamientos), eran bendecidos; de lo contrario, eran maldecidos y castigados. Piensa en esto por un momento: ¿Entraban bajo maldición porque Dios es un Dios de ira? No, entraban en maldición porque no habían cumplido los términos de su pacto. Era un pacto que dependía de la capacidad de cumplir la ley, y ellos no podían.

La buena noticia es que tú y yo ya no estamos bajo los requisitos del antiguo pacto. Mediante la obra consumada de Jesús, ahora estamos bajo el nuevo pacto, y en este pacto somos bendecidos no porque seamos buenos o porque hagamos el bien. Para simplificarlo, somos bendecidos porque **Jesús** es bueno, y **Él** nos hizo ser buenos y aceptados al limpiar todos nuestros pecados con su propia sangre. Tenemos que separar correctamente los pactos.

"Pastor Prince, ¿está diciendo que Dios se ha 'ablandado' en cuanto al pecado?".

¡De ninguna manera, amigo! Preste atención a lo que estoy diciendo: Dios es santo y justo, y odia al pecado. No hay duda al respecto. Pero la ira y el juicio de Dios contra el pecado recayeron sobre Jesús en la cruz. ¿Alguna vez te has preguntado cómo fue posible que Jesús fuera castigado por el pecado sin haber cometido pecado alguno? La Biblia dice que el que no conoció pecado se hizo pecado.[1] Jesús no cometió ningún pecado, pero los pecados pasados, presentes y futuros de la humanidad fueron volcados todos sobre su cuerpo. Él no conoció pecado, pero fue castigado por nuestros pecados. Con lo cual Dios no se ha ablandado en cuanto al pecado. ¡El pecado ha sido juzgado en la cruz de Jesús!

Todos tus pecados han sido perdonados

"Pastor Prince, ¿cómo puede decir que incluso nuestros pecados futuros han sido perdonados?".

Amigo mío, cuando Cristo murió en la cruz, aún no habías nacido. Ni tan siquiera eras una idea para tus padres. Todos tus pecados eran pecados "futuros". Por tanto, **todos** tus pecados han sido perdonados, y se logró mediante un sacrificio, hecho por un Hombre. Su nombre de Jesús. La obra consumada de Jesús está fuera del tiempo. La sangre que derramó perdona **todos** tus pecados: pasados, presentes e incluso futuros.

Muchos cristianos creen erróneamente que sólo han sido perdonados sus pecados pasados. Creen que cuando recibieron a Cristo, sólo se les perdonaron los pecados pasados. Así que creen que tienen que tener mucho cuidado a partir de ese punto. Esta era la impresión que yo obtenía de los predicadores y maestros cuando estaba creciendo.

Después, leí la Biblia por mí mismo y vi que decía que Dios, "perdonándoos **todos los pecados**...".[2] Amigo mío, "todos" significa **todos**. ¡Se refiere a **todos** los pecados de nuestra vida! Dios no sólo limpia un segmento de nuestros pecados, sino que perdonó todos nuestros pecados: pasados, presentes y futuros. La definición de Dios de "todos" no está limitada por el tiempo y el espacio como lo está la definición del hombre de "todos". Cuando Dios dijo "todos", ¡realmente quiso decir todos! Entiende que Jesús no tiene que volver a ser crucificado por tus pecados futuros. ¡Todos fueron perdonados en la cruz!

Permíteme ilustrarlo de esta manera. Imagina que tú y tu familia se las han ingeniado para llegar hasta el frente de una multitud de gente en Disneylandia, donde está a punto de comenzar el desfile por las calles. Tú y tus hijos están deseosos de ver a Mickey Mouse y sus amigos pasando por delante con sus hermosas carrozas. El pato Donald pasa por delante y tus hijos saludan emocionados. Después viene Goofy, y luego Pluto, y vaya...¿ese que viene después es Mickey Mouse? Así es como vemos la vida. Tenemos una perspectiva lineal y vemos los eventos ocurrir día a día. Sin embargo, la perspectiva de Dios es distinta. Él tiene una "vista de helicóptero". Él está ahí arriba, por encima del desfile, y ve todas las carrozas desde la primera a la última. Él es "el Alfa y la Omega, principio y el fin".[3]

De igual manera, cuando Dios perdonó tus pecados en la cruz, vio los pecados de toda tu vida desde el principio hasta el final. Dios ha quitado todos tus pecados, incluso los pecados que aún no has cometido, y los ha puesto todos sobre Jesús. ¡Todos tus pecados "futuros" han sido juzgados en la cruz!

¿Saber esto te hace exclamar: "¡Bieeeeen! Puedo hacer lo que quiera y cometer cualquier pecado que quiera porque ya he sido perdonado"? ¿O te hace querer vivir una vida de honra que glorifique a tu Dios, que te ama tan perfecta y profundamente?

Cuando estés bajo la gracia de Dios y su perdón perfecto, experimentarás la victoria sobre el pecado.

No creo ni por un instante que un creyente que haya encontrado verdaderamente el perdón total de Jesús y la perfección de su obra consumada pueda querer vivir una vida de pecado. Es su gracia y su perdón lo que te da el poder para vencer al pecado. El apóstol Pablo dijo: "el pecado no se enseñoreará de vosotros; pues no estáis bajo la ley, sino bajo la gracia".[4] Cuando estés bajo la gracia de Dios y su perdón perfecto, experimentarás la victoria sobre el pecado.

Testimonio de su gracia

Recibí este testimonio escrito de un hermano precioso en mi iglesia:

Pastor Prince, tan sólo quiero compartir con usted lo que la gracia de Dios ha hecho por mí en mi vida. Nací en una familia cristiana. Cuando estaba creciendo, me obligaban a asistir a la iglesia. Lo único que aprendía era que Jesús fue colgado en la cruz, pero no sabía por qué había ocurrido. No me gustaba ir a la iglesia. Mis padres me obligaban a ir y me regañaban, pero no ayudaba mucho.

En el instituto me metí en las pandillas, y comencé a fumar y a beber mucho. Comencé a vivir una vida de delincuencia, robo, vandalismo y peleas. Me convertí en alguien rudo, irascible y extremadamente vulgar. Mis padres, maestros y consejeros de la escuela intentaron ayudarme, pero nada funcionaba. No pasó mucho tiempo antes de que me echaran de la escuela y me convirtiera en un pandillero a tiempo completo. Frecuentaba los bares todos los días, y me convertí en un gran fumador y bebedor. La mayoría de mis amigos eran drogadictos. Me metí en robos armados y vi cómo mi vida entraba en una espiral descendente. Iba de mal en peor, y dentro de mí había un clamor por un cambio.

Toda esta esclavitud del diablo llegó a su fin hace unos pocos años, cuando conocí a una chica llamada Fe. Aunque Fe era una nueva creyente, me hablaba de la gracia, la misericordia y el amor de Dios, y por qué Jesús murió por mí. Me sorprendía su conocimiento de Jesús. Yo nací en una familia cristiana, pero esta nueva convertida sabía más sobre Jesús que yo. Entonces me llevó a su iglesia, llamada New Creation Church, y cuando usted comenzó a ministrar, sentí un calor por todo mi ser y comencé a llorar. Sentí como si me estuviera enamorando, pero no sabía de quién. Era un amor más grande que el amor del hombre, y levanté mis manos al cielo e hice la oración del pecador al final del servicio.

A partir de ese punto, mi vida no volvió a ser la misma. Jesús comenzó a librarme de muchas ataduras. Le escuché compartir un testimonio sobre cómo otro miembro de la iglesia fue librado de una adicción al tabaco confesando la justicia de Dios, y comencé a hacer lo mismo. Fumaba y confesaba que Jesús había tomado mi adicción al tabaco y la había puesto sobre la cruz y que Él me seguía amando aunque yo aún fumaba.

Sorprendentemente, ¡dos semanas después, se fueron nueve años como fumador empedernido y seis años de alcoholismo! Y según avanzaba el tiempo, Jesús me liberó de la pandilla en la que estaba. Incluso fui liberado de muchos otros malos hábitos, como mi adicción a la pornografía. Verdaderamente me convertí en una nueva criatura en Cristo Jesús. Todos los que me conocían se quedaban impresionados de mi transformación. Incluso fui sanado de un problema urinario que tenía desde hacía diez años. Solía tener que ir al baño muchas veces por la noche, pero ahora puedo dormir toda la noche en paz.

Pastor Prince, lo que no pudo hacer el hombre, lo hizo Jesús. Fue la gracia de Dios lo que me cambió. No lo merecía, pero le doy gracias a Dios por la sangre de Jesús. Me aceptó tal y como era y ahora soy hijo de Dios. Cuando le oí predicar sobre la gracia de Dios, no me fui a comenzar una nueva pandilla, a fumar o beber o acostarme con chicas. Es **mentira que cuando se predica la gracia de Dios la gente se siente libre para pecar más.** *De hecho, fue su gracia lo que cambió a un pecador como yo. Creo que Dios me ha bendecido para ser una bendición. Quiero dar a conocer estas Buenas Nuevas de que sólo Jesús puede marcar la diferencia en nuestras vidas.*

Pastor Prince, su ministerio me ha bendecido. He estado asistiendo a New Creation Church durante cinco años y estoy orgulloso de decir que esta es mi iglesia.

Victor King
Singapur

¡Aleluya! ¿No es sorprendente ver que lo que la gracia de Dios puede hacer en la vida de una persona? Mira, cuanta más revelación tienes de la gracia de Dios y su perdón, más poder tendrás para reinar sobre todos tus desafíos y adicciones.

Nos han robado

A muchos cristianos les han robado la comunión y la intimidad con Dios porque creen la **mentira** de que Dios sigue enojado con ellos por sus pecados. Evitan tener contacto con Dios, pensando que Él se enoja con ellos siempre que fallan. Así, en vez de acudir a Dios cuando fallan, corren en dirección contraria. En vez de correr hacia la solución, se alejan de ella.

La verdad es esta: Dios ya no está enojado contigo. Su ira hacia todos tus pecados ya se ha vertido por completo sobre el cuerpo de tu Salvador Jesucristo. Todos tus pecados han sido juzgados y castigados sobre el cuerpo de otro.

La enseñanza esquizofrénica que te dice que Dios a veces está enojado y a veces contento contigo de acuerdo con lo que hagas, no es bíblica y te hará ser un cristiano esquizofrénico. Es hora de salir de la confusión y comenzar a ver a tu Dios como realmente es.

Dios es (tiempo presente) amor. No dejes que sigan robándote una verdadera intimidad y relación con tu compasivo y perdonador Salvador Jesucristo. En vez de evitarle cuando fallas, debes saber que Él es la respuesta a todos tus problemas. Puedes ir a Él y recibir gracia para tus fracasos. Su gracia es mayor que todos tus fracasos. Él te ama perfectamente, así que acude a Él con todas tus imperfecciones. Del mismo modo que Él restauró a este precioso hermano de nuestra iglesia, ¡Él te amará para que estés sano!

Cuanta más revelación tienes de la gracia de Dios y su perdón, más poder tendrás para reinar sobre todos tus desafíos y adicciones.

Capítulo 5

¿Está Dios juzgando a EE.UU.?

POCO DESPUÉS DE que ocurriera la tragedia del 11 de septiembre, algunos creyentes declararon públicamente que Dios estaba juzgando a EE.UU. por sus pecados. Cuando oí eso, me pude imaginar a Osama bin Laden en una cueva en algún lugar de Afganistán estando de acuerdo con ellos y pensando que "dios" sin duda estaba usándole para juzgar a EE.UU. Vamos, cuando los cristianos atribuyen eventos como este al juicio de Dios, los terroristas son los primeros en decir: "¡Amén! ¡Así es!". ¿No crees que algo pasa cuando tanto creyentes como terroristas concuerdan en lo mismo? Miles de personas murieron, y muchas familias, amigos y seres queridos se llenaron de dolor. ¿Cómo puede ser eso obra de nuestro Padre amoroso? Lee la Biblia por ti mismo, y verás que dice que Dios "no quiere que ninguno perezca".[1] El terrorismo es obra del diablo, y no la obra de nuestro Padre amoroso.

También he escuchado algunos creyentes decir: "Si Dios no juzga a EE.UU. por todos sus pecados, Dios tiene que disculparse con Sodoma y Gomorra". Bueno, permíteme decir con respeto y honor: si Dios juzga a EE.UU. hoy, tiene que disculparse con Jesús por lo que Él logró en la cruz. Amigo, Dios no está juzgando a Estados Unidos (ni a ningún otro país del mundo hoy).

¡EE. UU. y sus pecados ya han sido juzgados! ¿Dónde? ¡En la cruz de Jesús! El pecado ha sido juzgado en la cruz.

¿Qué hay de la evidencia del ardiente juicio de Dios?

"Pero pastor Prince, ¿no usó Dios a Elías para invocar el fuego del juicio sobre aquellos que se le oponían? ¿Y no hizo llover Dios fuego y azufre sobre Sodoma y Gomorra?".

Veamos la historia de Elías. Ocurrió durante el reinado del rey Ocozías de Israel, a quien la Biblia describe como alguien que "hizo lo malo ante los ojos de Jehová".[2] Ocozías envió a un capitán con cincuenta soldados para hacer frente a Elías, que estaba sentado en lo alto de un monte. El capitán gritó a Elías: "Varón de Dios, el rey ha dicho que desciendas". Entonces Elías respondió y le dijo al capitán de cincuenta: "Si yo soy varón de Dios, descienda fuego del cielo, y consúmate con tus cincuenta". Y descendió fuego del cielo y consumió al capitán y a sus cincuenta hombres. Así que Ocozías envió a otro capitán con cincuenta hombres, y de nuevo, descendió fuego del cielo y los consumió. Ocozías después envió a un tercer capitán con cincuenta de sus soldados, pero esta vez, el capitán le rogó a Elías, y salvó su vida y las de sus hombres.[3]

En cuanto a Sodoma y Gomorra, la Biblia dice que el Señor hizo llover azufre y fuego sobre las dos ciudades. Él "destruyó las ciudades, y toda aquella llanura, con todos los moradores de aquellas ciudades, y el fruto de la tierra".[4]

Interpretar correctamente la Palabra

"Ahí lo tiene, pastor Prince… una clara evidencia bíblica de que Dios hace llover juicio para castigar a su pueblo".

Tienes que entender que se debe **interpretar correctamente la Palabra de Dios.** Cuando leemos la Biblia, tenemos que seguir el consejo que dio el apóstol Pablo a su joven aprendiz Timoteo. Timoteo era un joven pastor de la iglesia en Éfeso, y Pablo le dijo "procura con diligencia presentarte a Dios aprobado, como obrero **que no tiene de qué avergonzarse, que usa bien la palabra de verdad".**[5]

Muchos creyentes hoy día están viviendo como
si la cruz no marcara ninguna diferencia.

Dios quiere que podamos usar e interpretar correctamente la Palabra. Quiere que seamos astutos para usar bien y separar claramente lo que pertenece al antiguo pacto de la ley y lo que pertenece al nuevo pacto de gracia. Quiere que sepamos distinguir lo que ocurrió antes de la cruz de lo que ocurrió después de la cruz, y que entendamos la diferencia que marcó la cruz. Muchos creyentes hoy día están viviendo como si la cruz no marcara ninguna diferencia.

Hay un hecho vital que tienes que entender sobre los dos incidentes del ardiente juicio de Dios: ambos ocurrieron en el Antiguo Testamento y antes de la crucifixión de Jesús.

No te conformes tan sólo con creerme sobre que Dios **no** hará descender fuego de juicio sobre ti hoy día. Lee por ti mismo lo que Jesús dijo acerca de lo que hizo Elías. ¿Recuerdas cuando Jesús quiso entrar en cierta aldea de Samaria, pero pueblo de aquel lugar no quiso recibirle? Cuando los discípulos de Jesús vieron que la gente rechazó a Jesús, dijeron: "Señor, ¿quieres que mandemos que descienda fuego del cielo, como hizo Elías, y los consuma?". Y entonces, ¿cómo les respondió Jesús? ¿Les dijo: "¡Es una gran idea! Ustedes son verdaderos discípulos que entienden mi corazón"? ¡No, claro que no! Lee tu Biblia. Se volvió a sus discípulos y les reprendió con firmeza, diciendo: "**Vosotros no sabéis de qué espíritu sois;** porque el Hijo del Hombre no ha venido para perder las almas de los hombres, sino para salvarlas".[6]

Amigo, el espíritu de Jesús en el nuevo pacto de gracia no es el espíritu del antiguo pacto de la ley de los tiempos de Elías. Jesús quiere que tengas la total seguridad en tu corazón hoy de que Él no vino para condenarte o destruirte, sino para salvarte.[7] El diablo viene para robar, matar y destruir, pero Jesús vino para que tengas vida, y vida en abundancia.[8] ¡Aleluya!

Tiene en mente también que Dios casi perdonó a Sodoma por la súplica de Abraham. Le prometió Abraham que si tan sólo hubiera diez hombres justos en Sodoma, no destruiría la ciudad por causa de ellos.[9] Después, cuando los ángeles rescataron a Lot, el sobrino de Abraham, vemos que Dios no habría destruido la ciudad si hubiera quedado tan sólo un hombre justo: Lot. Observa lo que el ángel le dijo a Lot: "Date prisa, escápate allá; **porque nada podré hacer** hasta que hayas llegado allí". Tenían que esperar hasta que Lot estuviera fuera de la ciudad y en la seguridad de otra ciudad llamada Zoar. La Biblia dice que el Señor hizo llover azufre fuego sobre Sodoma y Gomorra sólo después de que Lot hubiera entrado en Zoar.[10]

¿Está diciendo la gente que afirma que el 11 septiembre fue el juicio de Dios sobre EE. UU. que no hay ni tan siquiera una persona justa hoy en EE. UU.? Si Dios habría perdonado a Sodoma por tan sólo diez personas justas, ¿no crees que las condiciones que nos daría hoy, después de la obra consumada de Jesús en la cruz, serían incluso mejores? Incluso si Dios demandara hoy la presencia de al menos diez personas justas, encontrarías fácilmente millones de hombres y mujeres justas de Dios en EE. UU. hoy porque la justicia es un regalo de gracia del Señor, y los creyentes de todo EE. UU. están vestidos con la justicia perfecta de Jesús. Amigos, lo que ocurrió el 11 septiembre no fue un acto del juicio de Dios. Dios no cabe duda de que no es un terrorista y el Hijo del Hombre no vino para destruir las vidas de los hombres, ¡sino para salvarlas!

Filtrar todas las profecías por la cruz

Todas las profecías que recibas hoy se deben filtrar por la cruz. Si recibes una "palabra" de alguien que te hace recordar los pecados o inculca una expectativa de castigo por los pecados de tu vida, no temas, tan sólo tírala por la ventana. No permitas que nadie te diga que algo negativo te ha ocurrido o te ocurrirá debido a tus pecados. Rechaza esas malas noticias en el nombre de Jesús. En su lugar, comienza a recibir las buenas noticias de Jesús. Cuando estés en medio de circunstancias difíciles, sigue creyendo en su amor por ti que fue demostrado en la cruz, y Él hará que todo lo que el diablo planeó para mal se torne en algo bueno, ¡y para su gloria! Cuando el diablo te lance limones, ¡Dios los convertirá en limonada para que la disfrutes!

Había una joven pareja en mi iglesia que perdió su bebé debido a algunas complicaciones; y yo estaba furioso cuando me enteré de que un tal "profeta" les había dicho que habían perdido su bebé porque había pecado sus vidas. ¡Eso fue algo muy cruel! La pareja tenía mucho dolor, y en lugar de ser una fuente de ánimo y edificación, ese "profeta" se aprovechó de la situación para mostrarse profético a costa del precioso pueblo de Dios.

Quizá no tengamos todas las respuestas, pero podemos tener la total seguridad de que las circunstancias negativas que a veces podamos experimentar no son obras de Dios, ni castigos por nuestros pecados. Cuando tenemos la seguridad de que **Dios está por nosotros** y no contra nosotros, podemos creer en la restauración, en el avance y en que nos ocurrirán cosas buenas.

Los líderes de nuestra iglesia le dijeron a la joven pareja que el Señor no les estaba castigando por sus pecados. Le recordaron que todos sus pecados habían sido perdonados en la cruz de Jesús. Esto les ayudó a quitar toda la culpabilidad y la condenación que habían cargado en sus corazones. Desde entonces, el Señor les ha bendecido con un hermoso bebé.

Cuando tenemos la seguridad de que Dios
está por nosotros *y no contra nosotros,*
podemos creer en la restauración, en el avance
y en que nos ocurrirán cosas buenas.

También he recibido testimonios de otras parejas que recibieron la restauración de Dios en esta área. Observé que esas parejas tenían una cosa en común: cuando oyeron las Buenas Nuevas del evangelio de gracia, fueron liberados de toda la culpabilidad y condenación. En vez de creer que Dios estaba contra ellos o que les estaba castigando, comenzaron a creer que Él estaba por ellos. Comenzaron a confiar más en su gracia y su bondad, y en todos los casos llegó la restauración. ¡Ese es Dios! Cuando Él restaura, su restauración es siempre mayor en cantidad y calidad. Pero piensa en ello: si esas parejas siguieran creyendo erróneamente que Dios les estaba castigando por sus pecados, no podrían nunca tener el valor y la esperanza de confiar en la restauración de Dios para tener un nuevo bebé. Amigo mío, tus pecados han sido castigados en la cruz. Dios está de tu lado, y si Dios está por ti, ¿quién contra ti?

Permíteme compartir contigo un testimonio de cómo creer en el amor, la gracia y la bondad de Dios trajo sanidad a una preciosa mujer:

Pastor Prince, a comienzos del año pasado me diagnosticaron un tumor en la glándula pituitaria de mi cerebro. Las pruebas revelaron que el tumor había crecido hasta alcanzar un tamaño de 1 cm y medio. El neurocirujano del hospital Singapore General dijo que si hubiera tardado un poco más en verle, el tumor habría afectado mi vista, pues estaba presionando a mis nervios ópticos.

Me presentaron dos opciones: cirugía inmediata para quitar el tumor (el riesgo de la cirugía era que además del 20% de probabilidades de fallo, podía quedar ciega de un ojo) o medicación (me dijeron que la medicación tardaría mucho tiempo en actuar y la mayoría de pacientes sólo experimentaban una reducción en el tumor después de aproximadamente un año).

Lo que los doctores habían encontrado y me dijeron sobre el tumor fue una noticia devastadora para mi familia y para mí. Me acuerdo de decirme que si perdía mi vista, no quería seguir viviendo.

Fue durante este tiempo que mi familia decidió encomendar todo esto a Dios, confiar y descansar en Él por completo y orar por sanidad. Optamos por tomar la medicación. Durante este tiempo, a pesar de querer creer en el amor y la bondad de Dios hacia mí, constantemente tenía preguntas como: "¿Me sigue amando Dios?"; "¿Le importó?"; "¿Me está castigando por algo malo que hecho?"; "¿Debería apretar mis dientes y aceptar la situación?".

Fue sólo cuando una compañera y amiga de mi trabajo comenzó a darme sus sermones en CD para que los escuchara cuando pude acordarme de nuevo del amor, la gracia y la bondad de mi Salvador hacia mí. Y creo que a medida que iba escuchando la Palabra predicada en los CD, mi cuerpo comenzó a sanar.

Tras un mes de medicación, el nivel de prolactina en mi sangre disminuyó y el equilibrio de sustancias químicas en mi cuerpo comenzó a estabilizarse. Después de otros dos meses, las pruebas revelaron que el tumor se había reducido a la mitad de su tamaño original.

Eso me infundió mucho ánimo, y más importante aún, me sentí confiada y segura de que mi Dios estaba haciendo su obra de sanidad en mi cuerpo, que me amaba y cuidaba de mí lo suficiente como para saber que estaba sufriendo y para hacer algo al respecto.

Las mejores noticias llegaron en agosto cuando las pruebas que me habían hecho revelaron que el macro tumor había DESAPARECIDO. El doctor estaba sorprendido y no dejaba de decir que, en la mayoría de los casos, incluso cuando un tumor se había reducido tanto, aún podría haber restos de células del tumor. Pero en mi caso, el tumor había DESAPARECIDO por completo, ¡sin rastro de célula alguna del tumor!

Las palabras no pueden describir lo agradecida que estoy con Dios. Sé que es Dios quien me ha sanado, pero más importante aún es el hecho de que soy una hija de Dios, y sé que soy la justicia de Dios por lo que Jesús ha hecho en la cruz por mí. Este profundo sentimiento de saber que Dios me ama y se preocupa mucho por mí me hace sentirme segura en mi relación con Dios. Quiero darle toda la gloria y la alabanza a Dios. Hoy estoy como estoy, sanada y en paz, sólo por la predicación de las Buenas Nuevas del evangelio de la gracia.

Connie Ang
Singapur

La definición de David de bendiciones

Si esta señora hubiera seguido creyendo que Dios le estaba castigando por algún pecado, habría apretado sus dientes, aceptado su enfermedad como un castigo y nunca habría buscado la sanidad de

Dios. Pero gloria Dios que Él trajo luz a su situación, y le mostró lo mucho que le amaba.

"Pero pastor Prince, ¿no castigó Dios al rey David por su pecado y perdió a su hijo?".

No olvides que David, al igual que Elías, **vivió antes de la cruz de Jesús.** Nunca encontrarás un ejemplo de castigo de Dios a un creyente por sus pecados en el nuevo pacto. Estudiemos la Escrituras por nosotros mismos y no nos conformemos tan sólo con lo que la gente dice.

Cuando David pecó contra Dios al cometer adulterio con Betsabé y planeó la muerte de su esposo Urías, se le imputó pecado David y fue castigado. Aunque el castigo estuvo mezclado con la misericordia de Dios, David fue castigado porque estaba bajo el pacto de la ley y no bajo el pacto de la gracia.

¿Sabes a quién describía David cuando dijo: "Bienaventurado el varón a quien el Señor no inculpa de pecado"?[11] Ya que está claro que se le imputó pecado David, no podía estar describiéndose a sí mismo, como afirman algunos eruditos. No, estaba mirando proféticamente al pacto de gracia. Nos estaba describiendo a ti y a mí, ¡a una nueva generación de personas que están bajo el pacto de gracia!

¿Qué significa "no inculpa de pecado"? ¿Significa que nunca vuelves a pecar? ¿Murió Jesús en la cruz para liberarnos de cometer acciones pecaminosas o de tener malos pensamientos? Si fue así, entonces permíteme decir con reverencia que Jesús fracasó. Tú y yo sabemos bien que aún podemos ser tentados con malos pensamientos y tentados a cometer acciones pecaminosas, y habrá ocasiones en que fallemos. ¿Puedes mostrarme a un hombre que sea libre de todas las tentaciones y que nunca falla?

Amigo mío, cuando David describió al varón bienaventurado como alguien a quien el Señor no inculpa de pecado, quiso decir que incluso cuando ese hombre peque, Dios no le tendrá en cuenta su pecado, ni le castigará por su iniquidad. ¿Demasiado bueno para ser cierto? Por eso David define a este hombre como un hombre bienaventurado, ¡y este hombre bienaventurado somos tú y yo! Hoy, estás bendecido porque el Señor ya no te inculpa de tus pecados. Gracias a la cruz de Jesús, nunca serás castigado de nuevo por tus pecados. Tus pecados se le imputaron a Jesús, para que nunca se imputaran a ti. Bajo nuevo pacto de gracia que fue sellado con la sangre de Jesús, Dios ya ha juzgado el pecado por completo en el cuerpo de Jesucristo. Esto significa que incluso cuando no alcances los estándares de santidad de Dios, el castigo del pecado no recaerá sobre ti. La paga del pecado es muerte, pero Jesús ya murió por ti. ¡Tus pecados se han cargado en su cuenta!

Hoy, estás bendecido porque el Señor ya no te inculpa de tus pecados. Gracias a la cruz de Jesús, nunca serás castigado de nuevo por tus pecados.

Mira lo que dijo Juan: **"y si alguno hubiere pecado, abogado tenemos** para con el Padre, a Jesucristo el justo".[12] No dijo: "Si alguno hubiere pecado, será castigado por sus pecados". No, bajo nuevo pacto de gracia, Jesús es hoy tu Abogado, y como tal te representa ante Dios, y como es Jesús, ¡así eres tú![13]

¿Es Jesús justo delante de Dios? ¡Sí! Entonces tu también lo eres. ¿Es aceptado delante de Dios? ¡Sí! Entonces tu también. ¿Tiene el agrado de Dios? ¡Sí! Entonces tu también.

Ahora bien, la revelación de lo que Jesús ha hecho por ti, ¿te hará querer pecar? ¡Claro que no! De hecho, saber que Él ha llevado tu castigo te hará enamorarte de Él. ¡Te dará la fortaleza para ser libre del pecado!

¿No un gran pecador?

"Pero pastor Prince, yo nunca he cometido adulterio ni he matado a nadie. Realmente no he hecho ningún gran pecado. Creo que he cumplido todas las leyes de Moisés".

De acuerdo, ¿alguna vez te has alterado con alguien que se metió en tu carril sin poner el intermitente? ¿Alguna vez te has impacientado con tu cónyuge? Si tu respuesta a alguna de estas preguntas es "sí", entonces eres un asesino. ¿Y alguna vez has desnudado a alguna mujer en tu mente? Si lo has hecho, entonces también eres un adúltero.

"¿Cómo se atreve a llamarme asesino y adúltero?".

Calma amigo, no soy yo. Es nuestro Señor Jesús. Él dijo: "Oísteis que fue dicho a los antiguos: No matarás; y cualquiera que matare será culpable de juicio. Pero yo os digo que cualquiera que se enoje contra su hermano, será culpable de juicio... Oísteis que fue dicho: No cometerás adulterio. Pero yo os digo que cualquiera que mira a una mujer para codiciarla, ya adulteró con ella en su corazón".[14]

Seamos bíblicos aquí y no actuemos según nuestras propias normas a la hora de decidir si hemos pecado o no. Aceptemos las normas de Jesús. El hombre llevó la ley de Moisés a un lugar en el que pensaba que podía cumplirla, pero Jesús llegó y la volvió a llevar a su estándar completo de justicia. El hombre puede intentar cumplir la ley exteriormente (como los fariseos), pero Jesús ha demostrado que también se tiene que guardar interiormente. Si fracasas interiormente, fracasas también exteriormente. Jesús demostró que era imposible que alguien fuera justificado por la ley. Sólo Él pudo cumplir la ley por nosotros y justificarnos mediante su gracia.

Dios no categoriza el pecado. No importa si es un pecado "menor" o "mayor"; sigue siendo un pecado. Él no pone nota a nuestros pecados: cuando fallamos en uno, fallamos en todos.[15] No existe una persona sobre la faz de este planeta que no necesite depender totalmente de la gracia de Dios porque no existe un hombre que no haya fracasado en cumplir la ley mediante sus propias fuerzas. La Biblia declara que "todos pecaron y están destituidos de la gloria de Dios".[16] Según el estándar de Jesús, ¡todos hemos fallado! La buena noticia es que incluso cuando fallas, Dios no te juzga por tu fallo. Todos nuestros pecados han sido juzgados en la cruz. ¡Aleluya! ¡No permitas que nadie te diga lo contrario!

Capítulo 6

La conspiración del mal

CUANDO CRECÍA COMO joven cristiano, me enseñaron muchas cosas acerca de Dios que me quitaron cualquier deseo de fomentar una relación más íntima con Él. Me dijeron que cuanto más supiera, más cuentas tendrá que darle a Dios, y mi castigo por no cumplir las expectativas de Dios sería más severo que el de alguien que supiera menos.

Cuando entendí esta enseñanza, supe exactamente lo que no haría. Decidí no tocar la Biblia, ya que cuanto más supiera, más me castigaría Dios. Vamos, yo no era ningún necio; ¡prefería ser ignorante que aprender más acerca de la Palabra y provocar un mayor castigo en caso de que fallase! Así que dejé la Biblia a un lado y rehusé apuntarme a ninguna clase de estudio bíblico. Simplemente me mantenía alejado de cualquier cosa que pudiera "incriminarme" más.

También me enseñaron que cuanto más me acercara a Dios, más pruebas y tribulaciones experimentaría. ¿Has escuchado esto antes? Cuando comprendí esta enseñanza, de nuevo pensé para mí: "Yo no soy ningún necio. No estoy dispuesto a que las pruebas me superen". A partir de ese momento, no quise acercarme más a Dios.

¿Te das cuenta de cómo las malas enseñanzas acerca de Dios pueden robarte todo lo que Él tiene para ti?

A medida que crecí en el Señor, Él abrió mis ojos y me di cuenta de que las enseñanzas que había recibido no eran ciertas. Contrariamente a lo que me habían enseñado, descubrí que cuanto más me acercara a Dios, más cerca estaría de la Respuesta a todos mis problemas. Me estaba acercando al hacedor de milagros. Me estaba acercando al sanador. Me estaba acercando al proveedor, ¡mi Jehová Jiré!

Mientras continúes con una percepción errónea
de Dios y te retires de Él, el diablo podrá
mantenerte atado a una vida de derrota.

Cuanto más conozcas acerca de Dios, más te liberará su verdad de las creencias erróneas que no están basadas en su Palabra. De hecho, es al diablo a quien le encanta que temas a Dios (de una forma no sana), para que te alejes de tu única fuente de ayuda. Al diablo le encanta que te alejes de la Biblia porque es el libro de tu herencia, y te dice lo que te pertenece mediante la sangre de Jesucristo. Al diablo le encanta que no encuentres la verdad, para así poder mantenerte atado, enfermo y pobre. Mientras continúes con una percepción errónea de Dios y te retires de Él, el diablo podrá mantenerte atado a una vida de derrota. A él le encanta echar la lana a los ojos del rebaño de Dios, y privarle de una vida de victoria y libertad. Hay una conspiración del mal para mantenerte derrotado. El diablo está usando enseñanzas erróneas acerca de Dios para cegar y confundir al pueblo de Dios.

¿Nos castiga Dios con enfermedades y dolencias?

Una de las enseñanzas más malvadas que he oído es que Dios castiga a los suyos con enfermedades, dolencias, accidentes y tragedias. Cuando era un adolescente, uno de los líderes de jóvenes de mi anterior iglesia se vio envuelto en un horrible accidente que casi le costó la vida. Un líder de la iglesia nos reunió a algunos de los jóvenes para ir a visitar al líder de jóvenes al hospital y todos fuimos en el automóvil del líder de la iglesia. Mientras conducía, comenzó a lamentar: "¿Por qué le habrá ocurrido esto? No lo entiendo. ¿Por qué ha tenido que ser el castigo de Dios tan severo esta vez? ¿Qué habrá hecho para que Dios le castigue de esta manera?".

Como joven cristiano escuchando a ese líder de la iglesia lamentándose por el castigo de Dios, ¿te imaginas cómo me sentí cuando "me di cuenta" de que Dios estaba detrás del accidente? Sinceramente, me asustó terriblemente pensar que Dios castigara a un creyente usando un método tan severo. Recuerdo que oraba: "Dios, por favor nunca me castigues así. Sea lo que sea, por favor, tan solo dímelo, ¿de acuerdo? Te prometo que te escucharé". Comencé a tener miedo de Dios. No quería acercarme a Él porque tenía miedo de Él, miedo a que si cometía un error, ¡Él no dudaría en castigarme con accidentes que podrían dejarme paralítico de por vida o incluso muerto!

¿Sabes que esta enseñanza errónea está en realidad basada en el antiguo pacto y no en el nuevo pacto? En el libro de Levítico, Dios les dice a todos los que no guardan sus mandamientos: "os castigaré aún siete veces por vuestros pecados".[1] Pero ¿sabes qué? Ya no estás bajo el pacto de la ley. ¡Estás bajo el pacto de la GRACIA! Jesús ya llevó todo tu castigo en la cruz. Léelo por ti mismo en Isaías 53:

> Isaías 53:4-5
> Ciertamente llevó él nuestras enfermedades, y sufrió nuestros dolores; y nosotros le tuvimos por azotado, por herido de Dios y abatido. Mas él herido fue por nuestras rebeliones, molido por nuestros pecados; **el castigo de nuestra paz fue sobre él**, y por su llaga fuimos nosotros curados.

El profeta Isaías dio una visión profética de nuestro Señor Jesús en la cruz, llevando el castigo de nuestras transgresiones. Declaró que "el castigo de nuestra paz fue sobre él". ¡Jesús ya ha sido castigado por nosotros! Cuando salió la película de Mel Gibson, *La pasión de Cristo,* la gente se quejó de que la película era demasiado gráfica y violenta. La verdad es que lo que reflejaba la película es sólo la punta del iceberg cuando se trata de lo que realmente sufrió por nosotros nuestro Señor.

Durante la época del imperio romano, los soldados tenían varios instrumentos de crueldad y tortura a su disposición. El tristemente célebre látigo de nueve colas era un látigo con nueve cadenas. En cada cadena había pegados varios trozos o ganchos de metal, para que cuando un prisionero recibiera los golpes, los trozos y ganchos de metal se clavaran en su carne y la desgarraran al retirar el látigo. Por eso el profeta Isaías describió a Jesús diciendo: "no hay parecer en él, ni hermosura; le veremos, mas sin atractivo para que le deseemos".[2]

La carne de Jesús fue desgarrada y fue golpeado violentamente hasta no poder reconocer su forma humana. El castigo que merecíamos recayó sobre Jesús, para que tú y yo nunca tengamos que pasar por lo que Él pasó por nosotros. Y por su llaga, fuimos nosotros curados.

Por tanto, ¿cómo puede alguien tener la audacia de decir que Dios aún nos castigará con enfermedades, dolencias y accidentes en la actualidad? ¡Decir eso es negar la obra consumada de Jesucristo! Bajo el nuevo pacto, Dios nunca más castigará al creyente por sus pecados. ¡Por su llaga fuiste curado! Cualquier enfermedad que tengas hoy, no proviene del Señor. Mira a Jesús en la cruz. Visualízale golpeado y herido, y recibe sanidad y plenitud de su parte. Él ha pagado el precio para que tengas una sanidad total. Hoy, ¡Él redime tu vida de la destrucción![3]

El castigo en el nuevo pacto

"Pastor Prince, ¿cómo puede decir que no hay castigo en el nuevo pacto? Hebreos capítulo 12 lo dice de forma muy clara:

*...Hijo mío, **no menosprecies la disciplina del Señor**, ni desmayes cuando eres reprendido por él; Porque el Señor al que ama, **disciplina**, y azota a todo el que recibe por hijo.*

"Mire, pastor Prince, aquí encontramos una clara evidencia de que Dios castiga a los creyentes en el nuevo pacto".

Amigo, hay confusión en la Iglesia porque la palabra griega original aquí para "disciplina" no está muy bien traducida. La palabra griega aquí es *paideuo*,[4] que significa "educar a un hijo". No significa "castigar". *Pai* es la palabra de donde obtenemos la palabra "pediatra" (un doctor especializado en tratar a los niños), mientras que *deuo* significa "enseñar a un hijo". Verás que la traducción de la palabra *paideuo* como "educar a un hijo" es más coherente con el contexto del pasaje. Sigue leyendo. El siguiente versículo dice: "Si soportáis la disciplina, Dios os trata como a hijos; porque ¿qué hijo es aquel a quien el padre no disciplina?". Aunque no supieras que la palabra griega para "disciplina" aquí significa "educar a un hijo", podrías deducirlo por este versículo, que nos dice que como Dios nos trata como a hijos, nos disciplina como los padres terrenales lo hacen con sus hijos.

¿Le causarías a tu hijo una enfermedad terminal para enseñarle una lección? Entonces, ¿por qué piensas que tu Padre en el cielo lo haría?

Ahora piensa en esto por un instante: ¿Le causarías a tu hijo una enfermedad terminal para enseñarle una lección?

¡De ninguna manera!

Entonces, ¿por qué piensas que tu Padre en el cielo lo haría?

Permíteme darte un consejo para estudiar la Biblia: Cuando leas la Biblia, asegúrate de leer todo en su contexto, porque cuando sacas el "texto" de su "contexto", ¡lo único que te queda es un "pretexto"! Muchos creyentes son engañados para creer los "pretextos" y las enseñanzas erróneas cuando se toma algo y se saca de su contexto.

Nunca logré entender cómo la gente puede considerar una enfermedad terminal como una lección de Dios. Dicen cosas como: "Dios le dio a esa persona una enfermedad terminal para enseñarle paciencia". Amigo, ¿qué lección hay que aprender cuando una persona muere de una enfermedad terminal? Tienes que estar vivo para que la lección sea útil. ¡La paciencia no tiene utilidad cuando alguien está muerto!

Permíteme decir esto una vez más para dejarlo muy claro: las enfermedades, dolencias y accidentes **no** son lecciones de Dios. Cuando educas a tu hijo, das lecciones que le enseñan al niño cosas que le beneficiarán en el futuro. **No** hay futuro si el niño se muere. Dios nunca usa las enfermedades y los accidentes para enseñarnos a ti y a mí, sus hijos, lecciones.

La justa ira de Dios contra el pecado ha sido satisfecha y hoy, sólo podemos esperar amor de su parte, no juicio. Podemos esperar gracia, no castigo. ¡Nunca volveremos a ser castigados como se hacía en el antiguo pacto! En el nuevo pacto, aunque ya no hay castigo, hay **educación de los hijos**, pero Dios no educa a sus hijos con enfermedades, dolencias y accidentes, igual que hacemos tú y yo.

¿Cómo disciplinarías a tus hijos?

Si me preguntases si hay corrección en la vida cristiana, diría: "Sí, por supuesto", pero es importante que entendamos que Dios nos corrige como un padre corrige a su hijo. ¿Torturarías tú a tu propio hijo con enfermedades, dolencias y calamidades para enseñarle una lección?

¿Forzarías a tu hijo a poner su mano en el fuego hasta que el olor a carne quemada llenara la cocina para enseñarle a no jugar con fuego o a tocar los fogones? ¿Te imaginas hacer eso y decir: "¿Sabes por qué papá está haciendo esto? Es porque papá te ama. Ahora sabes que el fuego quema, así que no vuelvas a jugar más con las cerillas"?

¿Atropellarías con tu automóvil la pierna de tu hija para enseñarle los peligros de jugar cerca de la carretera? ¿Te imaginas decir: "Vamos, hija, sé fuerte. Papá te ama, y hace esto por tu bien. Algún día lo entenderás"? ¡Claro que no! ¡Los padres que hacen cosas así son encarcelados! Hay una "casa especial" para los padres y madres que se comportan así.

Tristemente, aún hay cristianos que acusan a su Padre celestial de afligirles con enfermedades y accidentes para enseñarles lecciones. Con enseñanzas así, no es de extrañar que los creyentes vaguen por el desierto, pensando que Dios está enojado con ellos y buscando oportunidades para destruirles. ¿Qué clase de Dios crees que tenemos? Él es nuestro *Abba*. *Abba* es el término más afectivo que puedes usar para dirigirte a un padre en el lenguaje hebreo. Significa "papito". ¿Realmente crees que tu papito Dios te castigaría así?

Si los padres terrenales saben hacer buenos regalos a sus hijos, ¡cuánto más tu Papi celestial que te ama! No hace falta que te diga que las enfermedades, dolencias y accidentes no son buenos regalos. Provienen del diablo, y gracias a la obra consumada de Jesús, hemos sido redimidos de toda obra malvada y maldición. Podemos recibir protección de cada incidencia maligna, enfermedad y dolencia. Por las heridas en la espalda de Jesús, ¡somos curados!

Lee el Salmo 103 y mira todos los beneficios que Jesús ha comprado para ti con su propio cuerpo:

Salmo 103:1–5
Bendice, alma mía, a Jehová, y bendiga todo mi ser su santo nombre. Bendice, alma mía, a Jehová, y no olvides ninguno de sus beneficios. Él es quien perdona todas tus iniquidades, el que sana todas tus dolencias; el que rescata del hoyo tu vida, el que te corona de favores y misericordias; el que sacia de bien tu boca de modo que te rejuvenezcas como el águila.

Vamos, creyentes. Lean este salmo cada día y no olviden ninguno de los beneficios de la obra consumada de Jesús. Él perdona todos tus pecados, sana todas tus dolencias, te redime de la destrucción, te corona de misericordias y satisface tu boca con cosas buenas para que tu juventud se renueve como la de las águilas. ¡No le acuses de darte ninguna enfermedad o accidente!

Por cierto, si las personas que insisten en que Dios usa las enfermedades para castigar a los creyentes verdaderamente creen eso, ¿por qué van de doctor en doctor intentando recuperarse? ¡Eso es incoherente! Por un lado, dicen que sus enfermedades son del Señor, pero por otro lado intentan deshacerse de ellas.

> *Deja de creer la MENTIRA de que Dios te da enfermedades, dolencias y accidentes para castigarte o enseñarte una lección.*

Yo siempre le digo a mi congregación que no se dejen el cerebro en casa cuando llegan a la iglesia. Deja de creer la MENTIRA de que Dios te da enfermedades, dolencias y accidentes para castigarte o enseñarte una lección. Sinceramente me resulta difícil entender por qué hay creyentes hoy que luchan vehementemente por su derecho a estar enfermos, arruinados y derrotados cuando Dios está lleno de gracia y misericordia, y quiere que seamos saludables, prósperos y que estemos protegidos de toda incidencia malvada. Comencemos a esperar buenos regalos del Señor. Rechaza todo lo que sugiera aunque sea de forma remota que Dios está enojado contigo, y que va a disciplinarte con enfermedades y accidentes si fallas.

¿Y qué ocurre con el aguijón en la carne de Pablo?

"Pastor Prince, ¿qué ocurre con el 'aguijón en la carne' que sufrió Pablo? ¿Acaso no era una enfermedad?".

Bueno, veamos lo que Pablo dijo acerca de este "aguijón en la carne": "Y para que la grandeza de las revelaciones no me exaltase desmedidamente, me fue dado un **aguijón en mi carne, un mensajero de Satanás** que me abofetee, para que no me enaltezca sobremanera".[5] En ningún sitio de este versículo dice que el "aguijón en la carne" fuera una enfermedad o dolencia.

La Biblia, y no las conjeturas humanas, debe utilizarse para interpretar la Biblia. Los aguijones en la Biblia se refieren a personalidades que te molestan. Incluso en el lenguaje inglés, se usa la frase "un dolor en el cuello" para describir a alguien que te molesta o te irrita. Es sólo una expresión y no se refiere a un dolor real o enfermedad en nuestro cuello.

Del mismo modo, el "aguijón en la carne" que tenía Pablo no era una enfermedad. En el libro de Números, encontrarás que se hace referencia a los enemigos de Israel como "aguijones": "Y si no echareis a los moradores del país de delante de vosotros, sucederá que los que dejareis de ellos serán por **aguijones en vuestros ojos** y por espinas en vuestros costados, y **os afligirán** sobre la tierra en que vosotros habitareis".[6] ¡Qué la Biblia interprete a la Biblia!

Pablo mismo nos dice lo que es el aguijón. Lo llamó "un mensajero de Satanás". Por tanto, se refería claramente a una personalidad del mal que instigaba a la gente a atacar, murmurar y criticar a Pablo por dondequiera que iba predicando el evangelio, ¿y qué le dijo Dios a Pablo con respecto a este aguijón en su carne? Le dijo: "Tranquilo, Pablo, mi gracia te es suficiente".[7] Así que Pablo no sufría de ninguna enfermedad o dolencia. Estaba tan ungido con la vida resucitada de nuestro Señor Jesús que incluso cuando su pañuelo tocaba a los enfermos, eran sanados.

¿Estás oyendo las Buenas Nuevas?

Recientemente, una señora de nuestra iglesia asistió a un seminario profético y el susodicho "profeta" le dijo que la razón por la que su hijo tenía una discapacidad era que había "pecado en la vida de ella".

¿Has oído antes esta mentira? ¿Te han dicho alguna vez que las cosas negativas que puedas experimentar son el resultado de la disciplina de Dios por tus pecados? Amigo, eso no tiene sentido alguno y es inmensamente cruel. Dios no castiga el pecado en el nuevo pacto con enfermedades y dolencias porque el pecado **ya ha sido castigado** en el cuerpo de Jesús. Su sangre ya ha sido vertida por el perdón de todos nuestros pecados. Cuando recibiste a Jesucristo en tu vida, todos tus pecados fueron limpiados. Es una obra consumada.

Sea como fuere, la mujer se acercó a los líderes de nuestra iglesia buscando ayuda, y compartieron con ella que Dios ya había castigado el pecado en el cuerpo de Jesús. Ella entonces regresó a buscar a ese "profeta" para preguntarle qué quiso decirle. Cuando él la vio, intentó evitarla. Cuando finalmente logró hablar con él y le preguntó qué quiso decirle, él le respondió: "Bueno, eso es lo que el Señor me dijo que le dijera". (Amigo, no se deje intimidar cuando alguien con ligereza o por conveniencia use el nombre del Señor como excusa para decirle cosas de su vida que no son bíblicas). Después sacó una tarjeta de presentación y le explicó que hacía esas reuniones proféticas a tiempo parcial, que tenía un trabajo durante el día y que solo era un "profeta a tiempo parcial".

Eso es totalmente cruel, ¿no es así? El pueblo de Dios es precioso. Están buscando soluciones, respuestas y ayuda, y tenemos "profetas" como estos merodeando los círculos cristianos para condenar a los creyentes, convenciéndoles de que Dios está enojado con ellos y que les castiga con enfermedades, dolencias y accidentes.

Las Buenas Nuevas de Jesús siempre liberan y
su perfecto amor echa fuera todo temor.

Vamos, amigo, es hora de elevarse por encima de estas enseñanzas sin base bíblica, y que no están basadas en el nuevo pacto de Jesucristo nuestro Señor. El Señor quiere que los creyentes sean "prudentes como serpientes, y sencillos como palomas".[8] Abre tus ojos y mira la conspiración del mal del diablo para mantener a los creyentes atados con enseñanzas erróneas acerca de Dios que no están basadas en el nuevo pacto de gracia. Siempre que oigas una enseñanza que ponga temor en tu corazón, puedes estar seguro de que lo que estás oyendo no es el evangelio, o las Buenas Nuevas, de Jesús. Las Buenas Nuevas de Jesús siempre liberan y su perfecto amor echa fuera todo temor. ¡Las Buenas Nuevas siempre imparten fe y exaltan la obra consumada de Jesucristo en la cruz!

Capítulo 7

El evangelio que Pablo predicó

AMADO, **DEBES ERRADICAR** esta idea de que el perdón de pecados es una enseñanza básica. Piensa en ello: si realmente es básica, ¿por qué tantos creyentes no lo entienden y son derrotados por su falta de entendimiento?

El poder del evangelio es vivir cada momento teniendo la confianza de que todos tus pecados han sido personados. Contrasta esto con vivir con un sentimiento permanente de culpabilidad y condenación que viene con la idea de que cuando pecas, se rompe la comunión con Dios, Él ya no responde a tus oraciones, está lejos de ti y hasta que no te arrepientas y confieses todos tus pecados, el Espíritu Santo no regresa. Muchos cristianos aún tienen esta impresión de que les corresponde mantener el perdón de Dios mediante sus propias acciones. Entonces ¿cómo puede ser el perdón de pecados una enseñanza **básica**? Hay demasiados creyentes e incluso pastores, predicadores y líderes, muchos con maravillosos títulos y credenciales de escuelas bíblicas, que aún están confundidos con la enseñanza del perdón.

Por tanto, la mejor forma de entender el evangelio no es basarlo en lo que has oído de varias fuentes, sino volver a lo que los apóstoles predicaban en la Iglesia primitiva. Examinemos lo que predicaba el apóstol Pablo, que es el apóstol del nuevo pacto. A fin de cuentas, Pablo fue el apóstol a quien Dios señaló para predicar el evangelio de la gracia. Recibió más revelación sobre el nuevo pacto de la gracia que todos los demás apóstoles juntos, y fue el responsable de escribir más de dos tercios del Nuevo Testamento.

La predicación de Pablo estaba llena de poder

Hechos 14:8–10
Cierto hombre de Listra estaba sentado, imposibilitado de los pies, cojo de nacimiento, que jamás había andado. Este oyó hablar a Pablo, el cual, fijando en él sus ojos, y viendo que tenía fe para ser sanado, dijo a gran voz: Levántate derecho sobre tus pies. Y él saltó, y anduvo.

Observa cómo el Espíritu Santo describe a este hombre: uno, estaba imposibilitado de los pies. Dos, era cojo de nacimiento; y tres, jamás había caminado. El Espíritu Santo usó tres descripciones distintas para enfatizar el hecho de que **no podía andar** y estaba ante una situación (aparentemente) imposible. Sin embargo, cuando oyó hablar a Pablo, ¡se llenó de fe para creer que podía ser sano!

¿Cómo pudo ese hombre llenarse de fe?

La Biblia dice que la fe es por el oír, y oír el mensaje de Cristo.[1] El hombre de Listra se llenó de fe porque oyó la palabra de **Cristo**. Sé que en la mayoría de las traducciones dice que la fe viene por el oír "la palabra de **Dios**". Pero si estudias la palabra original en griego para "Dios" en este versículo, verás que no es *Theos*, que es "Dios", sino *Christos*, que es Cristo.[2]

Mira, la fe no viene simplemente por oír la Palabra de Dios porque la Palabra de Dios comprendería toda la Biblia, incluyendo la ley de Moisés. No hay impartición de fe cuando oyes los Diez Mandamientos. La fe sólo viene oyendo la palabra de Cristo. Esto no significa que sólo debas oír predicaciones de partes de tu Biblia que estén escritas en rojo, lo cual indica que es Jesús quien pronunció esas palabras. (Poner lo que Jesús dijo en la Biblia en letras rojas es una idea de los hombres). Oír la palabra de Cristo es oír predicaciones y enseñanzas que hayan pasado por el filtro del nuevo pacto de gracia y la obra consumada de Jesús.

La fe se imparte sólo cuando se predica a Cristo.

Puedes predicar desde Génesis hasta Apocalipsis desde la perspectiva de Jesús y de su gracia. En mi iglesia, me conocen por predicar y enseñar exhaustivamente tanto del Antiguo como del Nuevo Testamento. A fin de cuentas, Cristo está **oculto** en el Antiguo Testamento y en el Nuevo Testamento es **revelado**. En el Antiguo Testamento encontrarás sombras de Cristo en las cinco ofrendas levíticas, el tabernáculo de Moisés e incluso en las vestiduras del sumo sacerdote, pero se necesita a un ministro del nuevo pacto para sacar de ahí a Cristo. La fe se imparte sólo cuando se predica a Cristo. ¡Aleluya! ¡Me encanta hablar de Jesús!

¿Qué predicó Pablo?

Regresemos al hombre de Listra. ¿Qué pudo haber predicado Pablo que fuera tan poderoso como para impartir fe a ese hombre a fin de que pudiera creer en que quedaría sano de su situación imposible?

"Bueno, pastor Prince, creo que Pablo estaba enseñando sobre la sanidad divina".

Leamos el pasaje. La Biblia sólo dice que Pablo estaba "predicando el evangelio" en Listra.[3] No dice que estuviera enseñando acerca de la sanidad divina. No me malentiendas. **Hay** lugar para enseñar la sanidad divina. Yo incluso tengo toda una serie de enseñanzas sobre la sanidad divina, pero la fe para la sanidad no viene sólo cuando oyes una enseñanza sobre sanidad. La fe para ser sano también viene cuando oyes simplemente el evangelio. De cualquier forma, yo quería saber lo que predicó Pablo en Listra, para poder predicar el mismo mensaje e impartir fe a la gente. Así que le pregunté al Señor qué fue lo que predicó Pablo. Quiero decir, ¿cómo pudo el Espíritu Santo no incluir algo tan importante? ¡Si Él lo hubiera escrito en la Biblia!

Entonces, el Señor me dijo que Él **había** registrado uno de los sermones de Pablo en la Biblia. Me dijo que fuera al capítulo previo y me enseñó que ahí mismo, en Hechos capítulo 13, el Espíritu Santo había preservado un ejemplo del evangelio que Pablo predicaba en todos los lugares adonde iba. Así que ahí estaba, el sermón de Pablo narrado por el Espíritu Santo para nosotros, ¡palabra por palabra! Pablo cubrió bastantes cosas, pero tienes que ver por ti mismo cuál es el asunto principal del sermón de Pablo y dónde está el punto álgido:

Hechos 13:38–39
Sabed, pues, esto, varones hermanos: que por medio de él [Jesús] se os anuncia perdón de pecados, y que de todo aquello de que por la ley de Moisés no pudisteis ser justificados, en él es justificado todo aquel que cree.

El poder del evangelio que Pablo predicaba se encuentra en el perdón de todos tus pecados para "todo aquel que cree". No hay otro requisito para que tus pecados sean perdonados. El antiguo pacto está basado en la justificación por obras (obediencia a los Diez Mandamientos). Tenías que hacer algo para ser perdonado. Pero nuevo pacto de gracia está basado totalmente en la justificación por la fe (creer en Jesucristo). ¿Puedes ver la diferencia tan radical? La demanda ya no está sobre ti, sino sobre Cristo. Estas son las Buenas Nuevas: todo el que **cree** en Jesús recibe el perdón de todos sus pecados y es justificado de todas las cosas. ¿Buenas noticias? ¡Aleluya! ¡No hay mejor noticia que esta!

Todo el que cree en Jesús recibe el perdón de todos
sus pecados y es justificado de todas las cosas.

Me imagino cómo respondió el hombre de Listra cuando escuchó a Pablo proclamar que él podía ser justificado de todas las cosas sólo con creer en Jesús. Cuando escuchó a Pablo predicar sobre las Buenas Nuevas de Cristo, la fe llegó y llenó su corazón. Con lágrimas en sus ojos, debió de haberse alejado de su cojera y rechazó todo pensamiento de que había sido cojo desde su nacimiento porque había sido castigado por sus pecados o por los de sus padres. En cambio, debió creer con todo su corazón que si creía en Jesucristo, sería perdonado de todos pecados. Probablemente ahogado por las lágrimas, susurró: "Creo". Y en ese mismo instante, escuchó una fuerte voz que le decía: "Levántate derecho sobre tus pies". Era Pablo ordenándole, y antes de que pudiera tener tiempo para dudar, se puso a dar saltos con gozo, ¡y por primera vez en su vida, caminó!

El evangelio imparte fe

Observa que Pablo no impuso sus manos sobre el hombre para sanarle. No hizo un llamado al altar para todos aquellos que quisieran sanidad. La fe para ser sano llevó por oír el evangelio de Jesucristo. Hemos experimentado esto una y otra vez en nuestros servicios. La gente está sentada en nuestros servicios, y al escuchar el evangelio de gracia de la obra consumada de Jesús, ¡se produce el milagro de sanidad!

Cuanta más revelación obtienes de su obra consumada, más recibirás una impartición de fe para cualquier situación, incluso para las aparentemente imposibles.

Uno de mis queridos amigos, Marcel Gaasenbeek, me compartió un suceso acerca de un milagro de sanidad precioso que ocurrió en su auto mientras se dirigía a Rumanía con unos amigos. Marcel es un pastor de una dinámica iglesia de gracia en Holanda, y ese día en particular, iba de camino a Rumanía para predicar. Estaba escuchando uno de mis sermones en su auto, algo que hacía a menudo.

Adormecido por la monotonía del largo viaje, uno de los amigos de Marcel se quedó dormido en el asiento trasero. Ese amigo se había visto envuelto en un accidente de motociclismo acuático hacía algunos años, y desde entonces, a menudo tenía fuertes dolores en su espalda. De algún modo, entre sueños, me escuchó predicar esto: "Jesús ya te ha sanado y quien te está dando síntomas engañosos en tu cuerpo es el diablo". Él dijo "Amén" en su corazón, creyendo que Jesús **ya le había** sanado al tomar su pecado y llevar su maldición. En ese momento, sintió el poder de Dios atravesando su cuerpo, y hoy está completamente sano. ¡Todo el dolor de su espalda ha desaparecido!

Este es el poder de oír, y oír el evangelio de Jesús. Así es como viene la fe. Cuanto más oyes a Jesús, más recibes su gracia, y cuanta más revelación obtienes de su obra consumada, más recibirás una impartición de fe para cualquier situación, ¡incluso para las aparentemente imposibles!

Un encuentro sobrenatural con las campanillas

En el año 2000 prediqué un sermón titulado: *'Aleph-Tav': La firma de Jesús en la Biblia,* durante una de nuestras reuniones regulares de estudio bíblico de mitad de semana. *Aleph* es la primera letra del alfabeto hebreo y *tav* es la última. El mensaje trataba sobre la persona de Jesús, y cómo se reveló a Él mismo como el Alfa y la Omega, el principio y el fin. Mientras predicaba, llegué a los dos versículos del sermón de Pablo que acabamos de repasar y los leí en voz alta:

Hechos 13:38–39
Sabed, pues, esto, varones hermanos: que por medio de él [Jesús] se os anuncia perdón de pecados, y que de todo aquello de que por la ley de Moisés no pudisteis ser justificados, en él es justificado todo aquel que cree.

Al instante de terminar de citar los versículos, ¡las campanillas que estaban en la plataforma detrás de mí comenzaron a sonar solas! No había nadie cerca de las campanillas. Mis músicos no se sientan en la plataforma detrás de mí cuando predico. Todos estaban sentados enfrente, como siempre.

No fue sólo un suave tintineo. Las campanillas sonaron de manera hermosa por sí solas, hacia delante y hacia atrás, hacia adelante y hacia atrás, adelante y hacia atrás, desde la primera a la última de las campanillas. Más de mil personas que estaban en la reunión fueron testigos. Todos en el servicio pudieron oír las claras notas provenientes de las campanillas. La unción de Dios barrió todo el auditorio. Algunas personas comenzaron a llorar, mientras otras glorificaban al Señor y comenzaban a aplaudir. Fue hermoso.

Fue el Señor.

Exactamente en el momento en que yo había terminado de leer los dos versículos sobre el perdón de pecados, el Espíritu Santo se derramó sobre nuestra congregación y nos abrazó. Era como si el Espíritu Santo estuviera dando un "amén" a los dos versículos.

Todos los que oyeron el sonido pueden dar fe de que no había manera alguna de que las ondas de música procedentes de las campanillas pudieran haber sido causadas por un golpe de viento o cualquier otra causa natural. Fue un evento sobrenatural. Dios estaba confirmando su Palabra con una señal. Las campanillas sonaron con mucha parsimonia. Me puedo imaginar un ángel de Dios pasando sus dedos con suavidad por toda la cortina de campanillas, antes de permitir que sus dedos volvieran a pasar por las campanillas otra vez… y otra vez. Para mí es imposible describir del todo en este libro lo que ocurrió. ¡Tendrías que haberlo oído por ti mismo!

Por cierto, ese servicio, como todos nuestros servicios regulares, se grabó tanto en audio como en video. Si consigues las grabaciones, podrás oír las campanillas sonando con claridad. Desgraciadamente, no podrás ver las campanillas en la grabación de DVD, aunque verás una imagen mía girándome hacia las campanillas y pidiendo a la congregación que las mirase. Al cámara le pilló desprevenido. Estaba totalmente impactado por ese suceso sobrenatural y mantuvo la cámara enfocada en mí.

Ahora bien, permíteme compartir contigo por qué esa noche fue particularmente significativa para mí. Durante ese tiempo, había algunos mensajes de correo electrónico vengativos circulando acerca de nuestra iglesia y de mí. Había algunas falsas acusaciones hechas por personas que me llamaban todo tipo de cosas desagradables. Sin saberlo yo, muchos de los miembros de nuestra iglesia habían leído mensajes nocivos y estaban muy afectados. Esa noche, después de servicio, muchos de ellos se acercaron y me dijeron: "Sabe, pastor Prince, vine aquí esta noche orando y pidiéndole a Dios que me mostrara si las acusaciones contra usted en los correos eran ciertas. No quería oír a las personas que escribieron los correos, ni a usted. Quería que Dios me hablara".

Muchos de ellos se acercaron y compartieron conmigo por lo que habían orado, y sus relatos eran casi idénticos. Habían leído los correos y querían oír de Dios. ¡Yo me quedé impactado! Muchos de los miembros de mi iglesia le estaban pidiendo a Dios que les hablara, y cuando sonaron las campanillas de forma tan sobrenatural, fue una confirmación del Señor sobre la precisión de lo que yo había estado predicando, y decidieron no hacer caso de los correos nocivos.

Incluso sin que yo supiera que había un veneno circulando acerca de mí, el Señor me había reivindicado. Él es mi defensa. ¡Aleluya! A lo largo de los años, muchas personas han escrito y han dicho todo tipo de cosas horribles acerca de mí. Me han puesto todo tipo de calificativos, pero nunca me he vengado por mí mismo. Mi confianza está en el Señor. Nunca he tomado una pluma ni he dicho palabras negativas contra ninguno de mis acusadores. Yo no lucho en contra de quienes se oponen a mí. En cada situación, oro para que redunde para mayor gloria para Jesús y para el mayor bien para el Cuerpo de Cristo.

Persecución contra el evangelio de gracia

En cualquier caso, yo estaba preparado para la persecución. El Señor me había advertido hacía mucho tiempo que había un precio por predicar el evangelio que Pablo predicó. Me dijo que la gente me llamaría todo tipo de cosas y me perseguiría; y la persecución sin duda había llegado. Pero la persecución había llegado principalmente de parte de personas que creían en la justificación a través de la ley y los propios esfuerzos del hombre.

Esto es coherente con lo que Jesús mismo experimentó. Cuando caminó por esta tierra, las únicas personas que no pudieron recibir de Él fueron los fariseos, los expertos en la ley. Ellos conocían la ley interiormente, pero no al autor de la ley que estaba justamente delante de ellos. ¿No es esto sorprendente? Nos demuestra que el legalismo ciega a las personas: las personas legalistas tienen ojos pero no ven y oídos pero no oyen. Por el contrario, los que reconocieron que eran pecadores impotentes (prostitutas, corruptos recaudadores de impuestos, ordinarios pescadores y marginados por la sociedad) no conocían la ley como los fariseos, ¡pero recibieron y dieron la bienvenida a Jesús con gozo!

"Pero pastor Prince, si lo que usted predica realmente es del Señor, entonces no causará división".

Veamos lo que ocurrió en Hechos 13. Después que Pablo hubiera terminado de predicar, los gentiles le rogaron que les predicara el mismo sermón el siguiente día de reposo. El siguiente día de reposo, la Biblia dice que "casi toda la ciudad"[4] de Antioquía se reunió para oír predicar a Pablo acerca del perdón de pecados, la justificación por la fe mediante la cruz de Jesús y la gracia de Dios. Para que toda la ciudad acudiera escuchar a Pablo, ¡las Buenas Nuevas que estaba predicando debieron de haberse esparcido como un fuego incontrolado por toda la ciudad!

Sin embargo, observemos que había un grupo de personas que no estaba contento con lo que Pablo estaba predicando: los fariseos, o lo que yo llamo la "mafia religiosa". La Biblia dice que cuando vieron las multitudes, **se llenaron de celos**, y **rebatían** lo que Pablo decía, **contradiciendo y blasfemando**".[5] Estos cumplidores de la ley legalistas siguen aún con nosotros. La ley les ciega. Hay un velo en sus ojos y no pueden ver que el antiguo pacto de la ley ya no es válido. Cuando ven a los creyentes impactados por la gracia, se "llenan de celos" porque han trabajado mucho y han dependido de sus propios esfuerzos para lograr su propio sentimiento de justicia propia.

Jesús no vino para traernos leyes y más leyes. Vino
para darnos vida abundante mediante su gracia.

Así que cuando los fariseos vieron que los creyentes bajo la gracia recibían milagros, bendiciones y victorias mediante el poder de Jesucristo, y eran vestidos con su justicia perfecta sin obras y sin esfuerzo alguno, se llenaron de celos. En su envidia, contradijeron, blasfemaron y se opusieron a Pablo. La división se produjo no porque Pablo no estuviera predicando el evangelio de Jesucristo, sino precisamente porque estaba predicando el evangelio de gracia que venía del Señor. La gracia contraviene las tradiciones del hombre. No tiene en cuenta los esfuerzos del hombre y tiene en cuenta sólo a Jesucristo. Esto enojó a la turba religiosa de la época de Jesús.

El sermón de Pablo terminó con un firme aviso para aquellos que rehusaron creer en la gracia de Dios y en el perdón en el nuevo pacto:

Hechos 13:41
Mirad, oh menospreciadores, y asombraos, y desapareced; porque yo hago una obra en vuestros días, obra que no creeréis, si alguien os la contare.

Esta advertencia que dio Pablo no era para toda la congregación, sino sólo para aquellos que rechazaron el evangelio de gracia. Mira, los que ciegamente insistían en aferrarse a la justificación mediante la ley de Moisés "no creerán" cuando oigan acerca de la justificación mediante la fe, y dirán en su corazón que es demasiado bueno para ser cierto. La ley es un velo para sus ojos, y no pueden ver la gracia de Dios. Pero gloria a Dios que cuando Jesús murió en la cruz, el velo que había separado al hombre injusto de un Dios justo fue quitado para siempre. La Biblia dice que cuando Jesús entregó su espíritu, el velo del templo "se rasgó en dos, de arriba abajo".[6] El velo es un cuadro de la ley de Moisés. Una vez que se rasgó la ley, ¡el hombre fue justificado por la fe en la sangre de Jesús y se abrió el camino al lugar santísimo! ¿Demasiado bueno para ser cierto? Es cierto, amigo mío, y por eso el evangelio de Jesucristo son Buenas Nuevas para nosotros hoy. Jesús no vino para traernos leyes y más leyes. Vino para darnos vida abundante mediante su gracia.[7]

Volvamos a la pregunta del evangelio de gracia que causa división.

¿Es posible predicar el evangelio de gracia y causar división hasta el punto de que la gente incluso quiera expulsarte de sus ciudades? ¡Sí! Eso ocurrió en la Iglesia primitiva. Pablo estaba "hablando con denuedo, confiados en el Señor" y predicando "la palabra de su gracia" cuando en el siguiente versículo, encuentras que "**la gente de la ciudad estaba dividida**: unos estaban con los judíos, y otros con los apóstoles".[8] Incluso "los judíos y los gentiles, juntamente con sus gobernantes, se lanzaron a afrentarlos y apedrearlos".[9]

Por tanto, queda claro que cuando predicas las mismas Buenas Nuevas que Pablo predicó, no significa que todo el mundo se una y diga: "¡Aleluya!". Habrá algunos que quieran echarte de sus ciudades y decir todo tipo de cosas acerca de ti para destruir tu integridad. Pero el hecho de que haya división ciertamente no significa que lo que Pablo predicaba no fuera cierto. Precisamente esa es la razón por la que Pablo advirtió que incluso cuando Dios declara que algo es bueno, siempre hay algunos que rehusarán creer: "obra que no creeréis, si alguien os la contare".

*Si quieres que el Señor haga algo milagroso en tu
vida, asegúrate de estar escuchando "la palabra
de su gracia" y no la palabra de su ley.*

Por esta razón el evangelio que Pablo predicaba no es un evangelio para agradar a los hombres. Pablo no predicaba para que le recibieran bien en todos los lugares a los que iba. Predicaba la verdad del evangelio aunque eso significara que sus opositores le apedrearan o le expulsaran de sus ciudades. ¡Lo hacía porque el evangelio es PODER DE DIOS para salvación!

Asegúrate de estar oyendo el evangelio que Pablo predicaba. La Biblia declara que el Señor dio testimonio "**a la palabra de su gracia**, concediendo que se hiciesen por las manos de ellos señales y prodigios".[10] Mira, el Señor da testimonio sólo "a la palabra de su gracia". Si quieres que el Señor haga algo milagroso en tu vida, o quieres ver más poder en tu vida, tu cuerpo, tus finanzas, tu carrera y tu ministerio, asegúrate de estar escuchando "la palabra de su gracia" y no la palabra de su ley.

Por cierto, mira cómo tuvo que predicar Pablo primero antes de que el Señor pudiera dar testimonio a la palabra de su gracia con señales y prodigios. Predicar las Buenas Nuevas primero es algo coherente con el estilo de Jesús. A cada lugar donde iba, Jesús enseñaba y predicaba a las multitudes **antes** de sanarles. Hay algunas personas que se acercan a mí pidiendo oración por su enfermedad antes del servicio, y está claro que no están interesadas en escuchar el evangelio, o ninguna enseñanza o predicación. Tan sólo quieren oración. Pero la forma de Dios es siempre enseñar y predicar primero, seguido de sanidad. Él confirma la palabra de su gracia con señales y maravillas.

¿Te encuentras ante una situación imposible hoy? ¿Estás esperando que el Señor haga algo en tu vida? Si es así, te animo a escuchar buenas enseñanzas que estén llenas de las Buenas Nuevas de Jesús. A medida que oigas más y más de Jesús, la fe llenará tu corazón. Dejarás de preocuparte contigo mismo, con tu carencia y tu debilidad, y estarás totalmente ocupado con Jesús, su belleza, su perfección y su gracia.

El evangelio que Pablo predicó

Mi único empeño es predicar el mismo evangelio que predicó Pablo, y no otro evangelio. Predicar cualquier otro evangelio era un asunto serio para Pablo. De hecho, pronunció una doble maldición sobre aquellos que predicaban un evangelio diferente. Pablo dijo: "Mas si aun nosotros, o un ángel del cielo, os anunciare otro evangelio diferente del que os hemos anunciado, sea anatema".[11] Y por si la primera maldición no fuera suficiente, reiteró: "Como antes hemos dicho, también ahora lo repito: Si alguno os predica diferente evangelio del que habéis recibido, sea anatema".[12] Ahora bien, yo no soy ningún necio. Hace años decidí que la gente puede decir lo que quiera acerca de mí, ¡pero yo no voy a meterme bajo ninguna maldición por predicar otro evangelio!

¿Es el evangelio de Jesucristo poder de Dios para salvación

(a) para todo aquel que cumple la ley de Moisés?

(b) para todo aquel que confiesa todos sus pecados?

(c) para todo aquel que ayuna y hace largas oraciones?

No es ninguna de las anteriores. Es (d) para todo aquel que cree. Esta es la "justificación por fe" que predicaba Pablo, ¡y es lo que yo predicaré! Bajo el nuevo pacto de gracia, somos justificados no por nuestro propio comportamiento, sino por nuestra creencia en Jesucristo. Mediante este Hombre te es predicado el perdón de todos tus pecados. ¿Crees en Jesús? Si tu respuesta es "sí", entonces no permitas que nadie añada más condiciones a tu perdón: todos tus pecados han sido perdonados simplemente porque has creído en Jesús. Nada más, nada menos. Este es el evangelio que Pablo predicaba, y cuando entiendes esta verdad y simplemente la crees, comenzarás a ver el poder de Dios en tu vida dándole la vuelta para bien a cada situación adversa.

Capítulo 8

La frase principal
del nuevo pacto

C UANDO ERA UN adolescente, me encontré con una enseñanza de un libro que decía que un cristiano podía cometer el "pecado imperdonable". ¿Has oído alguna vez la enseñanza acerca del "pecado imperdonable"? Esta enseñanza errónea dice que todos los pecados se pueden perdonar, pero si se comete el pecado de la blasfemia contra el Espíritu Santo[1], no hay perdón. Por esta razón a este pecado se le conoce como el "pecado imperdonable".

Como joven cristiano, no entendí por qué otros creyentes no parecían estar afectados por la idea de que pudieran cometer el pecado imperdonable. A mí realmente me asustaba la idea. Mi conciencia era muy sensible, y cuanto más pensaba en la posibilidad de cometer el pecado imperdonable, más convencido estaba de que había cometido ese pecado. Mis pensamientos se volvieron cada vez más negativos e incluso comencé a dudar de Dios. Eso me dio incluso más razón para creer que sin duda había blasfemado contra el Espíritu Santo.

Acudí a los líderes de mi iglesia de ese entonces buscando consejo, pero en vez de llevarme al nuevo pacto de gracia, me dijeron que sí era posible que un cristiano cometiera el pecado imperdonable. Para entonces, yo ya estaba bastante deprimido. El diablo me

La frase principal del nuevo pacto | 85

estaba oprimiendo con pensamientos de culpabilidad y condenación. Plagado de esos pensamientos, iba a Orchard Road, el principal cinturón de tiendas de Singapur, y daba testimonio de Jesús
a la gente que había por las calles, creyendo todo el tiempo que yo
había cometido el pecado imperdonable. Pensaba que si conseguía
que esas personas fueran salvas, Dios las vería cuando fueran al
cielo y quizá se acordara de Joseph Prince que estaría en el infierno. ¡Honestamente era lo que creía! Lo sorprendente fue que la
unción evangelística ya fluía en mí en ese entonces y muchos recibían a Jesús, aunque pensaba que yo mismo no iría al cielo.

Descubrir el evangelio de gracia

Cuanto más creía que aún tenía pecados sin perdonar, más creía
que había agotado toda la gracia de Dios en mi vida. Nadie me
enseñó acerca de la sangre de Jesús, ni me enseñó que con esa conducta estaba deshonrando la sangre de Cristo y negando la obra de
Jesús en la cruz por mí. Nadie me predicó las Buenas Nuevas, así
que en ese tiempo realmente pensaba que mis pecaos eran mayores que la gracia de Dios. Sentía que perdía mi mente y que estaba
al borde de un ataque de nervios. Sentía que mi mente literalmente se iba a estropear y comencé a tener miedo de que me pudieran
enviar a una institución mental.

Fue mediante este viaje tumultuoso como comencé a entender
la gracia de nuestro Señor Jesús. Ahora sé sin ninguna duda que
un cristiano **no puede** cometer el pecado imperdonable. Ten cuidado cuando oigas alguna enseñanza que te dé la impresión de
que los creyentes pueden cometer el pecado imperdonable de blasfemar contra el Espíritu Santo. Hay veces en que el diablo pone
pensamientos negativos sobre el Espíritu Santo en tu mente, o
cuando dices algo negativo contra el Espíritu Santo. Esto puede llevarte a preguntarte y preocuparte por si hubieras cometido el pecado imperdonable. Bien, permíteme declarar una vez y
para siempre que **no hay pecado alguno del que un cristiano no**

sea perdonado. Cuando entiendes por qué Dios envió al Espíritu Santo, te das cuenta que el pecado imperdonable simplemente es rechazar constantemente a Jesús.

La Biblia nos dice que el Espíritu Santo vino para testificar y dar testimonio de Jesucristo. Jesús dijo: "el Espíritu de verdad, el cual procede del Padre, él dará testimonio acerca de mí".[2] Blasfemar contra el Espíritu Santo es, por tanto, **rechazar continuamente a la persona de Cristo** de quien el Espíritu Santo testifica. Estudia la Palabra de Dios cuidadosamente. ¿A quién estaba Jesús hablando cuando habló del pecado imperdonable? Estaba hablando a los fariseos, que continuamente le rechazaban como el Salvador y planearon matarle en varias ocasiones. Incluso le acusaron de tener un espíritu inmundo, diciendo "que tenía a Beelzebú, y que por el príncipe de los demonios echaba fuera los demonios".[3] La respuesta de Jesús fue: "De cierto os digo que todos los pecados serán perdonados…pero cualquiera que blasfeme contra el Espíritu Santo, no tiene jamás perdón, sino que es reo de juicio eterno".[4] ¿Por qué dijo eso? El siguiente versículo nos dice que es **"porque ellos habían dicho: Tiene espíritu inmundo"**.

El Espíritu Santo está presente incluso hoy para dar testimonio de Jesús. Por tanto, blasfemar contra el Espíritu Santo es seguir rechazando el evangelio de Jesús y depender de tus propios esfuerzos para alcanzar la salvación. Jesús estaba advirtiendo a los fariseos que no cometieran este pecado, y que dejaran de rechazarle. Esto claramente no se aplica al creyente. Mira, al leer la Biblia es importante observar a quién se dirigen las palabras y determinar si las palabras son relevantes para el creyente. En este caso, Jesús estaba hablando a los fariseos que le rechazaban y que incluso afirmaban que tenía un espíritu inmundo. ¡Imagínate su atrevimiento! Y en cuanto a ti, amigo mío, ten la seguridad en tu corazón de que es imposible que un creyente cometa el pecado imperdonable. Un creyente ya ha recibido el don de la vida eterna y nunca "estará sujeto a condenación eterna".

Interpretar bien la Palabra

Hay mucha confusión y creencias falsas en la Iglesia hoy día porque muchos cristianos leen su Biblia sin entender bien el antiguo y el nuevo pacto. No se dan cuenta de que incluso algunas de las palabras que Jesús dijo en los cuatro Evangelios (Mateo, Marcos, Lucas y Juan) son parte del antiguo pacto. Se dijeron **antes** de la cruz cuando Él aún no había muerto. El nuevo pacto comienza **después** de la cruz, cuando el Espíritu Santo fue dado en el día de Pentecostés.

Hay mucha confusión y creencias falsas en la Iglesia hoy día porque muchos cristianos leen su Biblia sin entender bien el antiguo y el nuevo pacto.

Sé que nuestras Biblias están divididas en Antiguo y Nuevo Testamento, el cual comienza con los cuatro Evangelios; sin embargo, es importante saber que **la cruz marcó una diferencia.** Parte de lo que Jesús dijo **antes** de la cruz y lo que dijo **después** de la cruz fue dicho en dos pactos totalmente distintos. También debes ver a quién se dirigía Jesús al hablar. A veces les hablaba a los fariseos, que alardeaban de cumplir perfectamente la ley. Con ellos, Jesús llevó la ley a su grado más perfecto, de modo que era imposible que ningún hombre la cumpliera.

"Pero pastor Prince, yo creo que deberíamos hacer todo lo que Jesús dijo".

Amigo mío, Jesús dijo: "Por tanto, si tu ojo derecho te es ocasión de caer, sácalo, y échalo de ti...Y si tu mano derecha te es ocasión de caer, córtala, y échala de ti; pues mejor te es que se pierda uno de tus miembros, y no que todo tu cuerpo sea echado al infierno".[5] ¿Ya has hecho esto?

¿Crees que Jesús espera que hagamos estas cosas, o será que quiere que interpretemos bien la Palabra, y entendamos a quién estaba hablando en este pasaje y qué quería decir? Si la iglesia obedeciera todo lo que Jesús dijo en este pasaje, ¡sería como una gran sala de amputaciones! (Espero que no te oiga decir: "Pastor Prince, debería haber escrito este libro antes: ¡ya me he sacado un ojo y me he cortado una mano!").

Vamos, Jesús dijo todo esto para llevar de nuevo la ley a su grado más alto, un estándar para asegurarse de que ningún hombre pudiera cumplir la ley. Dijo todo eso para que el hombre dejara de depender de él mismo y comenzara a ver que necesitaba desesperadamente un salvador. Así que cuando leemos las palabras de Jesús en los cuatro Evangelios, es necesario que interpretemos bien la Palabra y entendamos **a quién** hablaba Jesús.

Permíteme ponerte otro ejemplo. Quizá hayas oído a algunos predicadores gritar a los no creyentes usando el término "camada de víboras". Pero Jesús **nunca** llamó a los pecadores, ni tan siquiera a las prostitutas y recaudadores de impuestos, "camada de víboras". ¡Nunca! Jesús reservó esas duras palabras solo para los fariseos,[6] cuya fijación en la ley les cegaba para ver a Dios en la carne, Jesús, que dio la ley en un principio y que vino para cumplir la ley por el hombre. Así que aprende a usar bien la Palabra de Dios siempre que leas la Biblia. No todo lo que dijo Jesús se lo dijo a la Iglesia.

Aliméntate de las cartas del apóstol Pablo

Las cartas de Pablo se escribieron a la Iglesia y, por tanto, son para nuestro beneficio en la actualidad. Dios le levantó para escribir las palabras del Jesús ascendido, que está sentado hoy a la diestra del Padre. Por eso cuando se trata de leer la biblia, siempre animo a los nuevos creyentes de nuestra iglesia a comenzar con las cartas de Pablo. (Muchos nuevos creyentes prefieren comenzar con el libro de Apocalipsis o Génesis, sin tener primero un buen fundamento en el evangelio de la gracia mediante la lectura de las cartas de Pablo).

¿Has observado que Pablo nunca mencionó el pecado imperdonable? Ni una sola vez, en todas sus cartas a las iglesias, advirtió a los cristianos acerca del pecado imperdonable. Si los cristianos pudieran cometer el pecado imperdonable, lo debería haber mencionado en cada epístola que escribió. Por otro lado, Pablo enfatizó que Jesús, con su muerte en la cruz, "os dio vida juntamente con él, perdonándoos **todos** los pecados".[7] He revisado la palabra original en griego para "todos"[8] en este versículo, ¿y a que no sabes lo que descubrí? "¡Todos" significa TODOS! Jesús, con su propia sangre, te ha perdonado TODOS tus pecados, así que **no** hay ningún pecado imperdonable. Mediante un sacrificio perfecto, Jesús te ha limpiado de todos los pecados de toda tu vida, ¡y ahora has sido sellado con la promesa de la vida eterna! Ahora deja que estas buenas noticias llenen tu corazón de gracia y confianza.

Dios no te deja preguntándote si eres salvo o no. Él te dice tajantemente que eres suyo y que nada te puede separar del amor de Cristo. Ni siquiera el pecado, ¡porque su sangre es mayor que tu pecado! Saber que todos tus pecados son perdonados es clave para tu salud, paz mental, bienestar y plenitud. Mi lucha con el pecado imperdonable durante mi adolescencia es un buen ejemplo. Cuanto más crees que todos tus pecados han sido perdonados por la sangre de Jesús, mejor te sentirás, en cuerpo, alma y espíritu.

Saber que todos tus pecados son perdonados es clave para tu salud, paz mental, bienestar y plenitud.

Espero que a estas alturas puedas ver los peligros de sacar de su contexto la Palabra de Dios. Debemos tener cuidado de no tomar un versículo y edificar una enseñanza o doctrina con él. Las enseñanzas de la Biblia tienen que confirmarlas otros versículos, y estos hay que estudiarlos en sus contextos. Cuando oigas enseñanzas que pongan temor en tu corazón y te hagan sentir esclavo, no te las tragues con anzuelo, hilo, de cabo a rabo, con pescador y botas. Mira el contexto del versículo, y observa si es una verdad del nuevo pacto o una enseñanza del antiguo pacto. ¿A quién iba dirigido el versículo o escrito, y cómo es aplicable a ti en la actualidad? Tan solo recuerda que todas las verdades del nuevo pacto exaltan a Jesús y su obra consumada. ¡Aleluya!

La frase principal del nuevo pacto

Es triste que apenas hayas oído predicada actualmente la frase principal del nuevo pacto:

> Hebreos 8:8–12
>
> …He aquí vienen días, dice el Señor, en que estableceré con la casa de Israel y la casa de Judá un nuevo pacto…No como el pacto que hice con sus padres el día que los tomé de la mano para sacarlos de la tierra de Egipto…Por lo cual, este es el pacto que haré…Pondré mis leyes en la mente de ellos, y sobre su corazón las escribiré; y seré a ellos por Dios, y ellos me serán a mí por pueblo…**Porque seré propicio a sus injusticias, y nunca más me acordaré de sus pecados y de sus iniquidades.**

"Porque seré propicio a sus injusticias, y nunca más me acordaré de sus pecados y de sus iniquidades". Memoriza esto, amado, ¡porque esta es la frase principal y definitiva del nuevo pacto!

Desgraciadamente, parece que lo que cree el cristiano promedio en la actualidad es lo contrario. Creen que Dios **no** es propicio a sus pecados. Cuando algo sale mal, interiormente piensan: "Bueno, el gallo ha llegado a casa para cantar. Los pecados de mi pasado me han alcanzado. Me están ocurriendo todas estas cosas terribles en mi familia y mi economía por los pecados que cometí". Cuando se les pincha una rueda, comienzan a pensar: "¿Por cuál de mis pecados me está castigando Dios ahora?". Este tipo de pensamientos está tan extendido en la Iglesia porque los cristianos no se creen realmente que están bajo el nuevo pacto.

El problema con la Iglesia hoy es una **falsa creencia.** Siento decirte esto, pero si rehúsas creer lo que Dios ha dicho acerca del perdón de pecados en el nuevo pacto, entonces estás en desobediencia. Jesús mismo definió el nuevo pacto por nosotros en la última cena cuando dijo: "porque esto es mi sangre del **nuevo pacto,** que por muchos es derramada para **remisión de los pecados**".[9]

La frase principal del nuevo pacto es el perdón de todos tus pecados por la sangre que Jesucristo derramó. No me importa las buenas obras que hayas hecho, cuánto dinero hayas dado a obras de caridad o qué posición de liderazgo tengas. Si no crees la frase principal del nuevo pacto, estás en desobediencia.

Dios no tiene un registro pormenorizado
de todos tus fallos.

Dios puso la frase principal del nuevo pacto como la última frase para demostrarnos que es la frase final que hace que todo funcione. Si no crees la frase última y principal, estás rechazando el nuevo pacto y negando la obra consumada de Jesús. El nuevo pacto dice que Dios es propicio a **todas** tus injusticias, y que se ha olvidado de tus pecados y tus iniquidades. Si Dios dice que las ha olvidado, entonces en verdad las ha olvidado. ¿Quiénes somos nosotros para contradecirle? ¡Dios no puede mentir!

"¿Pero cómo puede Dios olvidarse de mis pecados?".

Puede porque Él es Dios. Si lo dijo, lo ha hecho. ¿Te acuerdas de ese pecado que cometiste hace muchos años? **Dios lo ha olvidado**. Contrariamente a lo que te hayan podido enseñar, Dios no tiene un registro pormenorizado de todos tus fallos. No hay una gran pantalla en el cielo donde se muestran todos tus pecados desde el día que naciste hasta el día que regreses al cielo. Todos tus pecados han sido incinerados por la sangre de Jesús cuando clamó: "¡Consumado es!".[10] Su sangre ha quitado los pecados de toda tu vida. Cuando Dios te mira hoy, te ve cubierto por la sangre de Jesús y completamente justo.

Solo el diablo, tú mismo y las personas que te rodean querrán que recuerdes tus pecados. Así que cuando estés aplastado por los errores de tu pasado, acude a Dios y apóyate en su gracia. ¿Por qué? Porque Él será propicio a tu injusticia, y no se acordará de tus pecados y tus iniquidades. ¡Esa es la frase principal del nuevo pacto de gracia!

Capítulo 9

La catarata del perdón

E N EL CAPÍTULO anterior, establecimos que la frase principal y clave del nuevo pacto se encuentra en Hebreos 8:12: "Porque seré propicio a sus injusticias, y nunca más me acordaré de sus pecados y de sus iniquidades".

"Pastor Prince, si la gente sabe que todos sus pecados ya han sido perdonados, ¿no sentirán ganas de pecar?".

Bien, aún no me he encontrado con esa criatura. Aún no me he encontrado con nadie que, después de recibir la gracia de nuestro Señor Jesús, se diga para sí: "¡Ahora puedo ir y pecar!". Sin embargo, me he encontrado con personas que han tirado la toalla y se han alejado de Dios, no porque sean malos y quieran pecar, sino porque eran sinceros y habían fallado constantemente en sus intentos por cumplir la ley del antiguo pacto, y terminaron sintiéndose hipócritas. Por otro lado, debido a la enseñanza de las verdades del nuevo pacto, he recibido innumerables testimonios escritos y he sido testigo personalmente de vidas preciosas, matrimonios y familias transformadas por la gracia de nuestro Señor Jesucristo.

Una vez se me acercó una pareja, diciéndome que les gustaría casarse en nuestra iglesia. Vi que estaban acompañados de unos niños y les pregunté si habían estado casados antes. (Pensé que los niños serían de matrimonios previos). Sonriendo abiertamente, me dijeron que sí habían estado casados antes, pero que habían estado separados por muchos años.

De algún modo, por separado, ambos comenzaron a asistir a New Creation Church, y tras escuchar las enseñanzas sobre el perdón y la gracia de Dios, Dios comenzó a restaurar su relación y querían volver a casarse. ¿No es maravilloso? También pensé para mí que también debió de haber sido maravilloso para sus hijos ser testigos de la ceremonia de boda de sus padres. (¿Cuántos niños tienen ese privilegio?). Amigo, ese es el poder del evangelio de Cristo. Se trata de restaurar matrimonios y arreglar vidas rotas.

La revelación del perdón

Amigo, saber que has sido perdonado por completo destruye el poder del pecado en tu vida. Sé cómo esta relación ha cambiado y transformado mi vida. Jesús mismo dijo que al que mucho le es perdonado ama mucho, y al que se le perdona poco (de hecho, esas criaturas no existen porque a todos se nos ha perdonado mucho), o debería decir, los que **piensan** que se les ha perdonado poco, aman poco.

Saber que has sido perdonado por completo
destruye el poder del pecado en tu vida.

¿Recuerdas a la mujer que llevó un frasco de alabastro lleno de ungüento fragrante y ungió los pies de Jesús) Jesús le dijo a Simón, un fariseo: "Entré en tu casa, y no me diste agua para mis pies; mas ésta ha regado mis pies con lágrimas, y los ha enjugado con sus cabellos…Por lo cual te digo que sus muchos pecados le son perdonados, porque amó mucho; **mas aquel a quien se le perdona poco, poco ama**".[1]

Cuanto más cuenta te des de que te han perdonado mucho, de hecho **todos** tus pecados, más amarás al Señor Jesús. El perdón no te lleva a un estilo de vida pecaminoso, sino a una vida para glorificar al Señor Jesús. ¿Cuál crees que fue la respuesta de la mujer después de haberse alejado de Jesús? ¿Tendría el deseo de seguir con una vida de pecado, o saber que la gracia de Dios le había perdonado mucho le daría la fuerza para llevar una vida que honrase y glorificase a Jesús?

¡Vamos, amigos! A todos nosotros, incluyendo el autor de este libro, se nos ha perdonado mucho. Todos hemos quebrantado los Diez Mandamientos muchas veces. Si no lo hemos hecho de obra, lo hemos hecho en nuestra mente y nuestro corazón. Jesús dijo que si estás enojado con tu hermano sin una causa, has cometido asesinato, y si miras a una mujer con codicia, ya has cometido adulterio con ella en tu corazón.[2] Así que a todos nosotros se nos ha perdonado mucho y, por tanto, no hay razón para no amarle mucho. La única razón por la que la gente no le ama mucho es porque **no entiende cuánto se les ha perdonado**. Son como Simón el fariseo, que estaba convencido de su justicia propia.

El secreto para la piedad

Muchos predicadores les dicen a los creyentes que tienen que mostrar más carácter cristiano, más autocontrol, más piedad y más amor fraternal. Amigo, estoy totalmente de acuerdo con que todas estas cualidades son buenas y necesarias, pero la pregunta es: ¿cómo las desarrollamos? ¿Cómo podemos los predicadores ayudar a los creyentes a mostrar más carácter cristiano? Cuando se les pide una solución, la mayoría de la gente dice: "¡Disciplina! Tenemos que enfocarnos más en los Diez Mandamientos y desarrollar disciplina, y entonces vendrá el autocontrol, la piedad y el amor fraternal". Aunque esto suena muy bonito (para la carne), **no** es lo que dice la Palabra de Dios, y yo quiero vivir según lo que dice:

> 2 Pedro 1:5–9
>
> …añadid a vuestra fe virtud; a la virtud, conocimiento; al conocimiento, dominio propio; al dominio propio, paciencia; a la paciencia, piedad; a la piedad, afecto fraternal; y al afecto

fraternal, amor. Porque si estas cosas están en vosotros, y abundan, no os dejarán estar ociosos ni sin fruto en cuanto al conocimiento de nuestro Señor Jesucristo. Pero **el que no tiene estas cosas** tiene la vista muy corta; es ciego, **habiendo olvidado la purificación de sus antiguos pecados**.

Está claro que si la persona carece de buenas cualidades cristianas como el dominio propio, la piedad y el amor fraternal, no es porque le falte disciplina, sino porque ha olvidado la frase principal del nuevo pacto. Ha olvidado que la sangre de Jesús le ha comprado el perdón de todos sus pecados. Amado, si te acuerdas todos los días de que todos tus pecados han sido limpiados, mostrarás más y más de estas cualidades cristianas. Tu corazón rebosará dominio propio, piedad, perseverancia, amor fraternal y amor. Haz esta oración cada día y disfruta de tu perdón:

Amado Padre, te doy gracias por la cruz de Jesús. Te doy gracias porque hoy, por la sangre de Jesús, todos mis pecados han sido perdonados, pasados, presentes y futuros. Hoy, eres propicio a mi injusticia, y no te acordarás más de todos mis pecados e iniquidades. Tú me ves completamente justo, no por lo que yo haya hecho, sino por Jesús. Sé que tú me has bendecido mucho, me has favorecido en gran manera y me amas profundamente. Amén.

El secreto detrás de todo buen hombre y mujer es su creencia en la verdad de que han sido perdonados.

Amigo, el secreto detrás de todo buen hombre y mujer es su creencia en la verdad de que han sido perdonados. Su piedad fluye de una revelación de su perdón. Son creyentes que creen y honran la Palabra de Dios. Cuando Dios dice que Él es misericordioso y que ha perdonado todos sus pecados, le creen. Durante todo el día, son conscientes de su perdón. Aún cuando dicen algo malo, hacen algo malo o tienen un mal pensamiento, siguen siendo conscientes de su perdón. Ven la sangre de Jesús lavándoles continuamente. Ven a Dios en su misericordia y su gracia. Debido a su conciencia de perdón, experimentan la victoria sobre el pecado.

¿Cómo son perdonados tus pecados?

"Pastor Prince, ¿está diciendo que no tenemos que confesar nuestros pecados?".

Escucha con atención: no tenemos que confesar nuestros pecados **para que sean perdonados**. Confesamos nuestros pecados porque **ya han sido perdonados**. Cuando digo "confesar nuestros pecados", estoy hablando de ser honesto con Dios. Yo no voy a Dios rogándole que me perdone. No, le hablo porque sé que ya me ha perdonado. Sé que puedo acudir a Él con libertad, porque Él es mi Dios, mi papá Dios. El perdón no depende de lo que hago, sino de lo que Jesús ha hecho. Así que la confesión en el nuevo pacto es tan solo ser honesto con tus fallos y tu humanidad. Es el resultado de ser perdonado y no algo que haces para ser perdonado.

Permíteme darte una ilustración que te será de mucha ayuda. Cuando mi hijita Jessica comete un error, ¿la perdono solamente cuando viene a mí y me dice: "Lo siento, papá"? ¡No, claro que no! Como padre amoroso, ya la he perdonado. No la perdono por su confesión o por lo que hace; pero cuando dice: "Lo siento, papá", puedo decirle que la quiero y que ya la he perdonado. Del mismo modo, nuestro amoroso Padre celestial no nos perdona sólo cuando hemos confesado nuestros pecados. La comunión con Él no se rompe porque nuestro perdón no depende de lo que hacemos, sino que depende de la obra consumada de Jesús. No confesamos nuestros pecados para ser perdonados, sino que se los confesamos o declaramos abiertamente a nuestro Padre misericordioso porque **ya hemos sido** perdonados.

Amigo, entender esta diferencia determina si vas a experimentar "el cielo en la tierra" o "el infierno en la tierra".

Permíteme explicar que lo que quiero decir. Cuando yo crecía como joven cristiano, me enseñaron que si no confesaba todos mis pecados, no recibiría el perdón. Incluso me dijeron que si alguien muere sin haber confesado todos sus pecados, termina en el infierno. Tales enseñanzas hacían que el perdón de pecados fuese la responsabilidad del hombre, en vez de ser algo que dependía de lo que la sangre de Jesús ya había logrado. Amigo, esas enseñanzas están basadas en las tradiciones de los hombres y no en las Escrituras.

Tales enseñanzas me pusieron en una gran atadura cuando era adolescente. Nuevamente, no entendía por qué no parecía molestarles a otros cristianos, pero a mí realmente me molestaba. Yo era sincero y siempre quería "estar bien con Dios" y no tener algún pecado sin perdonar. No quería que se rompiera mi comunión con Dios. Así que dondequiera que iba, confesaba mis pecados, ¡y lo hacía EN TODO LUGAR!

Estaba jugando al fútbol con mis amigos y, como era portero, gritaba a los defensas: "Oye, tú, ¿qué haces? Marca bien al delantero... Venga, vamos". A veces, en medio del partido, me enojaba y me daban ganas de regañar a uno de los jugadores. Intentaba calmarme y pensaba: "Soy creyente. ¿Cómo puedo tener estos pensamientos?". Así que allí mismo, cerraba mis ojos y comenzaba a confesar mis pecados, susurrando mi confesión. Lo siguiente que ocurría era que el balón pasaba por mi lado estrellándose directamente contra la vez, y me preguntaba: "Dios, ¿qué ha ocurrido? Estoy aquí poniéndome a cuentas contigo, ¿y tú permites que el otro equipo marque un gol?".

Este "dar cuentas a Dios" continuó incluso cuando llegué al servicio militar, que es obligatorio para todos los ciudadanos varones de Singapur. Un día, escuché una conversación de mis compañeros del cuartel acerca de mí: "Es muy raro...", dijo uno. Ocho respondió: "Sí, ¿por qué hace eso? ¿Le has visto susurrar mientras corre o hace algo?". En ese momento, me di cuenta de que no estaba dando un buen testimonio de Jesús. Todos mis amigos militares debieron de haber pensado que los cristianos, para suavizarlo, eran una banda de gente rara. Yo estaba seriamente atado. Realmente creía que tenía que confesar cada cosa mala que pensaba que había hecho, todo el tiempo. Como todo eso ocurrió en la época de mi vida en que pensaba que era posible que los cristianos cometieran el pecado imperdonable, confesaba todo lo que podía "por si acaso". Llevé 1 Juan 1:9 a un extremo y casi me hizo volverme loco. ¿Pero qué dice realmente 1 Juan 1:9 y a quién le fue escrito?

1 Juan 1:9
Si confesamos nuestros pecados, él es fiel y justo para perdona nuestros pecados, y limpiarnos de toda maldad.

Las personas han tomado este versículo y han edificado toda una doctrina alrededor de él cuando, realmente, el capítulo 1 de 1 Juan fue escrito a los gnósticos, que no eran creyentes. Juan les estaba diciendo a esos incrédulos que si confesaban sus pecados, Dios sería fiel y justo para limpiarles de toda injusticia.

No debemos vivir de confesión en confesión, sino de fe en fe en Jesucristo y en su obra consumada.

Para nosotros los creyentes, en el momento en que recibimos a Jesús, todos nuestros pecados fueron perdonados. No debemos vivir de confesión en confesión sino de fe en fe en Jesucristo y en su obra consumada. Mira, no hay dos maneras al respecto, Si crees que tienes que confesar tus pecados para ser perdonado, ¡entonces asegúrate de confesarlo todo! Asegúrate de que no sólo confiesas los "pecados grandes" ("grandes" según tu propia estimación). Asegúrate de confesar también tus pecados cada vez que te preocupas, tienes temor o tienes dudas. La Biblia dice que "todo lo que no proviene de fe, es pecado".[3] Así que no sólo confieses lo que te conviene, sino asegúrate de confesarlo **todo**.

Si realmente crees que tienes que confesar todos tus pecados para ser perdonado, ¿sabes lo que terminarás haciendo? Confesarás tus pecados **TODO EL TIEMPO**. ¿Cómo tendrás valor de estar delante de Dios? ¿Cómo podrás disfrutar de tu libertad como hijo de Dios? ¡Yo lo intenté y es imposible!

No hagamos toda una doctrina de un versículo. Si la confesión de pecados es vital para tu perdón, entonces el apóstol Pablo, que escribió dos tercios del Nuevo Testamento, nos ha hecho una gran injusticia porque no lo mencionó ni tan sólo una vez, ni una sola, en ninguna de sus cartas a la Iglesia. Cuando había personas en la iglesia en Corinto viviendo en pecado, él no dijo: "Vayan y confiesen sus pecados", sino que les recordó su justicia, diciendo: "¿O ignoráis que vuestro cuerpo **es** templo del Espíritu Santo, el cual está en vosotros?".[4] Observa que a pesar de sus pecados, Pablo sigue considerándoles templo del Espíritu Santo y les recuerda esta verdad.

La catarata del perdón

Amigo, puedes estar seguro de esto: el día en que recibiste a Cristo, confesaste todos tus pecados una vez para siempre. Reconociste que eras pecador y que necesitabas un Salvador, y Él es fiel y justo para limpiarte de toda maldad. En ese momento, ¡toda la maldad de toda tu vida fue limpiada!

Se han desarrollado todo tipo de doctrinas en torno a 1 Juan 1:9, pero Juan de hecho dejó claro en el mismo capítulo que cuando se trata de creyentes, personas que "caminan en luz", la sangre de Jesucristo les limpia de todo pecado.

> 1 Juan 1:7
> Pero si andamos en luz, como él está en luz, tenemos comunión unos con otros, y **la sangre de Jesucristo su Hijo nos limpia de todo pecado**.

Observa que para nosotros, los creyentes que "andamos en luz", no es **nuestra confesión** lo que nos limpia de todo pecado, ¡sino la

sangre de Jesús! Observa también que este versículo dice "andamos **en** luz" y no "andamos **según** la luz". Caminar en luz significa caminar en la esfera de la luz a la cual nos ha trasladado ya la muerte de Cristo. Los cristianos a menudo malentienden esto interpretándolo como andar según la luz, creyendo que la oscuridad disminuirá y la luz aumentará si intentamos permanecer en la luz. Pero no es eso lo que dice el versículo. Está hablando de que nosotros **ya hemos sido** trasladados de las tinieblas a la luz. Una pequeña palabra marca la diferencia. Cuando entendemos este versículo, nos damos cuenta que, incluso cuando pequemos, estamos en la esfera de la luz. Por tanto, si pecamos en la luz, somos limpiados en la luz, y seguimos en la luz. Esta idea de que vamos a las tinieblas cuando pecamos no es bíblica.

La Biblia está llena de tesoros. ¿Sabías que incluso la palabra "limpia" en 1 Juan 1:7 es realmente bonita? El griego, el tiempo para la palabra "limpia" denota una acción presente y continua, lo cual significa que desde el momento en que recibes a Cristo, la sangre de Jesús **te limpia continuamente.**[5] Es como si estuvieran bajo una catarata de su perdón. Incluso cuando fallas, esta catarata nunca cesa, y sigue manteniéndote limpio de TODOS tus pecados e injusticias.

Saber que has sido perdonado de todos tus pecados te da el poder para reinar sobre cada hábito destructivo y vivir una vida de victoria.

Amado, confesar tus pecados todo el tiempo sólo te hará ser más consciente de pecado, pero saber que estás bajo la catarata del perdón de Jesús te mantendrá consciente de su perdón; y saber que has sido perdonado de todos tus pecados te da el poder para reinar sobre cada hábito destructivo y vivir una vida de victoria.

En 1 Juan 2:1, Juan se dirigió a los creyentes como "Hijitos míos" (nunca se dirigió a los no creyentes a quienes escribía en el capítulo uno como "hijitos míos"), y siguió diciendo: "estas cosas os escribo para que no pequéis; y si alguno hubiere pecado, abogado tenemos para con el Padre, a Jesucristo el justo". Observa que Juan no les dijo a los creyentes: "Si alguno peca, asegúrese de confesar sus pecados". No, su solución para un creyente que peca es señalarle la obra consumada de Jesús. Jesús es nuestro Abogado ante Dios y es a través de su sangre como hemos sido perdonados de todos nuestros pecados. Es tiempo de no dejar que las enseñanzas tradicionales nos sigan robando y de comenzar a disfrutar la catarata de su perdón, que nos limpia perpetuamente. Nunca cesa, sigue limpiándonos. ¿Recuerdas ese pensamiento negativo que tenías de mí hace unos minutos? Pues bien, eso también ha sido limpiado.

Déjame contarte una historia sobre un niño que solía jugar en el bosque cerca de la destartalada choza en la que vivía. Sus padres eran demasiado pobres como para comprarle juguetes, así que tenía que entretenerse con lo que se encontrase. Un día, encontró una piedra que era distinta a todas las demás que había visto. La pulida superficie de la piedra brillaba en sus manos y le hacía destellos cada vez que la dirigía a la luz del sol. Era su propio tesoro y le encantaba. El niño no se atrevió a llevarla a casa, ya que no había ningún lugar en la choza donde poder esconderla. Decidió hacer un hoyo profundo debajo de algunos arbustos y esconder ahí su preciosa posesión.

Al día siguiente, el niño no se podía aguantar las ganas de recuperar su piedra, y corrió al lugar donde la escondió tan pronto como apareció el sol. Pero cuando finalmente sus dedos encontraron la piedra en su enlodado escondite, estaba toda sucia y manchada, carente del lustre que tanto le gustaba. El niño llevó la piedra a un arroyo y la sumergió cuidadosamente, dejando que el lodo se fuera. Finalmente, volvió a estar limpia y el corazón del niño se infló de orgullo por su deseado objeto. Pero enseguida, llegó la hora en que el niño debía volver a casa, y tuvo que volver a poner la piedra en su escondite.

Cada día, el niño corría al mismo lugar donde había enterrado la piedra, y cada día encontraba su reluciente superficie llena de lodo y tenía que ir al río, que se encontraba cierta distancia, para lavarla. Repitió estos pasos hasta que decidió resolver problema. Ese día, cuando ya era casi el momento de regresar a casa, el niño llevó su piedra a una pequeña catarata y la puso con cuidado entre dos piedras, justo en medio de la firme corriente de la catarata. Esa noche, la piedra experimentó un lavado continuo, y el niño nunca tuvo que volver a lavar la piedra. Cada vez que la sacaba, brillaba en sus manos completamente limpia.

Lo que el niño hizo al principio con la piedra se puede asemejar a lo que ocurre bajo el antiguo pacto. Cada vez que pecabas, tenías que ir a limpiarte, pero enseguida, volvías a pecar y tenías que llevar tu ofrenda por el pecado, un buey o un cordero a los sacerdotes para volver a quedar limpio. Algunos creyentes siguen pensando que ese es nuestro pacto en la actualidad, pero permíteme declararte que la sangre de Jesús es mucho mayor que la sangre de toros y de machos cabríos. La sangre de Jesucristo, el Hijo de Dios, nos dio perdón eterno.[6] La sangre de bueyes y carneros en el antiguo pacto sólo podía ofrecer un perdón temporal, y por eso el pueblo de Israel tenía que seguir llevando sacrificios animales a los sacerdotes una y otra vez, cada vez que fallaban.

Sin embargo, Jesús murió en la cruz una vez por todas.[7] Cuando naciste de nuevo, te convertiste en una piedra viva y Dios te colocó justo debajo de la catarata de la sangre de su Hijo. Así, cada pensamiento malo que tienes, cada sentimiento incorrecto, cada acción que no está bien, ¡es lavado! Estás siempre limpio y perdonado por la limpieza continua de la sangre de Jesús.

Entender la Santa Cena

"Pastor Prince, ¿qué ocurre con las veces que participamos de la Santa Cena? ¿No se supone que debemos confesar todos nuestros pecados para no participar de ella indignamente?".

Leamos lo que dijo Pablo con respecto a la participación en la Santa Cena:

1 Corintios 11:27–30
De manera que cualquiera que comiere este pan o bebiere esta copa del Señor **indignamente**, será culpado del cuerpo y de la sangre del Señor. Por tanto, pruébese cada uno a sí mismo, y coma así del pan, y beba de la copa. Porque el que come y bebe **indignamente, sin discernir el cuerpo del Señor**, juicio come y bebe para sí. Por lo cual hay muchos enfermos y debilitados entre vosotros, y muchos duermen.

A lo largo de los años, el Cuerpo de Cristo ha creído erróneamente que participar de la Santa Cena "indignamente""es participar con pecado en tu vida. Por tanto, nos dicen que no participemos de la Santa Cena cuando estimemos que "no estamos bien con Dios", para que no nos debilitemos, enfermemos y muramos antes de tiempo. Pero hemos transformado lo que se dio como una bendición en una maldición. Cuando recibí esta enseñanza errónea en mi adolescencia, siempre dejaba que el pan y el vino pasaran de largo, al pensar: "Yo no soy ningún necio". Siempre estaba preocupado por poder participar de ella indignamente. Ahora bien, al hacer eso para estar "seguro", no me daba cuenta de que me estaba privando a mí mismo de las bendiciones y los beneficios del cuerpo partido de Jesús y de su sangre derramada.

Ahora sé que eso **no** es lo que la Biblia enseña. Participar indignamente no se refiere a que participes como una persona indigna debido a tus pecados. Vamos, Jesús murió por gente indigna. A lo que se refiere en verdad el versículo es a la **manera** en que participas. Participar indignamente es no saber discernir que el pan que tienes en la mano es el cuerpo de Jesucristo, el cual fue molido por ti, para que tu cuerpo pudiera ser sanado. Eso era lo que ocurría en la Iglesia primitiva. Había creyentes que tan sólo comían el pan porque tenían hambre, o tomaban el pan como un ritual sin discernir el cuerpo del Señor y usando la fe.

Por tanto, participar indignamente no es examinarse mal a uno mismo y confesar todos tus pecados para asegurarte de ser digno de participar. No se trata del que participa, sino del acto o la manera en que uno participa. Se trata de discernir el cuerpo del Señor y usar la fe para ver el pan como su cuerpo, golpeado por tu sanidad. Se trata de ver el vino como la sangre que fue derramada por el perdón de todos tus pecados. Ahí está el secreto de la sanidad y plenitud divinas de Dios. Muchos no disciernen el cuerpo de Jesús ni ven por ellos mismos cómo Él sufrió en su cuerpo por ellos. Esta es la razón por la que "hay muchos enfermos y debilitados". Así, no se trata de mirarte y confesar tus pecados. Se trata de mirar a Jesús y ver lo que Él ha logrado en la cruz por ti.

En nuestra iglesia, participamos de la Santa Cena todas las semanas, y al enseñar a la gente a discernir el cuerpo del Señor, hemos experimentado muchos milagros de sanidad. Había una señora en nuestra iglesia que sufrió una gran trombosis de camino a Israel con uno de los grupos de nuestra iglesia. (Organizamos viajes regulares a Israel para los miembros de nuestra iglesia). Se había quedado dormida en el viaje después de tomarse la medicación, y no se movió lo suficiente para permitir que su sangre circulara con libertad durante el largo viaje. Como resultado, entró en coma al llegar a Israel y tuvo que ser hospitalizada de inmediato.

Yo me encontraba en Israel en ese momento con mi equipo pastoral. La fuimos a visitar al hospital y participamos de la Santa Cena junto a su cama, proclamando la obra consumada de Jesús sobre ella. Milagrosamente, tras un par de días, se despertó del coma y de lo que los médicos consideraban una condición potencialmente fatal. Gloria a Dios; se recuperó completamente. Estaba tan llena de la vida resucitada de Jesús que se unió al siguiente grupo que acababa de llegar a Israel. ¡Aleluya! ¡Gloria al Señor!

Si estás interesado en aprender más sobre la Santa Cena, consigue mi libro titulado *Health And Wholeness Through The Holy*

Communion (Sanidad y bienestar mediante la Santa Cena). Hay más testimonios en el libro, y el libro te liberará para que participes de todos los beneficios de la Santa Cena. Recuerda: no se trata de examinar cada pecado que haya en ti para que seas digno de participar, sino de discernir el cuerpo del Señor. Se trata de Jesús y no de los propios esfuerzos del hombre.

La conciencia de la sangre de Jesús da la victoria

Quizá ahora mismo estés pasando por momentos difíciles y te preguntas: "¿Cómo puede darme sanidad, prosperidad y victoria en mi matrimonio la sangre de Jesús?".

Amigo, lo único que necesitas saber es que constantemente estás siendo limpiado de todos tus pecados. Cuando creas que todos tus pecados son perdonados y que Dios no tiene nada contra ti, crecerá tu fe. La fe estará ahí para sanarte. La fe estará ahí para que prosperes. La fe estará ahí para restaurar tu matrimonio y tu familia. El continuo lavado de la sangre de Jesús te permite recibir **cualquier** milagro que necesites en tu vida ahora mismo. Jesús le dijo al paralítico: "Hijo, tus pecados te son perdonados", antes de decir: "Levántate, toma tu lecho, y vete a tu casa".[8] ¿Por qué? Porque Jesús sabía que a menos que el hombre tuviera la seguridad de que todos sus pecados habían sido perdonados, no tendría fe para recibir la sanidad. Esto es lo que la gente necesita oír. ¡Esto es lo que tenemos que enseñar en la iglesia!

La estrategia del diablo es hacerte sentir que no eres apto para entrar en la presencia de Dios. Te bombardeará con pensamientos de condenación, acusándote de ser indigno por tener malos pensamientos o decir palabras duras en contra de alguien. Te dará mil y una razones por las que no eres apto para recibir las bendiciones de Dios. Pero la verdad es que a pesar de cualquier mal sentimiento que tuvieras o cualquier mal hábito en el que hubieras caído, la sangre de Jesús sigue limpiándote. La sangre de Jesús te hace apto para tener acceso continuo al Dios Altísimo. Como estás bajo esta catarata de perdón, cada oración que haces puede mucho.

> *La sangre de Jesús te hace apto para tener*
> *acceso continuo al Dios Altísimo.*

Vencemos al diablo por la sangre del Cordero. Cuando llega el lunes y luego el martes, y tu pastor no está ahí para predicarte, ¿sabes lo que tienes que recordarte a ti mismo? 1 Juan 1:7: "...la sangre de Jesucristo su Hijo nos limpia de todo pecado". Su sangre sigue manteniéndote limpio de cada pecado. Veinticuatro horas al día, siete días a la semana, su sangre te está limpiando, y cada vez que oras, tu oración llega a su destino.

Amigo, deja de depender de tus propios esfuerzos para mantener tu perdón y comienza a disfrutar de la extravagante catarata del perdón de Dios cada momento del día. Encontrarás paz para tu alma y la fe para reinar en vida surgirá en tu interior. ¡Verás cómo se empiezan a producir milagros en tu vida!

Capítulo 10

El ministerio de muerte

NO HE ESCRITO este libro para decirte todo lo malo que tienes y para señalar dónde has fallado. Por el contrario, he escrito este libro para declararte todo lo bueno que tienes (a pesar de tus debilidades) gracias a Jesucristo. Este libro trata de las Buenas Nuevas de Jesucristo. Él no vino para condenarte, sino para llevar sobre Él tu condenación, a fin de que nunca más vuelvas a ser condenado.

¿Murió Jesús en la cruz por nosotros?

¿Derramó su sangre por nuestro perdón?

Entonces, ¿a qué se debe que tantos creyentes sigan viviendo en condenación incluso después de que Él haya sido castigado por sus pecados?

¿Marcó la cruz alguna diferencia o no?

Jesucristo ya ha liberado a todos los creyentes del pacto de la ley que les condena, pero hay creyentes que deciden seguir viviendo bajo su condenación en vez de recibir la gracia que compró para ellos la sangre de Jesucristo. En vez de poner su confianza en la bondad inmerecida de Dios mediante Jesucristo, han decidido poner su confianza en su capacidad para vivir bajo los Diez Mandamientos. Sencillamente, han escogido el ministerio de muerte.

"¡Sacrilegio! Debe saber que los Diez Mandamientos son las leyes santas de Dios ¡Cómo se atreve a llamarlos el ministerio de muerte!".

Tranquilo, amigo. No es una idea que se me haya ocurrido a mí. La Biblia lo dice muy claramente:

> 2 Corintios 3:7–9
> Y si el **ministerio de muerte grabado con letras en piedras** fue con gloria, tanto que los hijos de Israel no pudieron fijar la vista en el rostro de Moisés a causa de la gloria de su rostro, la cual había de perecer, ¿cómo no será más bien con gloria el ministerio del espíritu? Porque si el **ministerio de condenación** fue con gloria, mucho más abundará en gloria el ministerio de justificación.

Es la Biblia la que describe los Diez Mandamientos, que fueron escritos en piedras, como el "ministerio de muerte". Algunos han defendido que el "ministerio de muerte" se refiere exclusivamente a las "leyes ceremoniales" de Moisés, como las pertenecientes a los sacrificios animales. Por tanto, dicen que si bien es posible que ya no estemos atados a las leyes ceremoniales, seguimos estando bajo las "leyes morales" o Diez Mandamientos. Sin embargo, esto no puede ser cierto porque las leyes ceremoniales nunca se "grabaron con letras de piedra". Se escribieron en pergaminos. Sólo los Diez Mandamientos se escribieron en tablas de piedra, y la Biblia las llama el "ministerio de muerte". Por esta razón la Biblia también dice en el versículo anterior que "la letra mata, más el espíritu vivifica".[1] El pacto de ley mata, ¡pero el pacto de gracia da vida!

El pacto de gracia es mucho más glorioso

Yo solía pensar que Moisés puso un velo sobre su rostro porque su rostro brillaba tanto que no quería asustar a la gente. De hecho, la Biblia dice que Moisés se puso un velo porque no quería que la gente supiera que la gloria se estaba alejando o que debía "perecer".[2]

Moisés representa la ley: los Diez Mandamientos. Representa el ministerio de muerte y condenación. Aunque la ley, el ministerio de condenación, tuvo gloria, la Biblia declara que "**mucho más abundará en gloria** el ministerio de justificación". Gloria a Dios que tú y yo estamos bajo el nuevo pacto, ¡el pacto de gracia y justificación! ¿De qué forma el pacto de gracia abundará más en gloria que el pacto de la ley?

La ley **demanda** justicia del hombre pecador, mientras que la gracia **imparte** justificación al hombre pecador. Permite ilustrar lo que quiero decir. La ley le dice a un hombre que se está quedando calvo: "No serás calvo". El pobre hombre se toca el poco cabello que le queda en su cabeza y dice: "¡No puedo hacer nada! ¡Se sigue cayendo!". La gracia, por el contrario, dice: "¡Recibe el cabello!", y al hombre le sale más cabello.

Mira, la ley **demanda perfección, pero no mueve un dedo** para ayudarte. Y, como hemos visto en el caso del hombre calvo, el hombre no puede por sí mismo, por mucho que intente, cumplir la demanda de la ley y, por tanto, queda maldito por quebrantar la ley. La gracia, por el contrario, **imparte perfección y hace todo** por el hombre mediante Jesucristo, y lo único que el hombre tiene que hacer es creer. ¿Cuál crees que abunda más en gloria? ¿El ministerio de muerte que demanda o el ministerio de gracia que imparte?

Los Diez Mandamientos matan

Cuando Dios dio la ley en el monte Sinaí, fue el primer Pentecostés, exactamente 50 días después de la Pascua cuando el Señor liberó al pueblo de Israel de la esclavitud en Egipto. ¿Sabes lo que ocurrió cuando se dieron los Diez Mandamientos? A los pies del monte Sinaí, tres mil personas murieron.[3] Ahora, comparemos esto con el Nuevo Testamento. Cuando llegó el día de Pentecostés, Dios derramó su Espíritu Santo sobre toda carne, y ¿cuál fue el resultado? Pero se levantó para predicar el evangelio y tres mil personas fueron salvadas ese día.[4]

El poder para que la Iglesia venza al pecado se encuentra en estar bajo la gracia y no en reforzar la ley.

Incluso hoy, cuando vas a Israel, el pueblo judío celebra el día de Pentecostés como el día en el que Dios entregó los Diez Mandamientos. Nosotros celebramos el día de Pentecostés como el nacimiento de la Iglesia y el día que Dios nos dio el Espíritu Santo. Desgraciadamente, hay algunos creyentes que aún siguen celebrando los Diez Mandamientos en vez de regocijarse en el Espíritu del nuevo pacto, sin darse cuenta de que la ley mata, mientras que el Espíritu da vida.

Ahora que sabes que los Diez Mandamientos es el ministerio de muerte, piensa conmigo: ¿Qué crees que ocurre cuando la Iglesia permanece atada por la ley? ¿Qué ocurre cuando predicamos una serie de sermones sobre los Diez Mandamientos? ¿Ves por qué el Cuerpo de Cristo está enfermo y deprimido hoy, o por qué los creyentes no tienen el poder para vencer al pecado?

Durante generaciones, la Iglesia ha creído que predicando los Diez Mandamientos produciremos santidad. Cuando vemos que el pecado aumenta, empezamos a predicar más sobre la ley, pero la Palabra de Dios realmente dice que "el poder del pecado es la ley".[5] También dice que "el pecado no se enseñoreará de vosotros; pues no estáis bajo la ley, sino bajo la gracia".[6] Así, el poder para que la Iglesia venza el pecado se encuentran estar bajo la **gracia** y no en reforzar la ley. ¡Predicar más de la ley para contrarrestar el pecado es como añadir leña a un fuego!

Entonces ¿quién nos ha embaucado durante todo este tiempo vendiéndolos una mentira? ¿Por qué el Cuerpo de Cristo está tan carente de predicadores de gracia cuando la gracia es el antídoto para el pecado? Vamos, Iglesia, es hora de ver que quien se beneficia de todo esto es el diablo. El diablo es quien usa la ley para traer muerte condenación, y para poner a los creyentes bajo opresión.

¿Soy antinomiano?

Sé que he levantado algunas ampollas por lo que acabo de decir, pero por favor entiende que no es Joseph Prince quien está buscando los defectos del antiguo pacto de la ley. La Palabra de Dios dice: "Porque si aquel primero hubiera sido sin defecto, ciertamente no se hubiera procurado lugar para el segundo".[7] Dios mismo encontró los defectos del antiguo pacto de la ley y los Diez Mandamientos. Él envió a Jesucristo como nuestro mediador de "un mejor pacto, establecido sobre mejores promesas".[8] Y sin duda alguna, el nuevo pacto de gracia está establecido sobre mejores promesas y es más glorioso que el ministerio de muerte, porque ya no depende de nosotros, sino que depende totalmente de Jesús, ¡quien NO PUEDE FALLAR! Al cortar un nuevo pacto de gracia, Dios "ha dado por viejo al primero".[9] En otras palabras, con la llegada del nuevo pacto de gracia, **los Diez Mandamientos quedan obsoletos**. Ya no estamos bajo el ministerio de muerte, ¡sino bajo el ministerio de Jesús que da vida!

Con el paso de los años he llegado a entender mejor por qué el apóstol Pablo declaró: "No me avergüenzo del evangelio, porque es poder de Dios para salvación".[10] Yo solía preguntarme por qué Pablo tuvo que anunciar que no se avergonzaba del evangelio. ¿Por qué se iba alguien a avergonzar de las Buenas Nuevas? Pero ahora me doy cuenta de que no todo el mundo está dispuesto a aceptar lo buenas que son verdaderamente las Buenas Nuevas. Debido a que predico el evangelio de Jesús y enseño que ya no estamos bajo la ley, han arrastrado mi nombre por el barro. Hoy, la gente no lanza piedras, pero envían mensajes de correo electrónico venenosos.

Una de las cosas de las que me han acusado es de ser antinomiano (alguien que está en contra de la ley de Moisés). La verdad es que tengo **en alta estima la ley**. Y es precisamente porque tengo en alta estima la ley que sé que ningún hombre puede cumplirla. ¡Tenemos que depender totalmente de la gracia de Dios! Los que me acusan tanto a mí como a otros predicadores de ser antinomianos son los mismos que escogen y seleccionan las leyes que les conviene cumplir. Afirman tener un mayor aprecio por la ley, pero verdaderamente están rebajando el estándar de la ley de Dios hasta un punto en que el hombre llega a pensar que puede guardar la ley. Por tanto, escogen las leyes que les convienen según su personalidad o aquellas que están en consonancia con sus denominaciones. Vamos, somos los predicadores de la gracia los que tenemos una mayor estima por la ley. Reconocemos que es imposible para el hombre cumplir perfectamente la ley.

No puedes escoger qué leyes quieres cumplir. La Biblia dice que si quieres cumplir la ley, tienes que cumplirla del todo, y que si quebrantas una ley, las has quebrantado todas.[11] La ley es un todo compuesto. Dios no evalúa por partes. Además, no puedes cumplir simplemente la ley exteriormente, sino que tienes que cumplirla también interiormente. ¿Conoces a alguien (aparte de Dios mismo) que pueda cumplir perfectamente las leyes de Dios todo el tiempo?

Permíteme decir esto explícitamente para que no haya malos entendidos: **Yo acepto la ley en cuanto al propósito para el que Dios la dio** (y puedes citarme en esto). Mira, Dios no nos dio la ley para cumplirla. Entregó la ley para llevar al hombre al límite de sí mismo, para que entendiera que necesita un Salvador. No hay nada inherentemente malo en la ley. La ley es santa, justa y buena, pero es hora de darnos cuenta de que aunque la ley es santa, justa y buena, no puede hacerte santo. No tiene poder para hacerte justo y definitivamente no puede hacerte bueno.

Dios entregó la ley para llevar al hombre al límite de sí mismo, para que entendiera que necesita un Salvador.

¿Recuerdas la analogía que usé antes comparando la ley con un pequeño espejito que revela tus defectos? Amigo, si miras en el espejo y ves algo feo, no culpes al espejo. ¡No te enojes y golpes al espejo! No es culpa del espejo. El propósito del espejo simplemente es revelar tus defectos. Del mismo modo, no es culpa de la ley. Su propósito es revelar tus pecados. No fue diseñada para quitar tus pecados. De hecho, la Biblia dice que la ley fue dada para magnificar tus pecados: "Pero la ley se introdujo para que el pecado abundase".[12]

Sin un espejo, no conocerías tus defectos. De igual forma, la Palabra de Dios dice que "por medio de la ley es el conocimiento del pecado".[13] También nos dice que la función de la ley es: "De manera que la ley ha sido nuestro ayo, para llevarnos a Cristo, a fin de que fuésemos justificados por la fe".[14] ¿Qué te dicen todos estos versículos, amigo? Te dicen que la ley fue diseñada para llevarte al límite de ti mismo, y para desesperarte en tus propios esfuerzos por cumplir las normas de Dios, para que veas por ti mismo que necesitas un salvador.

La ley no justificó a nadie y condenó al mejor de nosotros, pero la gracia salva incluso al peor de nosotros. Sin embargo, aún hay personas que intentan usar los Diez Mandamientos para quitar sus pecados. Esto es como frotar el espejo para intentar quitar las espinillas de tu rostro ¡No se puede! Amigo, sólo la sangre de Jesús puede quitar los pecados. Su sangre fue derramada en el Calvario para que tus pecados fueran perdonados ¡Comienza a creer hoy las Buenas Nuevas!

El conocimiento del bien y del mal

Existen dos árboles en el huerto del Edén con los que tienes que estar familiarizado. El primero es el árbol del conocimiento del bien y del mal. Este es el árbol del que a Adán y Eva se les prohibió comer. ¿Te has dado cuenta de que este árbol no se llamó el árbol del conocimiento del **mal**? Se llamó el árbol del conocimiento del **bien y del mal**. Esto se debe a que el árbol es un cuadro de la ley de Dios o de los Diez Mandamientos. La ley es el conocimiento del **bien** y del **mal**. Dios no quería que el hombre participase de la ley. Quería que el hombre participase del árbol de la vida, que es un cuadro de nuestro Salvador Jesucristo. Cualquiera que participe de este árbol tendrá la vida eterna.[15]

"Pero pastor Prince, ¿qué tiene de malo conocer el bien y el mal? ¿Qué tiene de malo conocer la ley?".

El peligro es este: puedes conocer la ley de memoria, y aun así estar a kilómetros de distancia de Dios. Bajo la ley, lo único que tienes es una **religión**, no una **relación** con Dios. Pero Dios quiere una relación con nosotros, una relación que dependa única y exclusivamente de su bondad. Cuando el hombre participa del árbol del conocimiento del bien y del mal, comienza a depender de sus propios esfuerzos por hacer el bien y por mantenerse alejado del mal; y cuando del hombre depende de sus propios esfuerzos, está destinado a fallar. Por el contrario, cuando el hombre participa del árbol de la vida, depende completamente de Jesús, y sólo de Jesús.

Dios quiere una relación con nosotros, una relación que dependa única y exclusivamente de su bondad.

Ahora bien, ¿quién plantó el árbol del conocimiento del bien y del mal en el huerto? ¿La serpiente? No, fue Dios. De hecho, cuando Dios había creado todo el huerto del Edén, vio todo lo que había hecho y dijo que era bueno. Esto incluía el árbol del conocimiento del bien y del mal. El árbol del conocimiento del bien y del mal era del Señor; pero aunque el árbol era bueno en sí mismo, no era bueno que el hombre comiera de él.

De igual modo, aunque la ley de Dios es santa, justa y buena, no tenía el propósito de que el hombre la cumpliera. El hombre no puede cumplirla. Además, el hombre no puede elegir qué leyes quiere cumplir: si falla en una, falla en todas. Dios no evalúa por partes. La Biblia dice que la paga del pecado es muerte; por tanto, cuando el hombre falla en un aspecto de la ley, está condenado a muerte y no puede participar más del árbol de la vida, el cual le daría vida eterna. Por este motivo cuando Adán y Eva pecaron, Dios tuvo que expulsarles del huerto, y colocar un querubín y una "espada encendida que se revolvía por todos lados, para guardar el camino del árbol de la vida".[16]

¿Qué significa todo esto? Bien, hay un principio de interpretación bíblica conocido como "la ley de la primera mención", que dice que cada vez que una palabra se menciona por primera vez en la Biblia, el significado de la palabra en ese caso tiene un significado especial en cuanto a cómo debemos entender esa palabra en toda la Biblia. En este caso, esta es la primera vez que se menciona la palabra "espada" en la Biblia. En el contexto de este versículo, vemos la aquí la espada como el juicio de Dios. Es una espada implacable que se revuelve para que no haya manera de que el hombre pecaminoso, al haber desobedecido a Dios, pueda volver a Él jamás.

Ahora, veamos la última ocasión en que aparece la palabra "espada" en el Antiguo Testamento. Se encuentra en el capítulo 13 de Zacarías:

> Zacarías 13:7
> Levántate, oh espada, contra el pastor, y contra el hombre compañero mío…Hiere al pastor, y serán dispersadas las ovejas…

El pastor mencionado en el versículo se refiere a Jesús, nuestro buen Pastor, y a cómo todos los discípulos huyeron cuando Jesús fue crucificado. Nos muestra que la espada implacable de juicio, que durante tantas generaciones había apartado a los hombres pecadores del Dios santo, finalmente fue envainada en el costado de nuestro Señor Jesús cuando todo el juicio y la venganza de Dios por todos nuestros pecados recayeron sobre Él en la cruz. Jesús fue molido en la cruz por nuestros pecados.

Al sacrificarse y absorber toda la ira del juicio que estaba preparada para ti y para mí, Jesús detuvo la espada de juicio que nos impide participar del árbol de la vida. Sacrificó su propio cuerpo para abrir el camino al árbol de la vida. Dios nunca nos condenará porque su Hijo unigénito ya ha sido condenado por nosotros. La cruz del Calvario se ha convertido en el árbol de la vida para nosotros en el nuevo pacto. Podemos participar libremente de su justicia y vivir cada día sin culpabilidad, condenación y vergüenza. ¡Aleluya!

Cuando Dios te mira, ya no hay más juicio para ti.

¿Qué significa esto, amigo? Significa que cuando Dios te mira, ya no hay más juicio para ti. Deja de depender del árbol del conocimiento del bien y del mal para tu justificación. Jesús te ha redimido del ministerio de muerte al morir en la cruz. Disfruta hoy de lo que Él ha comprado para ti y participa de la obra consumada de Jesús, nuestro árbol de la vida.

Ya no estás bajo el ministerio de muerte.

¡Jesús vino para darte vida, y vida en abundancia![17]

Capítulo 11

Desarraigar la raíz más profunda

E N CIERTA OCASIÓN, mientras me preparaba para predicar, el Señor me mostró en una visión interior una planta enferma donde cada una de sus hojas representaba una enfermedad en particular. Pero realmente me levanté y observé cuando Él me mostró las raíces de la planta. Algunas de las raíces estaban justo debajo de la superficie de la tierra y se podían desarraigar fácilmente. Sin embargo, la raíz principal había profundizado mucho más en la tierra.

Cuando lidiemos con cualquier problema en la vida, debemos tratar de llegar a su raíz.

Lo que el Señor compartió conmigo después fue lo más poderoso. Me mostró que la raíz más profunda representaba la táctica fundamental que el diablo usa contra el hombre. Él me reveló esta verdad porque quería que yo pusiera al descubierto la estrategia del diablo en contra del pueblo de Dios, para que Él pudiera equiparles para contrarrestar los ataques del diablo. Mira, cuando lidiemos con cualquier problema en la vida, debemos tratar de llegar a su raíz. Si estuvieras cuidando una planta, y la planta se estuviera poniendo débil y enferma, sería necio intentar nutrir y restaurar la planta tratando las partes superficiales, como pudieran ser las hojas. Para resolver el problema, tendrías que ir a su raíz.

Del mismo modo, las enfermedades crónicas, la depresión mental, la ansiedad perpetua, la carencia económica o la falta de armonía matrimonial son como las hojas secas de la planta enferma. Puedes cortar una hoja, pero enseguida otra hoja se podrá enferma. Así, lo que queremos examinar en este capítulo es la raíz de alguno de estos problemas con los que lidian los creyentes. Cuando seas capaz de identificar y tratar la raíz, los frutos y las hojas, o las manifestaciones externas, se arreglarán por sí solos. En otras palabras, si la raíz está sana, el resto de la planta también estará naturalmente sana.

El estrés es una de las raíces

El mundo ha descubierto que muchas enfermedades y dolencias están ligadas a una raíz llamadas estrés. Un artículo en la página web de la Clínica Mayo advierte que el estrés puede afectar a casi todos los procesos del cuerpo y hacerte más vulnerable a problemas serios de salud.[1] Estoy seguro de que has leído artículos en los periódicos sobre cómo el estrés puede afectar a la salud y producir dolencias humanas.[2] La investigación científica ha vinculado el estrés excesivo a varias enfermedades, incluyendo enfermedades cardiovasculares, hipertensión, niveles elevados de colesterol, infartos, erupciones cutáneas, migrañas, impotencia sexual e infertilidad.[3]

El temor es una raíz más profunda que el estrés

El mundo también ha identificado el temor como la raíz del estrés. Han descubierto que, en muchos casos, el estrés está precedido por el temor. El temor se puede manifestar en forma de ataques de pánico o de un estado perpetuo de ansiedad. También tiene como resultado un insomnio prolongado, falta continua de descanso y un estado mental agitado. Pero aunque el temor suena como una raíz clave que debemos abordar, aún no es la raíz más profunda. El Señor me mostró una raíz más profunda que el estrés y el temor. Me mostró que la raíz más grande y profunda se encuentra en el ámbito espiritual, y que sólo se puede destruir mediante el poder de la obra consumada de Jesús.

¿Estás interesado en saber cuáles esa raíz?

¿Estás interesado en continuar para descubrir que es más profundo e insidioso que el estrés y el temor?

La condenación de la raíz más profunda

El Señor me mostró que la raíz más profunda es **la condenación.**

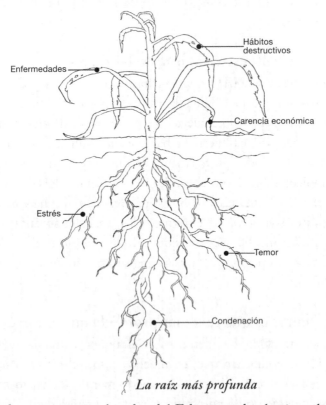

La raíz más profunda

Todo comenzó en el jardín del Edén cuando el primer hombre, Adán, tomó del árbol del conocimiento del bien y del mal. A partir de ese momento, el hombre desarrolló una conciencia. Tu conciencia es lo que está dentro de ti que conoce el bien y el mal. Tu conciencia entiende la justicia. Entiende que cuando hay pecado, debe ser castigado. Esto también ha llevado al hombre a castigarse a sí mismo por sus pecados.

Una conciencia que normalmente espera el castigo es una conciencia que está bajo condenación.

Existen tanto creyentes como no creyentes que son derrotados por la culpabilidad y la condenación, pero la diferencia está en que un creyente, que tiene a Jesucristo y el poder de su obra consumada, puede rechazar cualquier acusación, culpabilidad y condenación que el enemigo o su propio corazón lance contra él. La Biblia dice: "acerquémonos con corazón sincero, en plena certidumbre de fe, **purificados los corazones de mala conciencia**".[4] Amado, nuestro corazón ha sido purificado con la sangre de Jesús de una mala conciencia. Una mala conciencia es aquella que continuamente es consciente del pecado y el fracaso, y normalmente espera castigo. Es una conciencia que está bajo condenación.

Sin embargo, por la gracia de Dios, podemos tener una buena conciencia que ha sido purificada con la sangre de Jesús, y en vez de ser conscientes de pecado, podemos ser conscientes de perdón. Siempre podemos ser conscientes de nuestra justicia en Cristo Jesús, incluso cuando fallamos. Una buena conciencia purificada por la sangre de Jesús no se alimenta del conocimiento del bien y del mal. Una buena conciencia se alimenta de la vida de Cristo y te da confianza para acercarte a Dios con un "corazón sincero, en plena certidumbre de fe" de que Dios no está enojado contigo.

La condenación te roba la intimidad con Dios, pero la Palabra de Dios dice: "pues los que tributan este culto, limpios una vez, no tendrían ya más conciencia de pecado".[5] Desgraciadamente, muchos creyentes no confían en el poder de la cruz para erradicar la condenación de sus vidas. Dependen de sus propios esfuerzos, de hacer más y hacerlo bien, para ser libres de la culpabilidad y la condenación.

El acusador de los hermanos

Por eso la condenación es la raíz más profunda. Es una raíz que el hombre no puede vencer mediante el propio esfuerzo. La condenación demanda un pago por todos tus errores y pecados, pero sin Jesús, no hay pago. Desde hace algún tiempo, se habla acerca de la culpabilidad y de cómo puede causar varios síntomas adversos en el cuerpo humano, pero eso es tan sólo quedarse en la superficie del asunto. Aunque los expertos pueden identificar la culpabilidad y la condenación como las fuentes, no tiene solución para destruirlas. No pueden ver que las personas se encuentran ante un problema espiritual, porque el diablo insidiosamente usa la condenación para afligir a la gente hoy día. En hebreo, en nombre del diablo es *ha-satan*, que literalmente significa "el acusador".[6] Es un fiscal de la ley y un experto en condenarte, señalando siempre tus fallos y defectos. Por eso la Biblia le llama "el acusador de nuestros hermanos".[7]

Incluso cuando haces algo bien, el acusador te dirá: "No es suficientemente bueno". Como el constante sonido de agua que cae, seguirá acusándote y lanzando condenación sobre ti. Su mayor logro será volcar acusaciones sobre tu vida y que no las puedas detectar. En muchas ocasiones, los creyentes bajo condenación incluso piensan que es el Espíritu Santo quien les está convenciendo de sus pecados y señalando sus errores. Comienzan a albergar pensamientos negativos sobre sí mismos. Comienzan a **creer** que debieran tener pensamientos negativos sobre sí mismos por todos sus pecados y su indignidad. Así, el mayor logro del diablo producir condenación en tu vida, escondiéndola en una niebla de engaño, para que seas la última persona en pensar que estas bajo condenación.

Algunas personas a las que he aconsejado por estar bajo condenación me han dicho: "Pastor Prince, no tengo un problema de condenación. Solamente estoy bajo estrés". No niego que el estrés sea un problema genuino. De hecho, tengo varios sermones sobre cómo vencer el estrés, uno de los cuales es una serie éxito de ventas llamada *Live The Let-Go Life*. Pero lo que estoy diciendo es que, en muchos casos, hay una raíz más profunda que el estrés o el temor, y esa raíz es la condenación. Las tácticas más efectivas del acusador son siempre muy sutiles. El mundo no tiene solución para sus tácticas, pero como creyentes, nosotros sí las tenemos. Tenemos el poder de la obra consumada de Jesús. Su sangre fue vertida y Él fue condenado por nosotros, para que no tengamos que vivir en condenación.

¿Te da el Espíritu Santo convencimiento de pecado?

"Pero pastor Prince, ¿cómo puedo diferenciar entre el Espíritu Santo convenciéndome de pecado y el acusador lanzando condenación sobre mí?".

Esta es una buena pregunta y la respuesta es verdaderamente simple. Ahora bien, presta atención a esto porque te liberará. El asunto principal es que el **Espíritu Santo nunca te da convencimiento de tus pecados**. Él NUNCA señala tus faltas. Te desafío a encontrar un versículo en la Biblia que te diga que el Espíritu Santo ha venido para darte convencimiento de tus pecados ¡No encontrarás ninguno! El Cuerpo de Cristo está viviendo en derrota porque muchos creyentes no entienden que el Espíritu Santo está en ellos para convencerles de su **justicia en Cristo**. Incluso cuando fallas, Él sigue presente en ti para recordarte que la sangre de Jesús te está limpiando continuamente. Ese es el Espíritu Santo.

¿No estás de acuerdo conmigo en que no necesitas al Espíritu Santo para señalar tus errores y decirte cuando has pecado? Vamos, ¡tu cónyuge ya hace un buen trabajo al respecto! Incluso los no creyentes, que claramente no tienen el Espíritu Santo en ellos, son muy conscientes de cuando han fallado porque también tienen conciencia. No necesitas la ayuda de nadie para conocer tus pecados. Ya eres consciente de ellos porque tienes una conciencia.

Cuando has fallado, el Espíritu Santo te
convence de tu justicia, no de tu pecado.

No se necesita una revelación del Espíritu Santo para ver que has fallado. Sin embargo, cuando sabes que has fallado, lo que sí necesitas es que el Espíritu Santo te dé convencimiento de tu justicia. Necesitas que te muestre que aunque has fallado, sigue siendo la justicia de Dios en Cristo. Saber y creer que Dios te sigue viendo como justo aun cuando has pecado, ciertamente demanda una revelación del Espíritu Santo. ¿Puedes decir "Amén" a esto? De hecho, la gracia inagotable de Dios en nuestras vidas y el poder de la cruz sólo se pueden entender por revelación. Por eso un no creyente nunca puede ser convencido de justicia. Ese privilegio está reservado para ti y para mí, ¡creyentes nacidos de nuevo que han sido gloriosamente lavados por la sangre de Jesús!

Entender la obra del Espíritu Santo

"Pastor Prince, ¿y qué hay de Juan 16:8? ¿No dice que el Espíritu Santo vino para convencer al mundo de pecado?".

Estoy contento de que saques este versículo. Vamos a examinarlo juntos:

Juan 16:8–11
Y cuando él [el Espíritu Santo] venga, convencerá al mundo de pecado, de justicia y de juicio. De pecado, por cuanto no creen en mí; de justicia, por cuanto voy al Padre, y no me veréis más; y de juicio, por cuanto el príncipe de este mundo ha sido ya juzgado.

Es importante que siempre leamos los versículos de la Biblia en su contexto. Muchas personas terminan malinterpretando versículos de la Biblia porque no hacen esto. Una manera de leer la Biblia en su contexto (y este es un principio clave de interpretación bíblica) es identificar de quién están hablando los versículos. Así, ¿de quién estaba hablando Jesús en Juan 16:8? ¿Estaba hablando de los creyentes o de los no creyentes?

Cuando dijo que el Espíritu Santo vendría para "convencer al mundo de pecado" por no creer en Él, está claro que se refería a los no creyentes porque son "del mundo". Y observa que el Espíritu Santo no convence al mundo de "pecados" (plural). El Espíritu Santo sólo convence al mundo de un "pecado" (singular), y es el pecado de la incredulidad, el pecado de rechazar a Jesús y no creer en su obra consumada.

Jesús murió por el mundo entero, pero eso no significa que el mundo entero sea salvo automáticamente. Cada individuo debe tomar la decisión personal de recibir a Jesús como su Salvador. Nacer en una familia cristiana no te hace automáticamente ser un cristiano nacido de nuevo, así como entrar en un McDonald's no te hace ser un Big Mac ni estar en un garaje te hace ser un auto. No, cada persona debe tomar la decisión personal de recibir a Jesús como su Salvador. Así, el Espíritu Santo está presente para convencer a los no creyentes de ese pecado de incredulidad. Pero cuando la gente saca Juan 16:8 de su contexto adecuado, comienzan a creer de forma errónea que el Espíritu Santo está aquí para convencer a los creyentes de sus pecados. Como dije antes, ninguno necesitamos ayuda en ese aspecto. Todos sabemos bien cuando hemos fallado.

Si el Espíritu Santo nunca convence al creyente de sus pecados, entonces ¿de qué te convence? Jesús dice que el Espíritu Santo te convence "de justicia, por cuanto voy al Padre, y no me **veréis** más". Ahora bien, ¿a qué se refería Jesús aquí? Claramente, con el uso de la segunda persona del plural "veréis", Jesús se estaba refiriendo a sus creyentes, representados por sus discípulos a quienes hablaba. Esto nos dice que el Espíritu Santo fue enviado para convencer a los creyentes de justicia.

Ahora bien, ¿eres justificado por tus obras o por la fe en Jesús? A estas alturas deberías saber que eres justificado por fe, porque justicia no es **hacer lo correcto**, sino **ser lo correcto** delante de Dios por haber creído correctamente. Por eso cuando fallas, el Espíritu

Santo viene para convencerte y recordarte que eres la justicia de Dios gracias a Jesucristo. Él está presente para recordarte la frase principal del nuevo pacto: que Dios será propicio a tus injusticias, y nunca más me acordaré de tus pecados y de sus iniquidades.[8]

El Espíritu Santo es tu Consolador.[9] Fue enviado para vivir en ti con el fin de ayudarte, no para gruñirte y señalar todas tus faltas. Nadie puede vivir con un gruñón. El Espíritu Santo no es un gruñón. No, fue enviado para consolarte y ayudarte convenciéndote de tu justicia eterna.

Pensar bien sobre lo que es correcto, y dejar de pecar

Me he encontrado con ministros que no enseñan a los creyentes que son la justicia en Cristo porque temen que los creyentes pequen libremente cuando sepan esta verdad. Una vez, conocí a un ministro que me dijo que, tras oír mis sermones, examinó las Escrituras y confirmó que en verdad somos justificados gracias a Jesús y no por nuestras propias obras. Pero me dijo que no podía predicar eso porque temía que si los creyentes sabían que son justos para siempre, se irían y pecarían.

Eso es triste, porque el poder para vencer al pecado se encuentra en saber que eres justo. Cuando un creyente lucha con el pecado, es un caso de identidad errónea: piensa que aún es un pecador sucio y, como resultado, seguirá viviendo como un pecador sucio. Pero cuanto más vea que no ha sido justificado por sus obras, más será capacitado para vivir rectamente.

Tu respuesta radica en creer lo correcto.

Los creyentes luchan con el pecado en la actualidad precisamente porque no se dan cuenta de que son justos. La Biblia dice: "Piensen bien sobre lo que es correcto, y dejen de pecar".[10] Esto significa que cuanto más cuenta se dé un creyente de que sin duda es justo, más comenzará a comportarse como una persona justa. ¡Es tiempo de pensar bien sobre lo que es correcto!

Ahora, haz el compromiso de memorizarlo: **creer lo correcto lleva a vivir de forma correcta.** Dilo en voz alta conmigo porque es una revelación poderosa que no te puedes dar el lujo de pasar por alto: "Creer lo correcto siempre lleva a vivir de forma correcta". Para entender esta verdad, tienes que darte cuenta de que todo lo que ves en la creación salió de la esfera espiritual. Dios, que es Espíritu, habló para dar existencia a las cosas que creó. Del mismo modo, mucho antes de que tu bendición se manifieste físicamente, está primero en tu espíritu. La Biblia dice: "El hombre bueno, del buen tesoro del corazón saca buenas cosas".[11] En otras palabras, tu vida hoy es un reflejo de lo que ha estado escondido y que has llevado en tu corazón durante todo este tiempo. **Por tanto, si no quieres que tu vida siga igual, la solución no es cambiar tus circunstancias, la solución es cambiar tu corazón, cambiar lo que crees.** Amigo, para cada área de debilidad, fracaso y derrota que pudieras estar experimentando ahora, te aseguro que ha habido alguna creencia errónea en esa área. Examina las Escrituras buscando a Jesús y la verdad. Tu respuesta radica en creer lo correcto.

Durante generaciones, el Cuerpo de Cristo ha sido derrotado y sitiado constantemente por la condenación de parte del acusador porque creen erróneamente que el Espíritu Santo convence a los creyentes de sus pecados. Comienza a creer correctamente hoy. Lee este capítulo una y otra vez. Medita en los versículos que he señalado. Deja que la verdad profundice y te libere mediante el conocimiento de que el Espíritu Santo es tu Consolador, dado por Dios para convencerte de tu justicia. ¡Eres la justicia de Dios en Cristo!

Creer lo correcto te lleva a vivir de la forma correcta: un testimonio

Hay un hermano precioso en mi iglesia que su vida comenzó a cambiar por completo cuando recibió a Jesús como su Señor y Salvador. Sin embargo, luchaba aún con el hábito de fumar. Había estado fumando durante muchos años y no pasaba un solo día sin que al menos fumase una caja de cigarrillos. Me compartió que se sentía realmente fatal cada vez que fumaba. Sentía condenación y oía constantemente la voz del acusador bombardeándole con acusaciones:

"*¿Cómo te puedes llamar cristiano? Mira: sigues siendo un fumador*".

"*¡Abandona! No eres digno de ser cristiano*".

"*Eres un hipócrita*".

Seguía escuchando estas acusaciones y, cuanto más las oía, más fumaba. Decía que realmente intentaba reunir toda su fuerza de voluntad para vencer este hábito destructivo, pero no podía hacerlo. Sabía que su cuerpo era templo de Dios y sinceramente quería glorificar al Señor, pero no tenía poder para hacerlo. Comenzó a condenarse y estaba listo para tirar la toalla.

Entonces, me escuchó predicar sobre cómo el Espíritu Santo está presente en él para convencerle de **justicia**, y como cuanto más creía que era justo por Jesucristo, más comenzaría a alinearse su conducta con lo que creía. Así que comenzó a confesar esto diariamente: "Soy la justicia de Dios mediante Jesucristo". Cada día, se despertaba, se miraba en el espejo y decía: "Veo un hombre justo ante mí". Incluso cuando sucumbía a la tentación y fumaba, seguía confesando: "Soy la justicia de Dios mediante Jesucristo. Incluso ahora, el Señor me ve como justo".

Este hermano realmente creyó que él era justo, no por lo que había hecho, sino por lo que Jesús había hecho. Y cuanto más creía que era la justicia de Dios, más se debilitaba el poder de su adicción a la nicotina. Comenzó a tener un poder sobrenatural para dejar de fumar tanto diariamente en poco tiempo. Comenzó a reemplazar la voz del acusador que decía: "Eres un hipócrita. ¿Cómo te puedes llamar cristiano?", por la voz del Espíritu Santo que declaraba: "Eres justo a ojos de Dios. Dios te ve tan justo como Jesucristo hoy". La voz del Espíritu Santo cada vez sonaba más y más alto hasta que ahogó por completo la voz del acusador.

Este precioso hermano finalmente dejó de oír la voz de condenación y comenzó a escuchar solamente la voz de la justicia, y un día, se despertó y se dio cuenta de que ya no tenía el deseo de fumar cigarrillos. ¡Aleluya! Fue liberado de su hábito destructivo simplemente creyendo la voz del Espíritu Santo y viéndose como la justicia de Dios cada día. Tan sólo ser fiel en creer y confesar: "Soy la justicia de Dios en Cristo" hizo que un poder se liberase en su vida que hizo que su deseo de fumar cigarrillos se desvaneciera. ¡Esto es poderoso, amigo!

Su gracia es mayor que tus adicciones

¿Estás agobiado por una adicción hoy? Puede que sea fumar, pornografía, alcohol, drogas o el juego. Sea la que sea, amigo, la gracia de Dios es mayor que cualquier adicción en tu vida. Su gracia se tragará tu adicción. Hoy es tu día de libertad y liberación. Hoy es el día en que el Señor te librará de toda mentira, culpabilidad y condenación que el acusador haya estado bombardeando sobre ti. Ahora, quiero hacer esta oración contigo:

"Señor Jesús, gracias por la cruz. Gracias porque cuando moriste por mí, tu sangre me limpió de todas mis injusticias y de todos los pecados de toda mi vida. Tú eres mi Señor y Salvador. Te doy hoy todas mis adicciones. Estoy harto de que el acusador me derrote y me condene. Hoy, confieso que, por la sangre de Jesucristo, ahora soy la justicia de Dios. Por la fuerza y el poder sobrenatural del Espíritu Santo que está presente para convencerme de mi justicia, me acordaré todos los días de que soy la justicia de Dios mediante Jesucristo. ¡Amén!".

¡Aleluya! Cuando comienzas a creer que eres justo al margen de tus obras, la voz del acusador que viene a condenarte ya no tendrá más dominio sobre tu vida. Estoy deseando escuchar tu testimonio de cómo el Señor te ha liberado de tu adicción. La información de contacto de mi ministerio está al final de este libro ¡Escríbenos!

Vamos, amigo, es tiempo de pensar en lo correcto y no pecar más. Creer lo correcto lleva a vivir de la forma correcta. Cree que eres justo y comenzarás a vivir como un hombre de Dios justo o una mujer de Dios justa. Puede que la condenación sea la raíz más profunda, pero hoy has encontrado la solución: sólo creer que eres la justicia de Dios por Jesucristo.

¿Hay juicio para el creyente?

Basándome en Juan 16 he establecido que el Espíritu Santo vino para convencer al mundo (los no creyentes) del pecado de no creer en Jesús, pero para el creyente, el Espíritu Santo vino para convencerle de su justicia en Cristo. En la actualidad hay algunos creyentes que creen que el Espíritu Santo está en ellos para convencerles no sólo de sus pecados, sino también de la ira y el juicio de Dios hacia ellos. Esto tampoco es cierto.

He establecido en el capítulo anterior que la ira y el juicio de Dios por todos tus pecados ya ha sido ejecutada sobre el cuerpo de Jesús cuando fue crucificado la cruz. Entonces, ¿qué juicio queda para el creyente hoy? Cuando Jesús dijo: "...de juicio, por cuanto el príncipe de este mundo ha sido ya juzgado", ¿a quién se estaba refiriendo? ¿A los creyentes o a los no creyentes? La respuesta es a ninguno de ellos. Se refería al "príncipe de este mundo", como claramente lo dice el versículo.

"Entonces, ¿quién es el 'príncipe de este mundo'?".

El "príncipe de este mundo" es el diablo, el acusador mismo. Cuando Dios creó a Adán y Eva, les dio dominio sobre el mundo; pero cuando Adán pecó, le entregó ese dominio al diablo. Por eso vivimos hoy en un mundo caído, donde vemos enfermedades, dolencias, guerras, terremotos e inundaciones a nuestro alrededor. Estas **no** son las "obras de Dios". Son las obras del diablo. Jesús no vino para destruir vidas, sino para salvar vidas.[12] Por eso, cuando veas algo destructivo en el mundo, debes saber que es la obra del "príncipe de este mundo". ¿Pero sabes algo? Su tiempo en este mundo se está acabando, y nos estamos acercando cada vez más al día en que Jesús volverá a buscarnos. ¡Aleluya!

Amigo, hemos visto en este capítulo que el Espíritu Santo ha venido en primer lugar para convencer a los no creyentes del pecado de incredulidad; en segundo lugar, para convencer a los creyentes de justicia al margen de las obras; y en tercer lugar, para recordarnos que el diablo ya ha sido juzgado en la cruz. ¡Esto es interpretar correctamente la Palabra! La confusión se produce cuando los creyentes leen las Escrituras y no interpretan correctamente a quién se está dirigiendo el que habla. Toda la Palabra de Dios está escrita para nuestro beneficio, pero no toda ella fue escrita **para** nosotros. El Espíritu Santo nunca te llamará hipócrita, ni te dirá: "¿Qué clase de cristiano eres?". Esas son las palabras del acusador, cuya estrategia es volcar condenación sobre ti para descalificarte y hacerte sentir indigno de entrar en la presencia de Dios. Al Espíritu Santo se le llama el **"Consolador"**.[13] Está aquí para consolarte y señalarte a la cruz de Jesús cada vez que fallas. Lo único de lo que te convencerá es de tu justicia en Jesucristo.

Cree que eres la justicia de Dios en Cristo y disfruta de las bendiciones que están sobre la cabeza del justo.

Hoy, amado, cree que eres la justicia de Dios en Cristo. Comienza caminar en la libertad de la condenación que Cristo ha comprado para ti y disfruta de las bendiciones que están sobre la cabeza del justo.[14]

Capítulo 12

La condenación mata

E L ACUSADOR ES un abogado legal astuto que no dudará en usar los Diez Mandamientos para condenarte. Por eso la Palabra de Dios declara que los Diez Mandamientos no son tan sólo "el ministerio de muerte", sino que también son "el ministerio de condenación".[1] Recuerda: no hay nada malo en los Diez Mandamientos. Son santos, justos y buenos, pero no tienen poder para hacerte santo, justo y bueno. La ley es una norma rígida e inflexible, donde no se puede transigir. Cuando fallas, no puede mostrarte gracia, y si lo hace, ¡entonces ya no es la ley!

Por eso el apóstol Pablo dijo que "el mismo mandamiento que era para vida, a mí me resultó para muerte; porque el pecado, tomando ocasión por el mandamiento, me engañó, y por él me mató".[2] Observa que el pecado "por el mandamiento" le engañó y le mató. Lo que significa es que cuando Pablo entró bajo el antiguo pacto de la ley, también se situó bajo el ministerio de muerte y condenación.

La ley siempre ministra condenación. Si estas bajo la ley, cada vez que fallas y no alcanzas los estándares de Dios, eres condenado. La gracia, por el contrario, siempre ministra justificación. Por eso se llama el ministerio de justificación, que excede en gloria con mucho al ministerio de condenación.

2 Corintios 3:9

Porque si el **ministerio de condenación** fue con gloria, mucho más abundará en gloria el **ministerio de justificación.**

Cuando estás bajo la gracia, incluso cuando fallas y no alcanzas los estándares de Dios, Dios te sigue viendo justo por Jesucristo. Dios no le dio la ley al hombre para que fuera justo mediante su propia obediencia. Le entregó la ley para que el hombre tuviera conocimiento del pecado. Sin la ley, el pecado estaba muerto. Pablo lo describió acertadamente cuando dijo: "porque tampoco conociera la codicia, si la ley no dijera: No codiciarás. Mas el pecado, tomando ocasión por el mandamiento, produjo en mí toda codicia; porque sin la ley el pecado está muerto".[3]

La ley siempre ministra condenación. La gracia, por el contrario, siempre ministra justificación.

La ley suscita deseos pecaminosos en el hombre

La ley no tiene nada de malo. El problema está en la carne del hombre. Es como un grupo de chicos adolescentes que van por una calle larga, caminando y divirtiéndose. Pasan junto a un invernadero y nadie piensa nada; es tan sólo otro invernadero. De repente, llegan al final de la calle y encuentran otro invernadero similar al primero que vieron. Pero esta vez, alrededor del invernadero hay unos enormes letreros con letras rojas que dicen: "No tirar piedras o informaremos a la policía".

Ahora bien, el primer invernadero no tenía letreros y los chicos no pensaron más en él. El segundo invernadero tenía señales de advertencia a su alrededor, y ahora los chicos se habían detenido en su camino porque algo dentro de ellos se avivó. Miraron a su alrededor para ver si había alguien vigilándoles, ¿y supones lo que pasó?

Lo siguiente que se oye es el sonido de cristales rotos, seguido del sonido de pasos que se alejan corriendo.

Cuando los chicos iban caminando por la calle, ¿tenían en su interior el deseo de hacer travesuras? Sí, siempre estuvo ahí, pero como no había leyes, el deseo de pecar que había en ellos no fue suscitado. Eso es lo que hace la ley. Suscita en nosotros el pecado. Permíteme darte otro ejemplo. Si fueras la única persona en una habitación y hubiera una puerta con un letrero que dice: "Privado: No entrar", ¿qué ocurriría? Es muy probable que echaras un vistazo a la habitación para asegurarte de que no había cámaras ocultas, y lentamente, ¡sentirías el deseo de mirar detrás de esa puerta!

Este es el efecto que causa la ley en todos nosotros. No hay nada de malo en la ley, no hay nada malo en los Diez Mandamientos. Escucha con atención lo que estoy diciendo. Cuando estás tratando con la ley de Dios, tienes que ser muy preciso, así que mantengamos el lenguaje de las Escrituras. Pablo dijo que la ley se diseñó para revelar la ofensa: "Pero la ley se introdujo para que el pecado abundase".[4]

La ley suscita deseos pecaminosos en la carne del hombre. Permíteme decirte que mientras estés en tu actual cuerpo, serás propenso a pecar. Yo no me he inventado esto. Fue Pablo quien dijo: "Porque lo que hago, no lo entiendo; pues no hago lo que quiero, sino lo que aborrezco, eso hago".[5]

¿Qué significa esto? Significa que mientras estés en este cuerpo, aunque odies perder los nervios y enojarte, créeme que lo harás. No importa cuánto empeño pongas en no hacerlo, fracasarás, y cuando lo hagas, el diablo estará listo para usar la ley de Dios como un arma para condenarte. Él sabe que si puede ponerte bajo condenación, empezarás a tener temor. Ese temor producirá estrés, y después todo tipo de enfermedades psicosomáticas y la opresión podrán empezar a hacer incursiones en tu vida. Esto no es un juego inocente: ¡la condenación mata!

El secreto para vencer la condenación

Entonces ¿cuál es la solución para la descarga de condenación del acusador?

Pablo tuvo que hacer frente a las mismas luchas que tú y yo afrontamos hoy. Su lamento se registró en Romanos 7: "Porque no hago el bien que quiero, sino el mal que no quiero, eso hago...¡Miserable de mí! ¿quién me librará de este cuerpo de muerte?".[6]

Pero Pablo no se detiene ahí, sino que continúa enseñándonos en el primer versículo de Romanos 8 cómo podemos contraatacar los ataques del acusador:

> Romanos 8:1
> Ahora, pues, **ninguna condenación** hay para los que están **en Cristo Jesús**.

¡NO HAY NINGUNA CONDENACIÓN para los que están EN CRISTO JESÚS! Este es un versículo poderoso. Te animo a que te comprometas a memorizar este versículo, porque con él podrás repeler todos los ataques del acusador. ¿Estás hoy en Cristo Jesús? ¡Sí! Entonces, ¡no hay ninguna condenación sobre tu vida!

Si estás hoy en Cristo Jesús, ¡no hay ninguna condenación sobre tu vida!

"Pero pastor Prince, usted siempre habla de interpretar las escrituras en su contexto, y mi Biblia dice que hay una condición para no tener condenación: tenemos que andar conforme al Espíritu, no según la carne. Entonces significa que no habrá condenación sólo si no pecamos".

Me alegro de que digas esto. Veamos todo el versículo de Romanos 8:1 en la versión Reina Valera 1960:

Romanos 8:1 rv60

Ahora, pues, ninguna condenación hay para los que están en Cristo Jesús, los que no andan conforme a la carne, sino conforme al Espíritu.

Así es como aparece en tu Biblia Reina Valera 1960, ¿verdad? Pero ¿sabes que la última parte, "los que no andan conforme a la carne, sino conforme al Espíritu", la añadieron los traductores de la Biblia y no aparece en los manuscritos originales en griego?[7] Es casi como si los traductores no pudieran creer que la declaración de no condenación viniera sin ninguna condición. No creas tan sólo lo que yo digo, compruébalo por ti mismo. Para una traducción más precisa, léelo en la versión Nueva Traducción Viviente (ntv):

Romanos 8:1, ntv

Por lo tanto, ya no hay condenación para los que pertenecen a Cristo Jesús.

Así es, amigo: no hay condenación para los que están en Cristo Jesús, **punto**. No hay condiciones ni requisitos previos. Se trata sólo de la obra consumada de Jesús, y ningún esfuerzo del hombre. ¡Aleluya!

No obstante, hay personas que argumentarán que no hay condenación sólo cuando no pecamos. Amigo, si no hay pecado, ¿por qué habría alguna condenación? La frase de Pablo sería superflua si no hubiera pecado. Entonces, la buena noticia que él estaba declarando es que incluso cuando hay pecado, AHORA no hay condenación para los que están en Cristo Jesús. ¿Por qué? Porque Jesús ya ha sido condenado por todos nuestros pecados ¡Amén!

Cuando aparece el término "Por lo tanto" en un versículo, intenta descubrir siempre porque está ahí. Cuando Pablo dijo: "**Por lo tanto**, ya no hay condenación...", se estaba refiriendo a cómo "el pecado, tomando ocasión por el mandamiento" le había engañado y matado. Cuando Pablo estaba luchando bajo la ley, era condenado una y otra vez (encontrarás el relato de Pablo de su lucha en Romanos 7). De hecho, dijo: "¡Miserable de mí! ¿quién me librará de este cuerpo de muerte?". Esa fue una pregunta retórica. Mira su propia respuesta: "Gracias doy a Dios, por Jesucristo Señor nuestro".[8] Fue debido a Jesucristo que Pablo pudo declarar que, por lo tanto, ahora no hay condenación para los que están en Cristo Jesús.

Permíteme darte un consejo práctico sobre cómo puedes crecer en esta revelación de que "no hay condenación": aprende a ver los Diez Mandamientos (la ley de Dios) y la condenación como una misma cosa. Siempre que leas o pienses en la ley, piensa en "condenación".

Estaba yo hablando con un hermano en la iglesia recientemente y me contó que su entendimiento de "obedecer la ley" era que uno tiene que "actuar bien". Aunque es cierto que la ley nos dice que actuemos bien, sin embargo siempre terminarás condenado por la ley. A la ley se le llama el "ministerio de condenación" porque no fue diseñada para que pudieras actuar bien, sino para condenarte, ¿y sabes qué? Cuanto más estés bajo la ley e intentes justificarte por ella, más fallarás y serás condenado por ella. Ese no es el camino de Dios. Él no quiere verte viviendo en culpabilidad y condenación porque, como dije antes, la condenación es la raíz más profunda que produce temor, estrés y todo tipo de enfermedades. Literalmente, ¡la condenación te mata!

Cuando el acusador llegue a condenarte por todas tus faltas y te diga cosas como: "¿Cómo puedes llamarte cristiano?" o "Eres el hipócrita más grande del mundo", **ese** será el momento de comenzar a verte libre de cualquier condenación. Lo opuesto al ministerio de condenación es el ministerio de justificación, que abunda mucho más en gloria. Comienza a verte justo no por lo que has hecho o no has hecho, sino por lo que Jesús ha hecho, y porque su sangre te limpia continuamente. Recuérdate a ti mismo que el Espíritu Santo fue enviado para convencerte de tu **justicia** al margen de las obras. El diablo usará la ley como un arma para condenarte. Pero gloria a Dios, que ahora NO hay ninguna condenación para los que están en Cristo. ¿Cuándo no hay condenación? ¡La Palabra de Dios dice que AHORA!

Confianza para acudir a su trono de gracia

"Pero pastor Prince, ¿qué ocurre cuando peco?".

Bueno, ¿cubre "AHORA" el momento en que pecas? Por supuesto que sí. "**Ahora**, pues, ninguna condenación hay..." es un versículo para el "ahora". La declaración es verdad en cada momento, cada día. Es verdad en la mañana, es verdad en la noche, y cuando llegue mañana, seguirá siendo cierta. Actualmente, continuamente, ninguna condenación hay para ti porque estás en Cristo.

Lo que te dará la confianza para acudir a Dios es el conocimiento de que Él te ve complemente justo.

"¿No deberíamos al menos ser condenados un poco cuando fallamos para que regresemos a Dios?".

Cuando Adán fue condenado, se escondió de Dios. Amado, cuando fallas, la condenación y la culpabilidad harán que **huyas** de la presencia de Dios. Es una mentira que la condenación y la culpabilidad te llevarán de regreso a Dios. Lo que te dará la confianza para acudir a Él es saber que hoy Él sigue siendo compasivo y te ve completamente justo. Lo que te hará acudir con confianza ante su trono de gracia es saber que Él nunca te condena porque estás **en** Jesucristo.

El corazón de gracia del Padre

¿Quieres ver cómo responde tu Padre celestial cuando fallas?

Lee la parábola del hijo pródigo que compartió Jesús:

Lucas 15:11–24

También dijo: Un hombre tenía dos hijos; y el menor de ellos dijo a su padre: Padre, dame la parte de los bienes que me corresponde; y les repartió los bienes. No muchos días después, juntándolo todo el hijo menor, se fue lejos a una provincia apartada; y allí desperdició sus bienes viviendo perdidamente. Y cuando todo lo hubo malgastado, vino una gran hambre en aquella provincia, y comenzó a faltarle. Y fue y se arrimó a uno de los ciudadanos de aquella tierra, el cual le envió a su hacienda para que apacentase cerdos. Y deseaba llenar su vientre de las algarrobas que comían los cerdos, pero nadie le daba. Y volviendo en sí, dijo: ¡Cuántos jornaleros en casa de mi padre tienen abundancia de pan, y yo aquí perezco de hambre! Me levantaré e iré a mi padre, y le diré: Padre, he pecado contra el cielo y contra ti. Ya no soy digno de ser llamado tu hijo; hazme como a uno de tus jornaleros. Y levantándose, vino a su padre. Y cuando aún estaba lejos, lo vio su padre, y fue movido a misericordia, y corrió, y se echó sobre su cuello, y le besó. Y el hijo le dijo: Padre, he pecado contra el cielo y contra ti, y ya no soy digno de ser llamado tu hijo. Pero el padre dijo a sus siervos: Sacad el mejor vestido, y vestidle; y poned un anillo en su mano, y calzado en sus pies. Y traed el becerro gordo y matadlo, y comamos y hagamos fiesta; porque este mi hijo muerto era, y ha revivido; se había perdido, y es hallado. Y comenzaron a regocijarse.

Vemos un padre que corre hacia su hijo pródigo para abrazarle en el momento en que le ve desde lejos. ¿Sabías que el comportamiento del padre de hecho es contrario a la ley de Moisés? Estaba yo estudiando esto hace un tiempo y descubrí que, según la ley, si un hombre tiene un hijo terco y rebelde que se niega a escuchar a sus padres, ese hombre debe llevar a su hijo a los ancianos de la ciudad, y todos los hombres de su ciudad deben apedrear a su hijo hasta la muerte, para así quitar de ellos el mal, y todo Israel oiría y temería.[9] Esa es la ley de Moisés.

Cuando Jesús compartió la historia del hijo pródigo, todos los judíos que le escucharon serían conocedores de esta ley. Sin embargo, en vez de la condenación y el castigo que merecía el hijo rebelde bajo la ley, Jesús reveló el corazón de gracia y perdón de Padre en el nuevo pacto. En ese momento, Jesús no había muerto aún para establecer el nuevo pacto de gracia, y el pueblo que le escuchaba estaba aún bajo la ley de Moisés. Jesús les estaba dando a probar de lo que vendría. Les estaba mostrando la realidad que disfrutamos nosotros hoy. ¡Aleluya!

¿Pecó el hijo contra su padre? Sí, sin lugar a duda; pero ¿culpó y condenó el padre a su hijo antes de recibirle? No, no lo hizo. De hecho, el padre ni siquiera le dio a su hijo la oportunidad de terminar su ensayado discurso. El padre interrumpió a su hijo antes de que pudiera pedirle que le hiciera como uno de sus jornaleros. El padre interrumpió no para condenarle por pecar contra él, sino para decir a sus siervos que llevaran la mejor ropa, que pusieran un anillo en la mano de su hijo y sandalias en sus pies.

¿Le importó al padre que las intenciones de su hijo no fueran del todo buenas? Todos sabemos que el hijo no estaba regresando a la casa del padre porque se había dado cuenta de su error, ¡sino porque tenía hambre! Cuando estaba alimentando los cerdos, se acordó de que incluso los jornaleros en la casa de su padre tenían comida más que suficiente. Fue **entonces** cuando decidió regresar a la casa de su padre, pero al padre no le importó cuáles fueron las intenciones de su hijo. Cuando el hijo pródigo "aún estaba lejos" (y el padre no tenía forma de saber por qué regresaba su hijo), su padre le vio y tuvo compasión, y corrió y se abrazó al cuello de su hijo y le besó. ¡Qué maravilloso retrato del corazón de amor de Dios!

¿Quién era el que compartía la parábola del hijo pródigo? Era Jesús. Creo que Jesús conoce realmente bien a su Padre, ¿no crees? Estamos escuchando un relato de un testigo ocular de cómo es Dios Padre, ¡y Jesús debía de saberlo! Mira cómo describió la respuesta de Dios hacia aquellos que han pecado ¿Cómo es posible que el padre viera a su hijo incluso cuando aún estaba lejos? Es porque el padre había estado esperando y anhelando el regreso de su hijo. Debió de haber mantenido sus ojos en el horizonte todos los días, esperando que cada día fuera el día en que su amado hijo regresaría a casa.

¿Puedes ver su corazón de amor por ti incluso cuando le has fallado? Tan sólo tienes que dar un paso hacia Dios, y tu amoroso Papá en el cielo correrá hacia ti sin condenación. Quiere abrazarte, besarte y llenarte de su amor y sus bendiciones. Está esperando para vestirte con la túnica de justicia, poner el anillo de autoridad en tu mano y calzar tus pies con las sandalias de tu correcta posición. Quiere restituirte, lavarte y organizar una fiesta porque has vuelto a casa. Nuestro Dios es un Dios que correrá hacia ti SIN NINGUNA CONDENACIÓN.

Dejemos a un lado nuestras ideas religiosas acerca de Dios. Da ese paso hacia tu Papá aunque hayas fallado, y Él correrá hacia ti y te abrazará. Él te ama y te acepta tal como eres. Tiene todo el poder para ayudarte cuando falles y te sientas derrotado.

Alégrate, amigo: ahora, pues, ninguna condenación hay para ti porque estás en Cristo Jesús.

Tu Papá te ama y acepta tal como eres, y
tiene todo el poder para ayudarte cuando
falles y te sientas derrotado.

Capítulo 13

El regalo de la no condenación

CUANDO ACABABA DE terminar mis estudios, decidí aceptar un trabajo a tiempo parcial enseñando en una escuela de primaria, mientras esperaba que salieran mis resultados académicos. Me dieron una clase de unos treinta alumnos de diez años de edad.

Una mañana, una de las niñas en la clase no llegó. No le di mucha importancia, ya que era común que algún alumno se ausentara de la escuela uno o dos días por diferentes razones, pero cuando estaba orando en casa ese día, el Señor trajo a mi mente a esa niña en particular. Yo oraba regularmente por mis alumnos, pero solía ser una oración general por todos ellos. Como esa vez fue algo tan concreto, supe que era el Señor quien me estaba guiando a orar por ella, así que oré para que la sangre de Jesús le cubriera. Aunque mi entendimiento acerca de la sangre de Jesús era bastante limitado en ese entonces, sabía lo suficiente para entender que su sangre protege, así que eso fue lo que oré.

Varios días después, la niña aún no había regresado a la escuela. Después, su nombre y su foto aparecieron en las noticias. Su historia salió en la televisión nacional y en todos los grandes periódicos. Un destacado asesino en serie local llamado Adrian Lim había secuestrado a esa alumna. Como asesino involucrado en el ocultismo que era, Adrian Lim secuestraba a niños y los ofrecía como sacrificios humanos a los ídolos que adoraba.

Para sorpresa de muchos, ¡el asesino en serie liberó a esta niña! Cuando la prensa entrevistó a la niña, ella dijo que le habían llevado a una habitación pequeña se apestaba a incienso. La habitación estaba muy poco iluminada, pero pudo ver cómo Adrian Lim realizaba algún tipo de rito ceremonial y hacia oraciones ante sus ídolos. De repente, él la miró fijamente y dijo con disgusto que sus dioses no la querían. Fue entonces cuando la liberó, convirtiéndose en la única niña a la que Adrian Lim ha liberado. Los otros niños que fueron secuestrados habían sido brutalmente asesinados. Cuando escuché eso, supe que fue el Señor quien la protegió. ¡Ningún otro dios podía tenerla porque estaba cubierta por la sangre de Jesús! Hoy, esta niña es una mujer felizmente casada y con hijos. ¡Gloria al Señor!

La sangre te protege de la condenación

En ese entonces, yo no sabía cuál era la función principal de la sangre de Jesús ni por qué aportaba protección. Yo simplemente cubría todo con la sangre de Jesús. No estoy en contra de los cristianos que aplican la sangre de Jesús para protección, pero hoy tengo un mayor entendimiento de su sangre.

¿Sabes lo que Jesús dijo acerca de su sangre la noche que fue entregado? Durante la última cena, cuando Jesús tenía la copa en sus manos, ¿dijo: "Esta es la sangre del nuevo pacto, derramada para tu protección"? ¡No! Dijo: "porque esto es mi sangre del nuevo pacto, que por muchos es derramada para remisión de los pecados".[1] Su sangre fue derramada **para el perdón de todos tus pecados** ¿Protege la sangre de Jesús? Sí, por supuesto que lo hace, pero aunque su sangre nos protege de las asechanzas del diablo, esa no es la razón principal por la que su sangre fue derramada.

Saber que estás protegido de la condenación
te permitirá reinar sobre ese pecado, adicción
o depresión que te mantiene atado hoy.

Amigo, la razón principal por la que nuestro Salvador derramó su sangre fue para perdonar nuestros pecados. Esto significa que la sangre de Jesús también nos ofrece protección de cualquier forma de condenación. Cuando tienes la revelación de que la sangre de Jesús te ha hecho justo y que todos tus pecados han sido perdonados, estás protegido de la condenación del acusador. Es necesario que entiendas esto porque te dará la confianza para acudir ante el trono de Dios confiadamente y verle como Padre amoroso. Te permitirá reinar sobre ese pecado, adicción o depresión que te mantiene atado hoy.

Mi lucha con la condenación

Me gustaría que alguien hubiera compartido conmigo esta revelación cuando estaba pasando por la dura prueba de pensar que había cometido el pecado imperdonable. La condenación que sentía y creer que había blasfemado contra el Espíritu Santo provenían del acusador. Fue un período terrible para mí, y todas las enseñanzas que había recibido entonces no me ayudaron.

Hoy, entiendo que es imposible que un creyente cometa el pecado imperdonable: el pecado de rechazar constante y sistemáticamente a Jesucristo. Por tanto, si eres creyente, ya has recibido a Jesús y no hay modo en que puedas cometer el pecado imperdonable.

Pero ahí estaba yo, un joven sin casi conocimiento de nuevo pacto de gracia, sin revelación de mi justicia en Cristo y sin entender la función principal de la sangre de Jesús. Sin estas verdades, caí en el gran engaño. Creía que había pecado irrevocablemente contra Dios. Pensaba que había blasfemado contra el Espíritu Santo porque había tenido malos pensamientos acerca de Dios y del Espíritu Santo. Era continuamente bombardeado con sentimientos de culpabilidad y condenación, hasta el punto de sentir que mi mente iba a explotar.

Toda esa condenación provenía del diablo. El acusador había puesto pensamientos negativos en mi mente acerca de Dios y yo no sabía cómo resistirle, así que tomaba los pensamientos como propios, y recibía sus mentiras y su condenación por esos pensamientos. En ese entonces, ni siquiera sabía que Dios tenía un llamado para mi vida. ¿Cómo iba a saberlo? ¡Realmente creía que ni tan siquiera iría al cielo por el pecado imperdonable que había cometido!

Agobiado por la abrumadora sensación de condenación, acudí a un hombre de Dios pidiendo oración, con la esperanza de que pudiera liberarme de mis temores y mi opresión. Su nombre es Percy Campbell, y en ese entonces era el supervisor de una de las principales escuelas bíblicas en Singapur.

Percy impuso sus manos sobre mí e hizo una oración. Incluso ahora, me acuerdo perfectamente de la forma en que Percy, con su particular acento de Nueva Zelanda, dijo: "Joe, te veo en el espíritu. Te veo predicando a miles de personas". Ahora bien, en aquel entonces, yo seguía en al secundaria, y apenas podía hablar delante de una multitud sin tartamudear y temblar. De hecho, estaba ese maestro cruel que siempre me hacía levantarme y leer en clase. Todas las chicas terminaban riéndose de mi tartamudeo, al intentar yo desesperadamente que saliera una frase. Mi cara se sonrojaba y mis orejas me quemaban. Aquellos eran momentos dolorosos. Así que cuando acudí a Percy para ser liberado de mi opresión, y en cambio recibí su profecía de que hablaría ante miles, realmente me asustó.

En 2004, Percy visitó nuestra iglesia y vio por sí mismo lo mucho que había crecido nuestra iglesia por la gracia de Dios. Cuando finalmente hablamos después del servicio, me dijo con lágrimas en los ojos: "La profecía se ha cumplido". Se acordaba de lo que me había dicho hacía años cuando yo era aún un adolescente luchando con la opresión y la condenación. ¡Sea a Jesús toda la gloria!

Amigo, yo sé lo que significa estar bajo la culpabilidad y la condenación del acusador. Él utiliza la misma estrategia para afligir a los creyentes en la actualidad. El diablo acudirá varias veces para hacerte sentir culpable de todo lo que puedas pensar. Te hace sentir culpable en tu papel como padre, te hace sentir culpable como proveedor, te hace sentir culpable como empleado, te hace sentir culpable como jefe, ¡e incluso te hará sentir culpable por estar enfermo!

Por cierto, un creyente nunca debería sentirse culpable por estar enfermo. Tenemos que tener cuidado de no crear una cultura en la Iglesia en la cual las personas piensen que nunca puede ser atacadas por síntomas de enfermedades si están caminando con Dios. Tener una enfermedad no significa que hayas pecado o que Dios te esté enseñando una lección. ¡Tan sólo significa que tu sanidad está en camino!

Cuando Jesús y sus discípulos vieron a un hombre ciego de nacimiento, sus discípulos le preguntaron si el hombre había nacido ciego porque había pecado él o porque habían pecado sus padres. Jesús les respondió: "Ninguno". Siguió diciendo: "Yo soy la luz del mundo", y procedió a abrir los ojos del hombre.[2] ¡Me encanta el estilo de Jesús!

Amigo, cuando haya un problema, trátalo. ¡No preguntes de quién es la culpa! No preguntes si fue culpa de tu padre, de tu abuelo o de tu bisabuelo. No, aprendamos a manejar la situación como lo hacía Jesús. Cuando se encontró con un hombre ciego, Jesús declaró que Él era la luz del mundo y procedió a sanarle. Así, no permitas que el diablo te haga sentir culpable por estar enfermo. Es la culpa lo que te mantendrá enfermo.

Erradica toda condenación de tu vida

El diablo es más listo que muchos psiquiatras y psicólogos porque no trata lo periférico, no se distrae con los detalles superficiales. ¿Sabes cómo se llama el diablo? Su nombre no es "asesino", aunque mata. No se llama "ladrón", aunque roba. No es "destructor" tampoco, aunque destruye. Su nombre es Satán. En hebreo, significa "el acusador".[3] Él es quien te acusa. Un fiscal nunca habla de ninguna cosa buena que tengas, porque está ahí para acusarte de todos tus fallos. Sacará todos los trapos sucios y te mostrará la evidencia de todos tus fallos.

Cuando intentamos tratar el estrés y el temor, el diablo va directamente a la raíz más profunda, y usa la ley para amontonar culpabilidad y condenación sobre ti. Sabe que cuando estés bajo **condenación**, el temor, el estrés y todo tipo de enfermedades irán detrás, así que va derecho a la yugular.

Cuando estés bajo condenación, el temor, el estrés
y todo tipo de enfermedades irán detrás.

¿Qué debemos hacer entonces? Deberíamos matar la condenación desde su raíz y erradicarla de nuestras vidas. Así, cuando oigas la voz del acusador, acuérdate de que ahora ninguna condenación hay para los que están en Cristo.[4] ¿Por qué? Porque no importa por lo que el diablo te condene, la verdad es que la sangre de Jesús ha sido derramada para el perdón de todos tus pecados. No hay ni un sólo pecado, ni una gota de culpa o condenación que el diablo pueda lanzarte hoy que la sangre de Jesús no haya limpiado por completo.

No es de extrañar que el capítulo 54 de Isaías diga que ninguna arma forjada contra ti prosperará. ¿Cuál es el arma que el diablo usa contra ti? Hemos aprendido que es la ley. El diablo usa la ley para condenar a los creyentes y recordarles que están en deuda. Pero la Palabra de Dios declara: "Ninguna arma forjada contra ti prosperará, y condenarás **toda lengua que se levante contra ti en juicio**".[5] El diablo usa su lengua para proclamar palabras de culpabilidad y condenación sobre ti, pero por la sangre de Jesús, tienes la autoridad y el poder de condenar cada palabra de juicio que venga contra ti.

El regalo de la no condenación

"Pastor Prince, si los creyentes saben que ahora no hay condenación para ellos, ¿no se sentirán libres para pecar?".

Bueno, es obvio que Jesús no pensaba así. ¿Te acuerdas de lo que le dijo a la mujer que fue sorprendida en adulterio?

Juan 8:10–11

Enderezándose Jesús, y no viendo a nadie sino a la mujer, le dijo: Mujer, ¿dónde están los que te acusaban? ¿Ninguno te condenó? Ella dijo: Ninguno, Señor. Entonces Jesús le dijo: **Ni yo te condeno; vete, y no peques más.**

Ahora bien, presta atención a esto: Jesús le dio el regalo de la "no condenación" **antes** de decirle que se fuera y no pecara más. Sin embargo, la Iglesia dice hoy: "Vete y no peques más primero, y sólo entonces no te condenaremos". Por esta razón las personas se alejan de las iglesias. No es porque se rebelen contra Jesús, sino porque no les han presentado al Jesús que les da a los pecadores culpables **el regalo de la no condenación**.

Con mucha frecuencia, los no creyentes sólo han conocido el cristianismo como un conjunto de reglas para juzgarles y condenarles. Si realizas una encuesta entre los no creyentes para saber lo que conocen del cristianismo, muchos de ellos probablemente estarán familiarizados sólo con los Diez Mandamientos. ¡Sólo han conocido la ley que mata y no a la Persona que vino para dar vida!

Pero amigo mío, el cristianismo no se trata de leyes. Se trata de Jesús y de cómo Él derramó su sangre para el perdón de nuestros pecados, porque sin sangre, la Biblia dice que no hay perdón de pecados.[6] Por eso el cristianismo es una relación basada en la sangre derramada de Jesucristo. Su sangre lavó todos nuestros pecados, y las leyes que nosotros debíamos cumplir, Él las cumplió por nosotros. Incluso Jesús mismo fue contra legalismo. Sus palabras más duras fueron para los fariseos religiosos, y no para los pecadores. Quiero retarte a que encuentres alguna ocasión en la Biblia en la que Jesús llamase a los recaudadores de impuestos o a las prostitutas "generación de víboras".

Ahora, regresemos a la historia de la mujer sorprendida en adulterio. Permíteme hacerte una pregunta: ¿Era la mujer culpable? Sí, lo era, totalmente. No hay duda al respecto. La Biblia dice que fue "sorprendida en el acto mismo de adulterio".[7] Pero en vez de condenarla según la ley de Moisés, que requería apedrearla hasta la muerte (la ley de Moisés siempre ministra condenación y muerte, no puede salvar al pecador culpable), Jesús le mostró gracia y le dio el regalo de la no condenación.

Jesús creía que cuando alguien realmente tiene
una revelación de que Dios no le condena, tiene el
poder para salir del círculo vicioso de pecado.

¿Crees que la mujer se fue, buscó a su amante y se metió de nuevo en la cama con él después de haber recibido el regalo de la no condenación? ¡No, claro que no! Es obvio que Jesús creía que cuando alguien realmente tiene una revelación de que Dios no le condena, tiene el **poder** para salir del círculo vicioso de pecado. Tiene poder para "irse y no pecar más".

¿En qué vas a poner hoy tu confianza? ¿En la gracia de Jesús que se traga el pecado, o en los temores del hombre de que los creyentes usen la "gracia" como una licencia para pecar?

La condenación perpetúa el ciclo de derrota

Permíteme decirte esto: si estás bajo condenación, estás destinado a repetir tu pecado. ¿Por qué? Porque cuando estás bajo condenación, te sientes culpable y condenado, y crees que se ha roto tu comunión con Dios; y al creer que Dios está lejos de ti, terminas cometiendo de nuevo ese pecado. Puede que hagas algo bueno que te haga sentir que has restaurado tu comunión con Dios, pero cuando vuelves a fallar, comienzas a recibir de nuevo condenación, y el ciclo de derrota continúa.

El método de Jesús de contrarrestar el pecado es totalmente diferente. Cuando pecas, Él te dice: "Ni yo tampoco te condeno, vete y no peques más". Cuando recibes el regalo de la no condenación de Él, sabrás sin lugar a duda que la comunión con Dios nunca se rompe porque la sangre de Jesús te sigue limpiando. Creer que eres la justicia de Dios por Cristo Jesús y simplemente recibir el regalo de la no condenación, te da el poder para irte y no pecar más.

No te apartes de la gracia

"Pastor Prince, conozco a alguien que dice que está bajo la gracia, pero está viviendo claramente en pecado. ¿Puede una persona estar bajo la gracia y seguir viviendo en pecado?".

Amigo, no te apartes del evangelio de la gracia porque veas algunos ejemplos negativos. Ve a la persona y confróntala. Si te dice: "Bueno, estoy bajo la gracia", pero sigue viviendo un estilo de vida de pecado, esto es lo que yo le diría: "No, **no** estás bajo la gracia. La Biblia dice que el pecado no se enseñoreará de ti cuando **no estás bajo la ley sino bajo la gracia.**[8] Por tanto, si estás viviendo en pecado, **definitivamente** no estás bajo la gracia. No estás disfrutando el regalo de la no condenación y el favor gratuito e inmerecido de Dios. Por eso el pecado tiene dominio sobre ti. No puedes afirmar que estás bajo la gracia cuando sigues viviendo en pecado". Tales personas se convierten en agentes que el diablo usa para inculcar sospecha y temor contra el evangelio de la gracia. Pero nuestra parte es no alejarnos del evangelio que Jesús predicó sólo porque un pequeño grupo de personas use la gracia como una excusa para su estilo de vida de pecado.

Si alguien realmente ha conocido y experimentado la gracia y el regalo de la no condenación, NO querrá vivir en pecado. ¡El pecado será lo último que haya en su mente! Permíteme decirlo muy claramente: **Cualquiera que viva en pecado no está bajo la gracia** y no ha experimentado el regalo de la no condenación. ¡La gracia siempre tiene como resultado la victoria sobre el pecado!

El poder para no pecar más

Creo que la mayoría de los creyentes desean vivir vidas que glorifiquen a Dios, y que la mayoría de los seres humanos normales y racionales NO están buscando una excusa para pecar. Pero hay una lucha acerca de la que Pablo mismo escribió: "Porque lo que hago, no lo entiendo; pues no hago lo que quiero, sino lo que aborrezco, eso hago".[9]

Estoy escribiendo a creyentes que tienen esta lucha genuina con la ley y, al igual que Pablo, están clamando: "¡Miserable de mí!

¿quién me librará de este cuerpo de muerte?".[10] Si este es tu clamor, entonces esto está escrito especialmente para ti: la persona que te libertará es Jesús. Su increíble gracia salvará a todo "hombre miserable". En tu desesperación, debilidad y vulnerabilidades, Jesús te mira con sus tiernos ojos de amor y te dice: "¿Dónde están los que te acusaban? ¿Ninguno te condenó? Ni yo te condeno; vete, y no peques más".

Cada vez que fallas en pensamiento, palabra u obra, recibe esto de nuevo: ahora, pues, ninguna condenación hay para los que están en Cristo. Cuando Jesús murió en la cruz, todos tus errores ya fueron condenados en su cuerpo. Hoy, eres libre para vivir una vida victoriosa no por tu obediencia a la ley, sino por tu obediencia de fe en la sangre y la justificación de Jesús.

Cada vez que fallas en pensamiento, palabra u obra, recibe esto de nuevo: ahora, pues, ninguna condenación hay para los que están en Cristo.

Pablo dijo: "Porque **lo que era imposible para la ley**, por cuanto era débil por la carne, **Dios**, enviando a su Hijo en semejanza de carne de pecado y a causa del pecado, condenó al pecado en la carne".[11] Lo que era imposible para la ley, Dios lo hizo (observa el uso del tiempo pasado) enviando a su Hijo. La ley no pudo salvar al "hombre miserable" que todos éramos. Sólo pudo condenarnos, pero Dios nos salvó poniendo toda la culpa, el castigo y la condenación por nuestros pecados sobre el cuerpo de Jesús en el Calvario.

Tu herencia hoy ya no es la culpabilidad, el castigo y la condenación por tus pecados, sino la justificación, la paz y el gozo mediante Jesucristo. Esta es la manera de Dios para que experimentes éxito sin esfuerzo en tu vida. Él ya lo ha hecho todo por ti. Tu tarea simplemente es creer y recibir. Así es como caminas en victoria sobre el pecado, las adicciones, los pensamientos negativos y cada ciclo de derrota que te mantenga atado. ¿Buenas noticias? ¡Ese es el evangelio de Jesucristo!

Capítulo 14

No más conciencia de pecado

U NA DE LAS cosas que me enseñaron durante mis años de formación como cristiano fue que tenía que examinar mi corazón buscando pecado antes de poder adorar al Señor. Me decían que inclinase mi cabeza y examinase mi corazón en busca de pecado. Cada vez que lo hacía, sentía como si estuviera entrando en un almacén oscuro y sucio lleno de telas de araña. Me veía a mí mismo mirando alrededor y buscando todos mis pecados con una pequeña linterna. Y cuanto más examinaba, más me sentía indigno de adorar al Señor. Cuanto más profundizaba, más encontraba, y comenzaba a sentirme demasiado condenado para ni siquiera pensar que estuviera calificado para entrar en su santa presencia.

Por tanto, en lugar de ser más consciente del amor de mi Salvador, me volvía cada vez más consciente de mí mismo: más consciente de mis pecados, mi suciedad, mi culpabilidad y mi indignidad. Inicialmente, levantaba mis manos y estaba preparado para adorar y alabar a Dios, pero cuanto más examinaba mi corazón en busca de pecado, más bajaba mis manos con abatimiento y mi cabeza con desengaño. ¿Cómo podía yo adorar a Dios? ¿Cómo podía tener el coraje y la audacia de entrar por sus atrios con alabanza?

Acudir a Él tal como somos

A medida que fui creciendo y madurando en las cosas de Dios, entendí que la idea de que tenía que estar "bien" antes de poder adorar a Jesús es **tradición** del hombre. La mujer en el capítulo 7 de Lucas, que acudió a Jesús con un jarro de alabastro lleno de aceite fragante, sencillamente cayó a sus pies y le adoró. Ella lavó los pies de Él con sus lágrimas y los secó con su cabello antes de ungirlos con el aceite. La Biblia registra claramente que la mujer era pecadora, pero no dice nada acerca de que ella examinase su corazón o confesase sus pecados antes de adorar a Jesús. Ella le adoró tal como era, y después de aquello, Jesús le dijo: "Tus pecados son perdonados".[1]

Cualquiera que sea tu necesidad, acude a Jesús. Él es su Salvador, tú sanador, tu proveedor y tu paz. Él es tu "YO SOY".

Creo que el diablo ha intentado robarnos esta tremenda verdad. Cualquiera que sea tu necesidad, estés ahogado en la deuda, atrapado en un pecado particular o con temor a tu futuro, acude a Jesús. Él es tu salvador. Él es tu sanador. Él es tu proveedor. Él es tu paz. Él es tu "YO SOY", lo cual significa que Él es el gran "YO SOY" para cualquier situación que estés afrontando en tu vida.

En cualquier carencia que puedas estar afrontando en este momento. Él es tu solución. Acude y adórale a Él tal como eres, y Él te responderá en tu punto de necesidad. No tienes que preocuparte acerca de tu pecado porque estás adorando a quien te perdona. No tienes que preocuparte acerca de tu enfermedad porque estás adorando a quien te sana. Si los creyentes conocieran realmente esta verdad, ¡incluso los caballos salvajes no serían capaces de evitar que acudiesen a adorar a Dios!

¿Ves a alguien que se limpie antes de tomar un baño? Suena ridículo, ¿verdad? Sin embargo, hay personas que evitan acudir a Jesús porque sienten que antes deberían "enderezar las cosas" en sus vidas. ¿No pueden ver que lo que realmente están diciendo es que necesitan limpiarse antes de poder tomar un baño? Vamos, ¡Jesús es el "baño" que nos limpia! Él **es** la solución y Él nos ayudará a enderezar lo que nunca seremos capaces de enderezar por nosotros mismos.

La mentira de que tienes que limpiarte primero está tan arraigada en la iglesia que muchos creyentes dicen: "Pastor, no quiero acudir a Jesús hasta que enderece mi vida". Si ese es tu lema, entonces la triste verdad es que **nunca** acudirás a Jesús porque nunca llegarás a un lugar donde puedas tener tu vida "enderezada". Acude al baño, y el baño te limpiará. Llega tal como eres con todos tus pecados, y Jesús te limpiará de toda culpabilidad y condenación.

El mundo necesita oír esta verdad, y que no les demos un montón de cosas que hacer y no hacer. Predica la verdad y el mundo acudirá en masa a las iglesias buscando respuestas. Ellos buscan lo auténtico, y eso es lo que podemos ofrecerles. Pero lo auténtico no se encuentra en dos tablas de piedra. No se puede tener una relación con la ley fría, dura e impersonal grabada en piedras; pero sin duda se puede tener una relación con nuestro Salvador Jesucristo. Él es cálido, amoroso y lleno de gracia. Las personas acudirán donde sea predicado el verdadero evangelio de Jesús, el evangelio que Dios encargó a Pablo que predicase, ¡el evangelio de gracia, perdón y ya no más condenación!

La gracia de Dios te enseñará a renunciar a la impiedad

¿Sabes lo que puede producir carácter, piedad y el fruto del Espíritu Santo en el Cuerpo de Cristo? Contrariamente a lo que algunos predicadores de la ley están diciendo, es el evangelio no adulterado de la **gracia** de Dios lo que producirá todos esos buenos frutos. La Biblia lo dice con claridad: "Porque **la gracia de Dios** se ha manifestado para salvación a todos los hombres, enseñándonos que, **renunciando a la impiedad y a los deseos mundanos,** vivamos en este siglo sobria, justa y piadosamente".[2] Claramente, ¡es "la gracia de Dios" la que producirá una vida recta y piadosa!

La gracia no es una enseñanza; no es una doctrina; no es un tema en el temario de la escuela bíblica. La gracia es una persona, y su nombre es Jesús.

Lo que me encanta sobre predicar el evangelio de la gracia es que la Palabra de Dios siempre es predicada en su contexto. Sinceramente, no entiendo cómo quienes se oponen a la gracia pueden seguir enseñando dentro del contexto de las Escrituras. No es "la ley de Dios" la que apareció para enseñar al hombre cómo renunciar a la impiedad y a los deseos mundanos; sin embargo, eso es lo que se oye predicar todo el tiempo.

Es momento de hacer hincapié en lo que la Biblia hace hincapié. El nuevo pacto se trata de la gracia de Dios que trae salvación. Y la gracia no es una enseñanza; no es una doctrina; no es un tema en el temario de la escuela bíblica. La gracia es una persona, y su nombre es Jesús. La gracia "apareció a todos los hombres" enseñándonos el secreto de la piedad, el carácter y la santidad. Él nos mostró que todo se encuentra en Él y en su obra en la cruz. Cuando le tienes a Él, eres piadoso. Cuando le tienes a Él, eres hecho justo. Cuando le tienes a Él, se manifestará el buen carácter. Cuando lo tienes a Él, ¡eres hecho santo!

Entender la santidad

¿Qué es santidad? El entendimiento convencional de la santidad es que se trata de hacer el bien. Pero comprueba la palabra santidad en el griego original y descubrirás que es la palabra *hagiasmos*, que significa "separación para Dios".[3] Por tanto, ser santo significa que has sido apartado, has sido hecho **no común** del resto del mundo de incrédulos.

En el viejo pacto, cuando Dios apartó a los hijos de Israel del mundo, les protegió de las plagas que llegaron contra Egipto. Dios cuida de los suyos. En el viejo pacto, Él proveyó para los israelitas y les protegió porque ellos eran hechos santos y apartados para Él mediante la sangre de toros y machos cabríos. ¡Cuánto más para nosotros en el nuevo pacto, que somos hechos santos y apartados para Dios para siempre por la sangre del sacrificio eterno de Jesucristo!

Lo que esto significa es que incluso cuando el mundo esté afrontando una crisis financiera, nosotros que somos hechos santos por la sangre de Jesús tendremos más que suficiente en nuestros graneros. Significa que incluso cuando haya todo tipo de pestilencias, enfermedades y dolencias en el mundo, como la enfermedad de las vacas locas y la peste aviar, ¡somos hechos santos y apartados para disfrutar de la protección de Dios y de salud divina!

Amigo, Dios no requiere que examines tu corazón y localices tus pecados antes de poder adorarle a Él. Cuando el salmista clamó: "Examíname, oh Dios, y conoce mi corazón",[4] estaba pidiendo que **Dios** le examinase. No estaba examinando él mismo su corazón. En cualquier caso, ahora, lo único que Dios encontrará si te examina es tu justicia en Jesucristo, porque Él te ve como justo, santo y perdonado. Él ya ha declarado: "Y nunca más me acordaré de sus pecados y de sus iniquidades".[5]

¿Cómo te ves a ti mismo hoy? ¿Eres más consciente de tus pecados, o eres más consciente de tu justicia y de lo que ha hecho la sangre de Jesús? La tradición nos ha enseñado a ocuparnos del yo, pero la gracia nos enseña a ocuparnos de Cristo. Cuanto más te preocupas de ti mismo, más abatido, oprimido y deprimido te encuentras. Desde cualquier ángulo que te veas a ti mismo, verás fealdad, indignidad y descalificación.

Ocuparse de Cristo es alejarse del yo y ver a Jesús. Él es como un diamante precioso. Cuando le levantas a la luz de la Palabra de Dios, de cualquier modo en que le gires, Él resplandece con rayos de belleza, perfección, justicia, santidad y sanidad. ¿Puedes ver eso? Aparta tu vista de tu propia fragilidad y mira a Jesús, porque la Palabra de Dios dice: "pues como él es, **así somos nosotros en este mundo**".[6] ¿Es Jesús santo? ¡Entonces también lo eres tú! Pero ¿**cuán** santo eres tú? Anteriormente, expliqué que eres hecho santo no por tus pensamientos y actos. Eres hecho santo debido al sacrificio de Jesús en la cruz. Ahora profundicemos un poco más para examinar el sacrificio que fue hecho en tu lugar.

El libro de Levítico habla de las cinco ofrendas del viejo pacto: el holocausto, la ofrenda de paz, la ofrenda de alimento, la ofrenda por el pecado y la ofrenda por la iniquidad. Estas ofrendas son sombras o tipologías de lo que nuestro Señor Jesús logró cuando ofreció su vida por nosotros en la cruz. Jesús, como nuestra ofrenda sacrificial, ¡hizo una obra tan increíble que son necesarias cinco ofrendas para representar el único acto de su sacrificio en la cruz! Me centraré solamente en dos de las ofrendas más importantes en este libro: el holocausto y la ofrenda por el pecado.

La ofrenda por el pecado

Vamos a enfocarnos primero en la ofrenda por el pecado. Según la ley, el hombre debe hacer una ofrenda por el pecado al sacerdote siempre que peque. Imagina que estás viviendo en la época del Antiguo Testamento. Has pecado y ahora llevas un cordero como tu ofrenda por el pecado al sacerdote.

Lo primero que sucederá es que el sacerdote examinará el cordero para asegurarse de que no tenga tacha alguna. El cordero no debe tener tacha y ser perfecto, porque habla de la perfección de Jesús. Jesús no conoció pecado y no cometió pecado alguno. Él es el verdadero Cordero sacrificial sin tacha.

Después de que el sacerdote haya examinado tu ofrenda por el pecado, debes poner tus manos sobre su cabeza.

¿Por qué debes poner tus manos sobre la cabeza del cordero? Poner tus manos sobre el animal que llevas al sacerdote es un acto de identificación. Cuando pones tus manos sobre tu ofrenda por el pecado, tus pecados son transferidos al cordero inocente. Después de que pongas tus manos sobre el cordero, debes sacrificarlo.

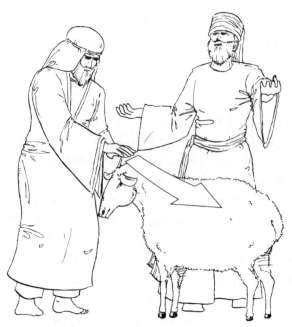

La ofrenda por el pecado

El cordero debe morir porque todos tus pecados han sido transferidos a su cuerpo. Y debido a que muere llevando tus pecados, tú puedes quedar libre.

De la misma manera, Jesús tuvo que morir en la cruz con tus pecados para que tú pudieras quedar libre. Él no fue asesinado. Él vino a entregar su vida por ti y por mí.[7] Él escogió convertirse en nuestra ofrenda por el pecado en la cruz. Por eso, cuando Juan el Bautista vio a Jesús, dijo: "He aquí el Cordero de Dios, que quita el pecado del mundo".[8] Por eso el apóstol Pablo dijo: "Al que no conoció pecado, por nosotros lo hizo pecado".[9]

¿Sabes lo que todo esto significa, amigo? Significa que en el momento en que recibiste a Jesucristo en tu vida, **todos** tus pecados fueron transferidos a Jesús... ¡**para siempre**! Jesús murió en tu lugar como tu ofrenda por el pecado, para que tú pudieras quedar libre. ¡Qué Salvador tan maravilloso tenemos!

> *Mediante el sacrificio de Jesús, eres para siempre*
> *perfeccionado, cada día durante el resto de tu vida.*

Pero existe una gran diferencia entre la ofrenda por el pecado en el Antiguo Testamento y el sacrificio de Jesús por ti en la cruz. En el Antiguo Testamento, la sangre de toros y machos cabríos solamente podía proporcionar una cobertura temporal por el pecado. Cada vez que un hombre fallaba, tenía que ofrecer otra ofrenda por el pecado. Gloria a Dios porque en el nuevo pacto la Biblia declara: "porque con una sola ofrenda **hizo perfectos para siempre** a los santificados".[10]

La sangre de toros y machos cabríos nunca podía quitar los pecados, de modo que había que ofrecer los sacrificios repetidamente. Pero el sacrificio de Jesús fue "**una vez para siempre**".[11] Es una obra completa y terminada, ¡y Él no necesita nunca ser sacrificado otra vez! Jesús **es** la perfecta ofrenda por el pecado. Su sangre no sólo cubre tus pecados temporalmente. ¡**Todos** tus pecados han sido eliminados permanentemente! Incluso aunque fracases mañana, Jesús no tendría que ser ofrecido otra vez. Su sacrificio te ha perfeccionado... ¿por cuánto tiempo? ¡Para siempre! Eres perfeccionado **para siempre**, cada día durante el resto de tu vida. La sangre de Jesús te limpia continuamente. Ahora estás bajo la cascada de perdón y eres santificado perpetuamente. ¡Aleluya!

El holocausto

La ofrenda por el pecado habla de tus pecados transferidos al cuerpo de Jesús en la cruz. Por eso Dios no quiere que seas consciente de tus pecados ahora; quiere que seas consciente de tu perdón.

Veamos ahora el holocausto. El holocausto es hermoso porque aunque la ofrenda por el pecado habla de que Jesús tomó tus pecados en su propio cuerpo, el holocausto habla de la justicia de Jesús que es transferida a ti en la cruz.

Cuando leas el libro de Levítico, verás que de las cinco ofrendas, Dios pone en último lugar la ofrenda por el pecado y en

primer lugar el holocausto. El hombre lo sitúa al contrario: primero acudimos a Dios con nuestros pecados, y todos nuestros pecados son juzgados como una ofrenda por el pecado en la cruz de
Jesús. No hay nada de malo en este orden, pero Dios no espera
que nos detengamos ahí. Él quiere que sepamos.

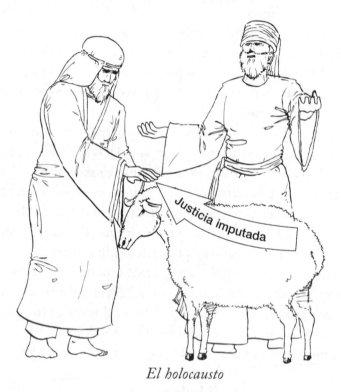

El holocausto

Que Jesús no sólo murió por nuestros pecados, sino que también murió como nuestro holocausto para hacer que fuésemos
agradables, justos y favorecidos delante de Dios. Por eso cuando
se ofrece el holocausto, asciende como "olor grato" al Señor.[12] (No
hay olor grato en la ofrenda por el pecado). El olor grato del holocausto habla de la belleza, perfección y amabilidad de Jesús ante
el Padre.

Puede que esta sea la primera vez que estás escuchando todo
esto, así que permite que reitere la diferencia. La ofrenda por el

pecado habla de tus pecados transferidos a Jesús, mientras que el holocausto habla de que **son transferidos a ti** la dignidad de Jesús delante de Dios, su aceptación delante de Dios y su deleite delante del Padre. Hoy, Dios te favorece exactamente de la misma manera en que favorece a su Hijo.

Desgraciadamente, hay creyentes en la actualidad que sólo entienden que han sido perdonados; no entienden que han sido hechos justos también por la cruz de Jesús. Debido a esto, se han permitido a sí mismos situarse bajo condenación. Si esto te describe a ti, entonces regocíjate; permite que la verdad de que Dios te ve vestido de la justicia de su Hijo, porque Jesús se convirtió en tu holocausto en la cruz, te haga libre hoy de toda culpabilidad y condenación.

Si crees que no mereces éxito sino que mereces
ser castigado, inconscientemente te castigarás
a ti mismo y te harás a ti mismo fracasar.

La autocondenación es destructiva

La razón de que algunos creyentes estén enfermos, deprimidos y oprimidos es que en lugar de ser conscientes de su justicia en Cristo, tienen pecado en su conciencia. En el momento en que pecan, inconscientemente sienten que **alguien** (normalmente ellos mismos) debe pagar.

Si esto te describe a ti, entonces presta atención porque voy a decirte lo que te sucede cuando eres consciente de tus pecados en lugar de ser consciente de tu perdón y tu justicia. Cuando pecas y te sitúas bajo condenación, tu mente y tu cuerpo comienzan a decir: "Quiere castigarse a él mismo, así que hagamos que pague". Tu cuerpo responderá a esta necesidad de castigo, y puede que comiences a desarrollar depresión y enfermedad en tu cuerpo.

Muchos creyentes están enfermos en la actualidad no debido al pecado, porque el pecado ya ha sido castigado en el cuerpo de Jesús, sino **debido a la condenación**. En capítulos anteriores vimos la condenación de parte del acusador, pero ahora estoy hablando de la autocondenación y tu deseo inconsciente de infligir castigo sobre ti mismo cuando sabes que has pecado.

Amigo, la autocondenación es destructiva. Cuando no ves que Jesús ya ha llevado tu castigo, te castigarás a ti mismo, o la emprenderás con tu familia con abuso verbal o incluso físico. Si crees que te mereces ser castigado y que no te mereces el éxito, inconscientemente activarás un mecanismo de autosabotaje para castigarte a ti mismo y hacerte fracasar. Podrías estar al borde de un lucrativo contrato de negocios, o a punto de embarcarte en una emocionante oportunidad de carrera, pero en cierto modo te encuentras a ti mismo haciendo algo que sabotea toda la situación y hace que se desmorone delante de tus ojos. ¿Por qué? Porque en lo profundo de tu ser crees que no te lo mereces.

La autocondenación también se manifiesta con un efecto destructivo en las relaciones. Si tienes una maravillosa relación con alguien que realmente te quiere y se preocupa por ti, inevitablemente harás algo que sabotee la relación porque, una vez más, algo en tu interior que dice que no te mereces ser querido por esa persona.

Los psiquiatras te dirán que una persona con tal conducta es impulsada por la culpabilidad y tiene un sentimiento perpetuo de querer castigarse a sí misma. El mundo tiene todo tipo de términos para describir a las personas que muestran un deseo inconsciente de castigo, pero no puede enseñarte cómo vencerlo. Se necesita una revelación nueva de la obra terminada de Jesús para vencerlo.

Amigo, despierta y entiende que Jesús ya ha sido castigado por ti. Deja de condenarte y castigarte a ti mismo, ¡porque Jesús ya ha sido condenado y castigado por ti! Si dices que crees que Dios te ha perdonado todos tus pecados, entonces ¿por qué te sigues sintiendo culpable? La existencia de culpabilidad y condenación en tu vida te dice que en realidad no crees que todos tus pecados hayan sido perdonados.

En el Antiguo Testamento, los israelitas tenían una conciencia de pecado debido a que sus repetidos sacrificios les recordaban sus pecados. La sangre de toros y machos cabríos sencillamente no podía quitar los pecados.[13] Sin embargo, en la actualidad los creyentes no deben vivir con conciencia de pecado porque Jesús, su ofrenda por el pecado una vez para siempre, ¡ya ha quitado todos sus pecados! Y debido al holocausto de Jesús, ¡deberían vivir con conciencia de justicia!

Presta atención si deseas glorificar a Dios

Déjame matizar que estoy escribiendo a creyentes que tienen deseo de glorificar a Dios en sus vidas pero están batallando con culpabilidad y condenación. Si estás viviendo en pecado y no tienes deseo alguno de dejar ese tipo de estilo de vida, eso es otra historia. Puedes intentar no ser consciente de pecado todo lo que quieras, pero no tendrás éxito sencillamente porque estás viviendo en pecado (por ejemplo, si estás en una aventura amorosa adúltera sin deseo alguno de ponerle fin). ¡Sal de ese estilo de vida de pecado por la gracia de Dios!

¿Entiendes que hay una distinción? Puedes estar batallando con la conciencia de pecado aunque no estés viviendo en pecado. Escribo para aquellos que desean salir del ciclo de derrota que causa la autocondenación. Escribo para aquellos que están atrapados en la mentira de que no se merecen el éxito en la vida. Escribo para aquellos que quieren dejar de sabotearse a sí mismos debido a la culpabilidad y la condenación. Escribo para aquellos que no están viviendo en pecado, pero de todos modos batallan con la conciencia de pecado.

Amigo, escribo para aquellos a quienes les han robado la confianza de entrar en la presencia de Dios y adorarle debido a que después de haber examinado su corazón, se han convencido de que no están calificados. Si eso te describe a ti, amigo, es mi oración que hoy sea el día de tu libertad.

Jesús fue un pago excesivo por todos tus pecados

Tú y yo tenemos con Dios una deuda de pecado que nunca podríamos pagar; pero Jesús ya ha pagado nuestra deuda. De hecho, Él la PAGÓ EN EXCESO, ¡de modo que nosotros nunca tuviéramos la deuda en nuestra conciencia nunca más! Permite que comparta contigo una ilustración que espero que abra tus ojos a lo plenamente que está pagada tu deuda.

Voy a utilizar a dos de mis pastores para esta ilustración: el pastor Henry y el pastor Lawrence. Digamos que has pedido prestados 50 000 dólares a Lawrence y has prometido devolvérselos en un mes. Pero a medida que pasa el tiempo, sencillamente no pudiste pagarle el dinero. Ahora bien, incluso aunque Lawrence no te pida el dinero, ¿qué le sucedería a tu relación con él debido a esta **deuda en tu conciencia**? ¿Te acercarías a él dándole unas palmaditas en la espalda y diciendo: "Hola, hermano, cómo te va"? ¡De ninguna manera! Si te encontrases con Lawrence, probablemente dirías con timidez algo parecido a: "Oh, mm… lo siento, tengo que irme, ya nos veremos… alguna vez". La mayor parte del tiempo probablemente te apartarías para evitarle.

Ahora, imaginemos que un día Henry se entera de tu deuda con Lawrence. Y digamos que Henry es millonario y es un buen amigo tuyo. Él tiene que irse a París, pero antes de irse acude a Lawrence para enterarse de cuál es tu deuda con él. Lawrence le dice que le debes 50 000 dólares, ¡y Henry le da un millón de dólares! Desde luego, Lawrence queda sorprendido, y protesta diciendo que tú no le debes tanto dinero. Pero Henry insiste en darle un millón de dólares porque Henry te ama y quiere asegurarse de que tú nunca sientas de nuevo la deuda en tu corazón.

Así que tu deuda está más que pagada. Pero podrían seguir sucediendo dos cosas que darían como resultado que la deuda se quede en tu conciencia. Imaginemos que Henry tuviera que salir apresuradamente a París y no hubiera tenido tiempo de hablar contigo, así que le encarga a uno de sus asistentes que te informe que tu deuda ya ha sido pagada. Pero cuando el asistente habla contigo, no te comunica plenamente el hecho de que tu deuda ha sido pagada, y de que Lawrence de hecho ha sido enriquecido por Henry debido a la deuda que tú tenías con él. El asistente dice: "Bueno…me dijeron que le diga que su deuda ha sido pagada, pero no estoy muy seguro de los detalles, así que quizá sería bueno que usted siguiera pagando a Lawrence lo que pueda".

¿Qué sucedió en este escenario? El mensajero no comunicó la buena noticia, y tú te quedas sin la seguridad de que tu deuda ha sido realmente pagada y de que eres libre de ella. Esto es triste, ¿pero sabes que eso es precisamente lo que está sucediendo en el Cuerpo de Cristo? Los predicadores le dicen a la congregación que Jesús gritó "Consumado es" en la cruz, ¡pero también les dicen que ellos tienen que seguir pagando sus deudas por el pecado!

Permíteme preguntarte: cuando has terminado de devolverle al banco el préstamo que te dio para adquirir tu casa, ¿tienes que seguir enviando los pagos mensuales? ¡Claro que no! Deberías dejar de enviar tus pagos al banco porque tu deuda ya ha sido pagada. Si sigues enviando esos pagos, ¡estás malgastando tu tiempo y tu dinero!

Veamos otro posible escenario. Digamos que Henry no pudo ponerse en contacto contigo antes de irse a París, pero le dice a un buen amigo tuyo que te diga la buena noticia de que tu deuda ha sido pagada por completo. Tu amigo está tan emocionado por ti que te visita en tu casa aunque es medianoche y te dice: "¡Aleluya! ¡Tengo buenas noticias para ti! Tu deuda ha sido pagada. De hecho, ¡está más que pagada! Le debías a Lawrence 50 000 dólares, ¡pero Henry le dio a Lawrence un millón de dólares para saldar tu deuda!".

El mensajero te ha comunicado la buena noticia. Ahora te corresponde a ti, el oyente, creer el mensaje. Puedes responder con incredulidad, preguntando: "¿Estás seguro? He tenido esta deuda por mucho tiempo, ¿y ahora me dices que está toda pagada? ¡Estás bromeando!". O puedes gritar "aleluya" y regocijarte por ese regalo inmerecido por parte de Henry, ¡que ha saldado tu deuda por completo!

Cuando el mensajero te ha comunicado la buena noticia, te corresponde a ti creer el mensaje.

Permíteme preguntarte: si no crees la buena noticia, ¿sigue estando pagada tu deuda?

Una vez más: si te niegas a creer que tu deuda ha sido ya pagada, ¿sigue estando pagada?

¡Sí! Tu incredulidad no cambia el hecho de que tu deuda ha sido plenamente pagada. PERO tu incredulidad significa que sigues teniendo la deuda en tu conciencia, y eso te afectará negativamente porque cada vez que veas a Lawrence, ¡te sentirás avergonzado y querrás evitarle! Como contraste, si crees la buena noticia no evitarás a Lawrence. De hecho, al saber que él se ha hecho millonario debido a que Henry pagó en exceso tu deuda, ¡puede que seas lo bastante valiente para llamarle y pedirle que tenga un detalle contigo!

Amigo, Jesús ya ha pagado tu deuda de pecado plenamente. ¿Sabes lo que estás haciendo cada vez que permites que esa deuda permanezca en tu conciencia? Cada vez que eres consciente de pecado, estás insultando el pago de nuestro Señor Jesucristo; estás diciendo que eso no es suficiente; estás diciendo que la cruz no es suficiente. ¿Y sabes qué? Estás insultando a Aquel que recibió el pago por tu deuda de pecado. Cada vez que intentas pagar tu deuda de pecado que ya ha sido pagada, estás diciendo que Dios no está satisfecho con el pago de Jesús aunque la verdad es que Él está más que satisfecho con el pago en exceso de Jesús. Jesús es el Hijo amado del Dios vivo. ¿Cómo puedes decir que su sacrificio no es suficiente?

¿Importa realmente si te condenas a ti mismo y permites que tu deuda de pecado permanezca en tu conciencia incluso después de que Jesús ya la ha pagado en exceso? Sí, importa porque, aparte de deshonrar la obra de Jesús en la cruz, la conciencia de pecado te hace evitar a Dios, ¡y puede producir en ti condenación, enfermedades, dolencias, depresión y un ciclo de pecado!

Escucha con atención, amigo: debido a quién es Jesús y el valor de ese Hombre, el precio que Él pagó por nuestros pecados fue un **pago en exceso**. Todos los pecadores juntos no pueden compararse con el valor de ese Hombre. ¡Cree la buena noticia y acércate a tu Salvador hoy! La Palabra de Dios te declara que tienes "libertad para entrar en el Lugar Santísimo por la sangre de Jesucristo".[14] Te declara que puedes acercarte con un corazón sincero en plena certidumbre de fe, purificado tu corazón de mala conciencia, y lavado tu cuerpo con agua pura.[15] ¡Regocíjate, amado!

Escucha más el evangelio de Jesús

"Pastor Pince, quiero dejar de ser tan consciente de mis pecados, pero ¿cómo puedo hacerlo?".

El modo de salir de la conciencia de pecado es oír más enseñanza sobre la obra terminada de Jesús, y el modo en que su sangre te ha limpiado y perdonado todos tus pecados. Cuando recibes a Jesús como tu ofrenda por el pecado, tu corazón será purificado con su sangre de "mala conciencia", porque tus pecados ya han sido castigados sobre el cuerpo de Él. Una mala conciencia es una conciencia que constantemente es consciente de tus pecados. Cuando escuches enseñanzas que exaltan a Cristo, comenzarás a ser más consciente de tu perdón que de tus pecados. Y en el momento en que dejes de llevar en tu mente y en tu corazón conciencia de pecado y condenación, serás lavado con el agua pura de la Palabra de Dios, la cual comenzará a afectar a tu cuerpo físico y a llevar sanidad a cada parte que no esté bien.

Algunos cristianos no pueden recibir sanidad porque no pueden recibir perdón. Siguen siendo conscientes de pecado y dudan de su perdón. Creen que Dios puede que haya perdonado sus pecados pasados, pero no los pecados de toda su vida. Dios sabe que las personas necesitan la seguridad de que sus pecados son perdonados antes de poder recibir sanidad en sus cuerpos, de modo que la Biblia deja esto muy claro. En el Salmo 103, cuando el salmista enumera los "beneficios" del Señor, comienza con "quien perdona todas tus iniquidades" antes de pasar a "quien sana todas tus dolencias".

Cuando el hombre enfermo de parálisis fue bajado por el tejado y situado delante de Jesús, Jesús dijo: "Ten ánimo, hijo; tus pecados te son perdonados", antes de decirle que se levantase, tomase su cama y se fuese a su casa.[16] Tus pecados te son perdonados, amado. Deja de castigarte y condenarte a ti mismo. ¡Ya es hora de que recibas gratuitamente tu milagro de Dios!

"Pero he pecado. ¿Cómo es que no puede haber castigo por mi pecado?".

No niego que el pecado debe ser castigado, pero estoy declarándote que **todos** tus pecados **ya han sido castigados** en el cuerpo de Jesús. Él es tu perfecta ofrenda por el pecado, y quienes hemos recibido su perdón no deberíamos tener ya más conciencia de pecados. Deja de examinarte a ti mismo y examinar tu corazón buscando pecado. Recuerda que cuando alguien lleva su ofrenda por el pecado al sacerdote, el sacerdote no examina a la persona; examina la ofrenda por el pecado. El sacerdote es un cuadro de Dios. Cuando tú acudes a Él hoy, Dios no te examina a ti; examina tu ofrenda por el pecado. Él examina a Jesús, quien es completamente perfecto y sin pecado, sin mancha, arruga ni tacha. Dios acepta a Jesús como tu ofrenda por el pecado, ¡y cada uno de tus pecados ha sido transferido al cuerpo de Él!

Deja de castigarte a ti mismo. Jesús ya ha sido castigado por tus pecados. ¡Créelo y deja que tu conciencia quede satisfecha! Comienza a disfrutar de todos los beneficios de Él porque son tus derechos comprados con sangre. Lee el Salmo 103 y entiende que el perdón es tuyo. La sanidad es tuya. La redención de la destrucción es tuya. Estar coronado de favores y misericordia es tuyo. La renovación de la juventud es tuya. ¡Aleluya! Sencillamente cree que tu deuda de pecado ha sido saldada, ¡y camina en estas bendiciones hoy!

Deja de castigarte a ti mismo. Jesús ya ha sido castigado por tus pecados. ¡Créelo y deja que tu conciencia quede satisfecha!

Capítulo 15

El camino de Emaús

CUALQUIERA QUE SEA hoy tu necesidad, sea física, emocional, mental, social o económica, tu solución se encuentra en una mayor revelación de Jesús. Cuando Jesús es revelado en toda su magnificencia, el pobre prosperará, el débil será fortalecido y el enfermo será sanado. En el capítulo 4 de Lucas, Él declaró: "El Espíritu del Señor está sobre mí, por cuanto me ha ungido para dar buenas nuevas...".[1] Jesús fue ungido para predicarte las Buenas Nuevas. Por tanto, siempre que oigas a Jesús predicado, se proclamarán buenas nuevas sobre tu vida, tus finanzas y tu matrimonio, y toda tu casa será bendecida por encima de toda medida.

Cualquiera que sea hoy tu necesidad, sea física, emocional, mental, social o económica, tu solución se encuentra en una mayor revelación de Jesús.

Cuando Jesús resucitó de la muerte, ministró consuelo a dos discípulos que iban caminando de regreso de Jerusalén a una aldea llamada Emaús. Cuando Él se acercó a ellos y caminó con ellos, ellos se sentían tristes y desalentados a medida que conversaban sobre los acontecimientos que se habían producido. La Biblia dice que los ojos de los discípulos estaban velados, de modo que no reconocieron a Jesús en su forma resucitada.

Jesús les preguntó: "¿Qué pláticas son estas que tenéis entre vosotros mientras camináis, y por qué estáis tristes?".[2] Los discípulos entonces comenzaron a narrar a Jesús los acontecimientos que habían sucedido, y cómo Él fue condenado a morir y fue crucificado. Por el modo en que hablaban, se podría decir que ellos no creían que Jesús resucitaría. Dijeron que ellos **esperaban** que Jesús era quien iba a redimir a Israel y **se asombraron** cuando ciertas mujeres de su grupo, que habían acudido al sepulcro de Jesús, les dijeron que no pudieron encontrar su cuerpo. Cuando ellos terminaron de hablar, Jesús dijo:

Lucas 24:25
¡Oh **insensatos**, y **tardos de corazón para creer** todo lo que los profetas han dicho!

Estas son las dos críticas contra el Cuerpo de Cristo en la actualidad. La primera es que somos "insensatos", es decir, que sufrimos de ignorancia y de falta de conocimiento y de revelación de la Palabra de Dios. La segunda es que incluso cuando sí tenemos conocimiento de la Palabra, somos "tardos de corazón para creer". Ahora bien, nuestro Señor Jesús es tan amoroso que Él no solamente les dijo cuál era su problema sin darles la solución. Mira lo que Jesús hizo inmediatamente después de haber pronunciado las dos críticas:

Lucas 24:27
Y comenzando desde Moisés, y siguiendo por todos los profetas, les declaraba en todas las Escrituras **lo que de él decían**.

¡Eso es increíble! Justamente allí, en el camino de Emaús, Jesús comenzó a explicar las Escrituras. Comenzó con Moisés, lo cual se refiere a los cinco primeros libros de la Biblia (Génesis, Éxodo, Levítico, Números y Deuteronomio), antes de avanzar al resto del Antiguo Testamento, el cual incluía los profetas mayores y menores. Él les explicó "todo lo que de él decían" en cada uno de los libros, mostrándoles imágenes de Él mismo en cada página. ¡Qué tiempo tan tremendo de estudio bíblico debió de haber sido! Esto nos dice que cada página en la Biblia habla de Jesús. Jesús está **oculto** en el Antiguo Testamento, y **revelado** en el Nuevo Testamento. No hay detalles insignificantes en la Biblia, y todo lo que hay en ella está ahí para señalar a Jesús.

Puedo imaginar la emoción de ellos cuando Jesús comenzó a revelarles que Él era la simiente prometida en el huerto de Edén que aplastó la cabeza de Satanás. Entonces, Él pasó a compartir cómo cada una de las cinco ofrendas levíticas representaba su única obra perfecta en la cruz. Él les compartió sobre el sumo sacerdote y cómo incluso las vestiduras del sumo sacerdote hablaban de Él mismo como nuestro representante perfecto delante de Dios. ¿Puedes imaginarlo?

Jesús incluso les habría revelado todas las tipologías incrustadas en las historias del Antiguo Testamento. Les habría dicho cómo Él estaba tipificado en el personaje de José: cómo fue rechazado por sus propios hermanos judíos, pero que se convertiría en el pan de vida para el mundo gentil y se casaría con una novia gentil (que es la Iglesia en la actualidad; ¡nosotros somos su novia gentil!). Él les habría explicado todo eso, ¡y mucho más! Un día, cuando yo esté en el cielo, ¡le pediré al Señor que me muestre un video de este maravilloso estudio bíblico por el que el Señor condujo a los discípulos en el camino de Emaús!

Jesús nos mostró cómo estudiar la Biblia

Yo solía preguntarme por qué el Señor había velados los ojos de los dos discípulos para que no viesen que era Él cuando Él les habló por primera vez. Entonces un día el Señor me habló con respecto a esto. Me dijo: "Yo no quería que me viesen como el Jesús resucitado porque quería que primero oyesen las Escrituras. No quería que ellos tuvieran fe en mí simplemente porque me habían visto. Quería que tuviesen fe en mí porque oyeron a las

Escrituras hablar de mí. Y ese es el mismo privilegio que le doy a la Iglesia en la actualidad". Me puse muy contento cuando escuché eso. Actualmente no tenemos que desear haber vivido en la época de Jesús o que Jesús se nos apareciera; ¡su camino para nosotros es que le veamos en las Escrituras!

Al explicar las Escrituras a los dos discípulos, creo que Jesús nos mostró cómo debemos estudiar la Biblia. Él no quiere que leamos la Biblia para descubrir qué hacer y qué no hacer. Él quiere que estudiemos la Biblia para verle **a Él** en todas las cosas en las Escrituras concernientes **a Él**.

No tenemos que desear que Jesús se nos aparezca; ¡su camino para nosotros es que le veamos en las Escrituras!

¿Y sabes algo? Desde que nuestra iglesia experimentó la revolución del evangelio, ¡estudiar la Palabra ha sido muy emocionante! Yo me encontré a mí mismo predicando incluso del libro de Levítico un domingo en la mañana. ¿Puedes creerlo? Para la mayoría de creyentes, las páginas de Levítico normalmente siguen estando pegadas, ¡incluso después de que su Biblia haya estado en uso durante varios años!

Cuando comienzas a ver a Jesús en cada página de la Biblia, todo cobra vida. En nuestra iglesia, profundizamos en la Palabra de Dios para encontrar todas las piedras preciosas y verdades ocultas acerca de Jesús, ¡desde Génesis hasta los mapas! Encontramos diversión en la Palabra, porque cuando la persona de Jesús aparece en la Palabra, el estudio de la Biblia ya no es seco y académico, sino vivo y **emocionante**, ¡y nos encanta!

Nuestros corazones arden en nosotros

La solución de Jesús para quienes son "insensatos" y "tardos de corazón para creer" es que ellos estudien la Biblia para ver más de Él. Al final del viaje de los discípulos, la Biblia dice que se decían unos a otros: "¿No ardía nuestro corazón en nosotros, mientras nos hablaba en el camino, y cuando nos abría las Escrituras?".[3] Amigo, cuando Jesús es revelado en las Escrituras, nuestros corazones **arderán** en nosotros. De hecho, la raíz de la palabra "Emaús" en hebreo significa "baños calientes" o "manantiales calientes".[4] Cuando Jesús explicó las Escrituras, los corazones de los discípulos experimentaron "baños calientes". Sus corazones fueron extrañamente calentados y consolados.

En uno de nuestros viajes a Israel, llevé a un grupo de mis líderes a este viaje a Emaús. Durante la caminata, nuestro guía israelí compartió con nosotros que durante la época de Jesús, había realmente un manantial caliente natural a lo largo del camino de Emaús,[5] y la gente solía aprovechar sus cualidades medicinales a la vez que disfrutaban de un baño caliente.

Inmediatamente después de que nuestro guía compartiera eso, yo estaba muy emocionado porque obtuve la siguiente revelación del Señor: Él me mostró que cuando uno está sentado bajo ministerios ungidos que revelan a Jesús en las Escrituras, no sólo el corazón será bañado en la calidez del amor de Él, ¡sino que también el cuerpo físico será sanado y restaurado! Hay cualidades medicinales y virtudes sanadoras en ver a Jesús en las Escrituras, pues sus palabras son verdaderamente "vida a los que las hallan, y medicina a todo su cuerpo".[6]

La Biblia dice que Emaús está a siete millas (11 kilómetros) de Jerusalén.[7] ¡Esto significa que los discípulos estudiaron la Biblia con Jesús durante varias horas! La Biblia también dice que cuando los discípulos entendieron que era Jesús quien hablaba con ellos después de haber llegado a Emaús, "levantándose en la misma hora, volvieron a Jerusalén".[8] Esto significa que los discípulos caminaron siete millas de camino a Emaús, ¡y después caminaron otras siete millas para regresar a Jerusalén!

Yo creo que algo sobrenatural debió de haber sucedido en sus cuerpos. Los discípulos estaban llenos de tanta vida que pudieron caminar de regreso; catorce millas en total, ida y vuelta. Cuando vi eso hace varios años, el Señor me habló diciendo: "Hijo, cuando te sientas bajo enseñanza ungida de las Escrituras acerca de mí, tu cuerpo responde, llega vida y fluye una profunda y abundante energía". No es sorprendente que David dijera: "vivifícame según tu palabra",[9] lo cual significa "dame vida mediante tu Palabra".

Cuando ves revelado a Jesús y le oyes ser predicado, no es sorprendente que tu cuerpo reciba sanidad, porque la vida divina resucitada de Jesús te es impartida. Eso es lo que le sucedió al hombre en Listra que era cojo de nacimiento. Lo único que él hizo fue escuchar a Pablo predicar de Jesús y sus piernas recibieron tanta vida que cuando Pablo se lo ordenó, ¡él saltó y caminó![10]

Ministerio de un predicador del nuevo pacto

Este es el verdadero ministerio de cualquier maestro de la Biblia o predicador del nuevo pacto: busca revelar a Jesús y que tú te califiques por la sangre de Jesús. No llega para revelar tus fallos o para traer a la mente tus pecados para descalificarte y que no entres en la presencia de Dios y disfrutes de sus bendiciones. Eso es lo que hace un predicador del viejo pacto. En el Antiguo Testamento, la viuda de Sarepta le dijo a Elías: "¿Qué tengo yo contigo, varón de Dios? ¿Has venido a mí para traer a memoria mis iniquidades, y para hacer morir a mi hijo?".[11]

A todas partes donde acudas, encontrarás fallos; pero a todas partes donde acudas a Jesús, descubrirás que, como un diamante precioso, hay brillo, belleza y perfección. El acusador quiere que seas consciente de ti mismo, y te dice una y otra vez que mires tus malas obras y pensamientos. Incluso cuando hayas hecho algo "bien", como pasar tiempo en la Palabra y orar cada día, él te dirá: "¡No es suficiente! Solamente has leído cinco capítulos cada día. ¿Sabes que fulanito lee diez capítulos cada día? ¡Y tú solo oras durante una hora al día! ¡Fulanito se despierta temprano cada mañana y ora durante cuatro horas!".

El diablo quiere que seas consciente de ti mismo,
pero Dios quiere que seas consciente de Jesús.

Amigo, no participes en su juego. Aléjate de sus acusaciones y de ti mismo, y mira a Jesús. Dios no te está juzgando hoy basándose en ti mismo. Él te ha situado **en Cristo**, y ve la excelencia, belleza y perfección de Jesús cuando te mira. El diablo quiere que seas consciente de ti mismo, pero Dios quiere que seas consciente de Jesús. A favor de tu mejor interés está descubrir todo lo que puedas sobre Jesús, quién es Él, sus títulos, sus glorias oficiales y todo lo que Él posee, porque todo lo que Él es, Dios lo ha puesto en tu cuenta. Eres coheredero de todo lo que Él tiene, ¡y toda la herencia que le pertenece a Jesús es también tuya![12]

Desgraciadamente, en lugar de mirar a Jesús, muchos cristianos caen en la trampa de pensar que Dios les mira basándose en quiénes son ellos y en lo que han hecho. En el momento en que piensas de ese modo, te has situado bajo la ley. Mira, la ley, con su enfoque en lo que haces o no haces, causa que seas consciente de ti mismo. Puede que ni siquiera te des cuenta de que en el momento en que te enfocas en ti mismo y en lo que haces, acabas de situarte bajo la ley. En el momento en que te sientes condenado por no hacer más, por no hacer mejores cosas o por no hacer nada en absoluto, te has situado a ti mismo bajo la ley. En lugar de mirar hacia lo que Jesús ha hecho, estás mirando a lo que **tú** has hecho.

Todo se trata de ver a Jesús

La **ley** se trata de que te mires a **ti mismo**. El nuevo pacto de la **gracia** se trata de que **veas a Jesús**. Los fariseos memorizaban extensas partes de la Palabra de Dios, y aún así no podían ver al Verbo de Dios en la carne, que estaba delante de ellos. No deberíamos estar interesados solamente en acumular conocimiento de la Biblia. Deberíamos estar abriendo las Escrituras para ver más de Jesús. Algunas personas piensan que si supieran hebreo y griego, entenderían mejor la Biblia. Bien, los fariseos sabían hebreo y eso no les hizo ningún bien. Lo que necesitamos es que el Espíritu Santo nos dé revelaciones ocultas sobre Jesús y su obra terminada. Me gusta lo que dijo Smith Wigglesworth: "Algunas personas leen su Biblia en hebreo, y otras en griego. A mí me gusta leer la mía en el Espíritu Santo".

Amigo, todo se trata de ver a Jesús porque de Él proviene toda provisión. Incluso cuando yo predico, miro a Jesús. Le busco a Él para la Palabra. Le miro para obtener dirección. Le miro a Él todo el tiempo. Mientras Pedro mantuvo sus ojos en Jesús, pudo caminar sobre el agua; pero cuando apartó su mirada de Jesús para mirar a la tormenta, los desafíos y las circunstancias estresantes, comenzó a hundirse.

Cuando las personas apartan su vista de Jesús, dejarán de asistir a la iglesia y comenzarán a mirarse a sí mismos y a sus propios recursos para hacer que las cosas sucedan. Piensan para sí: "Necesito más tiempo; necesito trabajar más. Tengo que emplear más tiempo en el trabajo y trabajar también los domingos". ¿Por qué no disfrutas de tus domingos en la iglesia y con tu familia, y confías en que el Señor te ayudará? Dios puede lograr mucho más en ti mediante la predicación ungida de Jesús de lo que tú puedes lograr por tus propias fuerzas y por trabajar horas de más. ¡Reunámonos más para ver más de Jesús!

Tipologías de Jesús en la Biblia

Ahora que estás emocionado por ver a Jesús en las Escrituras, veamos algunos pasajes del Antiguo Testamento y revelemos a Jesús. Si no estás familiarizado con el uso de la tipología en la interpretación de las Escrituras, permíteme que te asegure que es bíblico y que Jesús mismo utilizó tipología en sus enseñanzas. La primera vez que Él utilizó tipología en el libro de Juan, dijo: "Y como Moisés levantó la serpiente en el desierto, así es necesario que el Hijo del Hombre sea levantado, para que todo aquel que en él cree, no se pierda, mas tenga vida eterna".[13]

"Pastor Prince, ¿está usted comparando a Jesús con 'la serpiente en el desierto'?".

Bien, tú mismo lo has leído. Jesús mismo estableció esa comparación, y es lo que denominamos "tipología". El Antiguo Testamento está lleno de tipologías. La Biblia dice: "Gloria de Dios es encubrir un asunto; pero honra del rey es escudriñarlo".[14] Dios ha escondido los misterios de su amado Hijo y su obra terminada a lo largo de la Biblia, y nuestra gloria es estudiar todas esas cosas concernientes a Él mismo. ¿Estás preparado?

Jesús, el verdadero pan de vida

Vayamos a Números, capítulo 21, y veamos cómo está Jesús tipificado. La Biblia nos dice que cuando los hijos de Israel viajaban por el desierto, "se desanimó el pueblo por el camino", y comenzaron a murmurar y quejarse contra Dios y contra su liderazgo establecido, Moisés, diciendo: "¿Por qué nos hiciste subir de Egipto para que muramos en este desierto? Pues no hay pan ni agua, y nuestra alma tiene fastidio de este pan tan liviano".[15]

¿Puedes imaginarte eso? Dios les libró de una vida de esclavitud en Egipto con su mano poderosa, les protegió del ejército del faraón con una columna de fuego y dividió el mar Rojo para que ellos lo atravesaran. Y en lugar de estar agradecidos, se quejaron e incluso se refirieron al maná del cielo como "pan tan liviano", dando a entender que consideraban el maná como algo de poco valor y que no satisfacía.

Según el salmista David, el maná era "trigo de los cielos".[16] Era tan bueno que cuando los hijos de Israel comieron este alimento durante 40 años en el desierto, sus pies no se inflamaron y no hubo ningún débil entre ellos. Dios les proporcionó alimento para campeones, alimento que les mantenía libres de enfermedad y dolor, alimento que descendía diariamente del cielo. Lo único que ellos tenían que hacer cada mañana era recoger suficiente para su consumo. Sin embargo, ellos despreciaban el maná.

La Iglesia en la actualidad necesita tener cuidado de no cometer el mismo error que cometieron los hijos de Israel cuando llamaron al maná de Dios "pan tan liviano". El maná que Él les daba era un cuadro (o tipo) de Jesús. Jesús dijo: "Yo soy el pan de vida. Vuestros padres comieron el maná en el desierto, y murieron. Este es el pan que desciende del cielo, para que el que de él come, no muera".[17]

Deberíamos tener cuidado de no considerar a Jesús un "pan tan liviano" relegándole a la periferia de nuestras enseñanzas.

En muchos lugares se hace poco énfasis en Jesucristo, y demasiado énfasis en todo tipo de doctrinas y principios que pueden ser extraídos de la Palabra. No estoy diciendo que las iglesias no debieran utilizar la Palabra para enseñar sobre principios financieros, claves para la sabiduría, liderazgo y otros temas. Yo enseño todas esas cosas en mi iglesia también. Lo que estoy diciendo es que las iglesias deben tener cuidado de no considerar a Jesús un "pan tan liviano" relegándole a la periferia de sus enseñanzas.

Cualquiera que no se enfoque en Jesucristo y en su obra terminada no tiene ni la sabiduría de Dios ni el poder de Dios, porque la Biblia dice que Cristo crucificado es sabiduría de Dios y poder de Dios.[18] Él es el verdadero pan del cielo, ¡y solamente Él satisface! El diablo tiene temor de cualquier iglesia que predique a Jesucristo en la cruz porque sabe que cuando las personas saben que Dios envió a su propio Hijo unigénito para morir en la cruz por ellas, verán que tienen a un Dios misericordioso que les ama incondicionalmente. Conocerán la Verdad, ¡y la Verdad les hará libres!

Permíteme que añada una cosa más. ¿Sabes que cada mañana los hijos de Israel tenían que salir a recoger el maná fresco? El maná no podía almacenarse en la noche porque se estropeaba y criaba gusanos. ¿Te has preguntado alguna vez por qué Dios no les daba una provisión semanal de maná? Bien, se debe a que Dios quiere que abramos las Escrituras cada día para recoger maná fresco de Jesús. Él no quiere que vivamos por revelaciones pasadas y estancadas de Jesús, porque sus misericordias son nuevas cada mañana. ¡Aleluya!

Jesús: la serpiente de bronce en el desierto

Continuemos con lo que sucedió después de que los hijos de Israel murmurasen y se quejasen. Tu Biblia dice que "Jehová envió entre el pueblo serpientes ardientes",[19] y mordían al pueblo y muchos de los israelitas morían. Ahora bien, es importante reconocer que las serpientes siempre estuvieron allí en el desierto. Lo único que Dios hizo fue levantar su cobertura de protección cuando ellos murmuraron contra Moisés. ¡Recuerda que esto sucedió bajo el viejo pacto de la ley! Gloria a Dios que en el nuevo pacto de la gracia bajo el que tú y yo estamos, Dios NUNCA QUITARÁ su protección sobre nosotros. Ten en mente siempre eso cuando leas el Antiguo Testamento. Es necesario **discernir correctamente la Palabra**.

El pueblo entonces acudió a Moisés y él oró por ellos. Entonces el Señor le dijo a Moisés: "Hazte una serpiente ardiente, y ponla sobre una asta; y cualquiera que fuere mordido y mirare a ella, vivirá".[20] Por tanto, Moisés hizo una serpiente de bronce y la puso sobre una asta, y "cuando alguna serpiente mordía a alguno, miraba a la serpiente de bronce, y vivía".[21]

En el nuevo pacto, Dios nunca quitará
su protección sobre nosotros.

La serpiente de bronce sobre el asta es un cuadro de Jesús en la cruz. Ahora bien, ¿por qué Jesús se comparó a Él mismo con una serpiente cuando Él no es parecido en ningún aspecto? Él es hermoso, sin mancha y totalmente amoroso. Mira, en la cruz, Jesús se hizo maldición con las maldiciones que nosotros merecíamos por nuestros pecados. Aquel que no conoció pecado se hizo pecado. En la cruz, Jesús se convirtió en una serpiente, un cuadro de una criatura maldita, para que tú y yo pudiéramos quedar libres.

Mediante su sacrificio en la cruz, la criatura culpable que produjo muerte en el huerto de Edén se convirtió en un símbolo de la gracia de Él. ¿No es típico de Dios convertir algo tan feo en algo tan hermoso? Eso es lo que sucede cuando permites que la gracia de Él entre en tu vida. Él toma todas las cosas feas en ti y las hace hermosas.

Ahora bien, ¿por qué una serpiente de bronce? ¿Por qué no puso Moisés una serpiente de verdad en el asta? Porque eso habría estropeado la tipología. Jesús no vino en "carne de pecado". Él vino "en semejanza de carne de pecado".[22] Hay una inmensa diferencia. Jesús no conoció pecado y en Él no hay pecado. De ahí que no pueda ser descrito como una serpiente de verdad. Él fue descrito como una figura de bronce que fue hecha a semejanza de una serpiente.

Pero ¿por qué de bronce? A lo largo de la Biblia, el bronce habla de juicio. Por ejemplo, el altar del holocausto para los sacrificios animales estaba hecho de madera de acacia y revestido de bronce. Sus utensilios y su chimenea estaban hechos de bronce.[23] Por tanto, ver a Jesús como la serpiente de bronce es ver un cuadro del juicio de Dios cayendo sobre Jesús en la cruz.

Dios no quiere que nos miremos a nosotros mismos, nuestras aflicciones o incluso nuestras enfermedades y dolores. Solamente una mirada a Jesús en la cruz, llevando todos nuestros pecados, maldiciones y juicio, y tú y yo viviremos. La serpiente de bronce fue levantada sobre una asta, y Moisés la situó en un lugar elevado para que todos los hijos de Israel pudieran verla. De la misma manera, Dios levantó a Jesús en la cruz para que todo el mundo le vea. Cualquiera que mire a Jesús y ve a sus pecados, maldiciones y enfermedades castigadas en el cuerpo de Él será salvo. Será sanado. ¡Vivirá! La Biblia no nos dice que miremos a Moisés (la ley). Dice que miremos a Jesús, y no sólo al Jesús que caminó entre nosotros sino también al Jesús que fue crucificado como una serpiente de bronce en nuestro lugar. Jesucristo, y a Él crucificado: esa es nuestra solución.

No te mires a ti mismo, tus aflicciones y tu enfermedad. Mira a Jesús y vivirás.

Amigo, deja de preocuparte por ti mismo y tus esfuerzos propios, descalificándote a ti mismo. Empieza a ocuparte de Jesús y su obra terminada. Empieza a estudiar las Escrituras para encontrar todas las cosas concernientes a Él y siente tu corazón arder a medida que el Espíritu Santo te revele lo hermoso que Él es.

Tienes un Salvador maravilloso. Aparta su vista de tus propias heridas y dolores y mira a Jesús, ¡quien te salvará!

Capítulo 16

El secreto de David

¿TE HAS PREGUNTADO alguna vez por qué Dios llamó a David "varón conforme a mi corazón"?[1] ¿Cuál era el secreto de David? ¿Qué había en David para que Dios le bendijera tanto, haciéndole rey sobre todo Israel?

He oído decir a algunas personas que Dios llamó a David un hombre conforme a su corazón porque era rápido para arrepentirse; sin embargo, hubo otras personas en la Biblia que fueron rápidas para arrepentirse, de modo que esto no destacaría a David. Además, Dios llamó a David un hombre conforme a su corazón **antes** de haber cometido su pecado con Betsabé, de modo que no puede ser debido a su rápido arrepentimiento.

El secreto de David es la clave de la plenitud de las bendiciones de Dios en tu vida.

Debe de haber algo único en cuanto a David que le hiciera destacar. ¿Te gustaría saber cuál era su secreto? Yo creo con todo mi corazón que este secreto es la clave de la plenitud de las bendiciones de Dios en tu vida.

Ven conmigo al Salmo 132, donde encontrarás el secreto de David. David escribió este salmo cuando el rey Saúl le perseguía. Saúl estaba celoso de David y temía que algún día él llegase a ser rey en su lugar, y por eso Saúl persiguió a David hasta el desierto. Con este telón de fondo, David escribió:

Salmo 132:1–5
Acuérdate, oh Jehová, de David, y de toda su aflicción; de cómo juró a Jehová, y prometió al Fuerte de Jacob: No entraré en la morada de mi casa, ni subiré sobre el lecho de mi estrado; no daré sueño a mis ojos, ni a mis párpados adormecimiento, **hasta que**…

David estaba haciendo un voto a Dios en el desierto de que no dormiría ni descansaría hasta que hiciera algo. Ahora bien, agárrate fuerte. Antes de mostrarte lo que él prometió a Dios, quiero mostrarte algo que él mismo dijo acerca de cómo Dios le veía:

1 Crónicas 28:4
Pero Jehová el Dios de Israel me eligió de toda la casa de mi padre, para que perpetuamente fuese rey sobre Israel; porque a Judá escogió por caudillo, y de la casa de Judá a la familia de mi padre; y de entre los hijos de mi padre **se agradó de mí** para ponerme por rey sobre todo Israel.

David dijo: ¡Dios se agradó de mí! ¡Oh, me encanta eso! Me encanta el modo en que otra versión capta lo que él dijo; dice que le gustó a Dios para ponerle por rey sobre todo Israel. ¿Sabes que incluso en Israel en la actualidad, cuando dicen "me gustas" es la misma palabra hebrea utilizada aquí, que es *ratsah*?[2] "Me *ratsah*" significa "me gustas".

¿Qué hizo a David un hombre conforme al corazón de Dios?

¿Te gustaría descubrir por qué a Dios **le gustaba** David? ¿Qué le hacía ser tan especial? Yo creo que a Dios le gustaba David porque él se aferró a algo que era de la mayor importancia para el corazón de Dios. Se aferró a un pensamiento y un objetivo divinos en el corazón de Dios. Esto fue revelado en la promesa que le hizo a Dios en el desierto en el Salmo 132: "No daré sueño a mis ojos, ni a mis párpados adormecimiento, **hasta que halle lugar para Jehová, morada para el Fuerte de Jacob**".[3]

¿De qué hablaba David? Para obtener un mejor cuadro, sigamos leyendo. David dice en el mismo salmo: "Levántate, oh Jehová, al lugar de tu reposo, tú y el arca de tu poder".[4] ¡David estaba hablando de llevar el arca del pacto de nuevo a Jerusalén! He incluido a continuación una ilustración del arca del pacto:

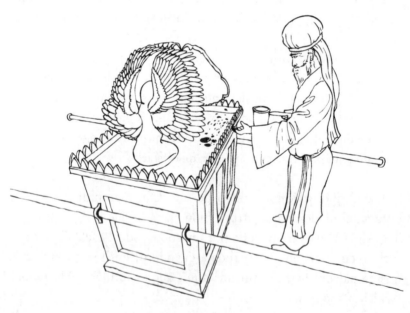

El arca del pacto

Eso era lo que David buscaba, y debido a que le daba tanta importancia a llevar de regreso el arca, Dios le consideró un hombre conforme a su corazón.

Ahora bien, en los tiempos del viejo pacto, Dios habitaba entre los dos querubines que están sobre el arca del pacto.[5] Ese era el trono de Dios. Siempre que los hijos de Israel llevaban el arca a la batalla e Israel estaba en consonancia con Dios, Dios les daba victoria sobre sus enemigos.

Permite que te diga lo importante que era el arca del pacto, por si acaso la única vez que hayas oído del arca fue cuando viste la película *Indiana Jones en busca del arca perdida*. A propósito, si viste la película, permite que te diga que no era una descripción precisa del arca; ¡no había ningún espíritu viviendo dentro del arca, tal como describía la película!

Ahora bien, durante la época del Antiguo Testamento, ¿cuál era el país más santo para Dios cuando Él miraba a la tierra? Era Israel. ¿Cuál era la ciudad más santa en todo Israel? Jerusalén. ¿Cuál era el lugar más santo en toda Jerusalén? Era el templo sobre el monte del templo. En las instalaciones del templo estaba el atrio exterior, el lugar santo y el lugar santísimo. ¿Cuál era el lugar más santo en el templo? Obviamente, era el lugar santísimo.

En el templo, se encontraban muebles como la menorah, el altar del incienso y la mesa de la proposición en el lugar santo. Pero detrás del velo estaba el lugar santísimo, y un único mueble podía encontrarse allí: el arca del pacto. Esto significa que el arca del pacto era el objeto más santo de la tierra en aquel momento en el tiempo. Era el centro de Dios, en el centro del universo y en el centro del corazón de Dios.

En el Antiguo Testamento, Dios dijo que Él hablaría al sumo sacerdote "de entre los dos querubines".[6] Este lugar era realmente el "propiciatorio". El propiciatorio era también el lugar donde el sumo sacerdote ponía la sangre del sacrificio animal, cada año el día de la Expiación. El día de la Expiación era la única vez en todo el año en que el sumo sacerdote podía atravesar el velo y entrar en el lugar santísimo.

¿Sigues conmigo? Agárrate fuerte, ¡pues llegamos a la parte emocionante!

Tipología del arca del pacto

En el capítulo anterior compartí contigo sobre el camino de Emaús donde Jesús explicó en todas las Escrituras, comenzando con Moisés y todos los profetas, las cosas que decían de Él. ¿Estás preparado para una revelación de Jesús en el Antiguo Testamento que hará que tu corazón arda en ti? Vamos a entrar.

El arca era tan importante para Dios que le dio a los israelitas instrucciones muy concretas sobre cómo debían construirla.[7] Aunque solamente podemos arañar la superficie, cada detalle del arca nos permite obtener un cuadro más claro de Jesús, ya que no hay ningún detalle insignificante en la Biblia. Desde el comienzo, quiero que sepas que el arca del pacto señala a la persona y la obra de nuestro Señor Jesucristo. Él es el centro del corazón de Dios, y a medida que sigas leyendo, ¡sé que te enamorarás de Él cada vez más!

Por ahora, veamos la ilustración que proporcioné anteriormente. Vamos a ver más de cerca algunos de los componentes del arca del pacto. La parte de la caja está construida con madera de acacia y recubierta de oro. La madera en la Biblia habla de humanidad.[8] La madera de acacia es conocida en Israel como una madera incorruptible, de modo que nos habla de la humanidad incorruptible de Jesús. Jesús vino en semejanza de carne de pecado como hombre, pero no había pecado alguno en Él. El oro en la Biblia habla de divinidad y deidad.[9] Por tanto, la madera recubierta de oro habla de la persona de Jesús: Él era completamente humano y al mismo tiempo completamente Dios.

¿Qué está en el arca del pacto?

Veamos la tapa de la caja. Toda la tapa estaba hecha de una sólida lámina de oro, y cubría la caja. En hebreo, la tapa se llama *kapporeth*, que significa "propiciatorio".[10] Veamos lo que se usaba para ocultar de la vista el propiciatorio.

Había tres objetos que se guardaban en el arca del pacto. El primero eran las tablas de piedra sobre las cuales Dios escribió los Diez Mandamientos. Las tablas hablan de nuestra rebelión e incapacidad para guardar la ley de Dios perfectamente. El segundo era la vara de Aarón. La vara de Aarón no era una vara normal y corriente. Se puso en el tabernáculo de noche y no sólo produjo ramas, sino también fruto y flores.[11] ¿Sabes por qué Dios hizo eso? Fue porque el pueblo se quejaba contra el nombramiento de Aarón por parte de Dios como el sumo sacerdote, por eso Dios hizo que la vara de Aarón reverdeciera sobrenaturalmente para demostrar al pueblo que Él fue quien había nombrado a Aarón. Así, la vara de Aarón habla de la rebelión del hombre contra el liderazgo designado por Dios.

El objeto final en el arca era la vasija de oro de maná. La Biblia denomina al maná "comida del cielo"[12], y cuando los hijos de Israel lo comieron mientras estaban en el desierto, ninguno de ellos estuvo enfermo por cuarenta años. Sin embargo, ellos lo llamaban "pan tan liviano".[13] Por tanto, la vasija de oro de maná habla de la rebelión del hombre contra la provisión de Dios.

¿Puedes ver que cada objeto en el arca habla de nuestros pecados y nuestra rebelión contra Dios? Pero ¿qué hizo Dios con nuestros pecados y nuestra rebelión? Él los puso todos ellos en el arca del pacto y los cubrió con el propiciatorio, donde se ponía la sangre de los sacrificios animales. Al hacer eso, Él estaba diciendo que no quería ver los pecados y la rebelión del hombre. Cuando Él mira hacia abajo, no puede ver los pecados y la rebelión del hombre, ¡porque todos ellos están cubiertos por la sangre en el propiciatorio!

Dios no puede ver tus pecados cuando
están cubiertos por la sangre.

Permíteme decirlo una vez más para asegurarme de que no lo pasaste por alto: Dios **no puede** ver tus pecados cuando están cubiertos por la sangre. Por eso en el Antiguo Testamento Israel se regocijaba cada vez que su sumo sacerdote entraba en el lugar santísimo el día de la Expiación y ponía la sangre del sacrificio animal sobre el propiciatorio. Cuando la sangre estaba en el propiciatorio, Dios no podía ver el rechazo de sus leyes en los Diez Mandamientos; no podía ver el rechazo de su sacerdocio señalado en la vara de Aarón; y no podía ver el rechazo de su provisión en la vasija de oro de maná. Él no podía ver los pecados del pueblo y su rebelión. ¡Él solamente veía la sangre sobre el propiciatorio!

La misericordia triunfa sobre el juicio

Hay más. El propiciatorio también habla de la persona de Cristo. La Biblia dice: "Y él es la **propiciación** por nuestros pecados".[14] Esto significa que Jesús se convirtió en nuestro sacrificio para dirigir la ira de Dios desde nosotros a Él mismo. "Propiciación" es una palabra hermosa. En la cruz, Jesús se convirtió en la propiciación por nuestros pecados. Si estudias la palabra "propiciación" en la Septuaginta (una traducción griega del Antiguo Testamento), descubrirás que es la misma palabra que "propiciatorio".[15]

Por tanto, cuando el apóstol Juan dijo que Jesús es nuestra propiciación, estaba diciendo que Jesús es nuestro propiciatorio. El propiciatorio estaba hecho de una lámina sólida de oro a la que se había dado forma mediante golpes. De la misma manera, para que Jesús ocupase nuestro lugar y fuese nuestro propiciatorio, tuvo que ser brutalmente golpeado y flagelado, para que por sus llagas seamos sanados.

Cuando miras la ilustración del arca del pacto, también verás la corona en el propiciatorio. Esta corona tipifica la majestad, la gloria y el reinado de Jesús. Él fue el único Rey que no vino para ser servido sino para servir. Él se convirtió en un siervo-Rey por nosotros en la cruz.

Por tanto, el arca del pacto es una sombra de nuestro Señor Jesucristo, de su persona y de su obra. A causa de su sangre, **todos** nuestros pecados han sido limpiados. Por eso era peligroso que alguien en aquellos tiempos levantase el propiciatorio para descubrir los pecados y la rebelión que Dios había cubierto.

El propiciatorio no debía ser levantado en ningún momento, y las consecuencias por hacerlo eran graves. La Biblia registra que cuando las personas en una aldea llamada Bet-semes levantaron el propiciatorio para mirar dentro del arca, muchos de ellos fueron destruidos.[16]

Nadie debía echar ni siquiera una ojeada a los Diez Mandamientos. Dios quiere que la ley sea expuesta porque representa nuestra rebelión, y solamente ministrará muerte y condenación. Lo peculiar es que las personas han reflejado en pósteres los Diez Mandamientos que cuelgan en las casas actualmente, ¡cuando incluso en el Antiguo Testamento, Dios mantenía la ley oculta bajo el propiciatorio!

¿No crees que los creyentes en la actualidad deberían exaltar la misericordia de Dios y su gracia por encima de la ley? Notemos que el propiciatorio está situado por encima de la ley. ¡Esto nos dice que la misericordia de Dios triunfa sobre el juicio![17] La gracia de Dios está por encima de la ley de Dios. Dios ejecuta juicio porque Él es justo, pero su deleite no está en el juicio. Su deleite está en la misericordia y la gracia. La Biblia nos dice que la ira de Dios dura sólo un momento, pero su misericordia permanece para siempre.[18]

El modo en que algunas personas retratan a Dios en la actualidad crea la falsa impresión de que su misericordia dura solamente un momento, ¡pero su ira permanece para siempre! Eso sencillamente no es cierto. Su ira terminó en el momento en que fue ejecutada sobre Jesús en la cruz. De hecho, incluso su juicio demuestra su gracia, porque en lugar de juzgarnos por nuestros pecados (lo cual nos merecíamos), el juicio recayó sobre su Hijo Jesucristo, ¡en quien no había pecado! Eso es gracia, amigo mío. El juicio que nosotros merecíamos cayó sobre Jesús, ¡mientras que las bendiciones que Él merecía cayeron sobre nosotros! Ese es el favor de Dios inmerecido y que no podemos ganarnos.

No descubras tus pecados o los pecados de otros. Han sido completamente perdonados por la sangre de Jesús.

Por tanto, amigo, no levantes el propiciatorio para descubrir tus pecados o los pecados de otros. Han sido completamente perdonados por la sangre de Jesús. ¡Aleluya!

Hacer regresar el arca del pacto

Regresemos a lo que David prometió hacer: llevar el arca del pacto de regreso a Jerusalén. Por más de veinte años, el arca del pacto había estado en una colina llamada "Kiriat-jearim", que significa "los campos del bosque".[19] David había oído sobre el arca desde que era un muchacho que crecía en Belén Efrata (la misma Belén donde Jesús nació), y por eso dijo: "He aquí en Efrata lo oímos; lo hallamos en los campos del bosque",[20] refiriéndose a Kiriat-jearim.

Mientras crecía, David debió de haberse preguntado por qué nadie hacía nada para llevar el arca de regreso a Jerusalén, donde pertenecía. Saúl era rey en aquella época, pero él nunca tuvo el deseo de hacer regresar el arca a Jerusalén; sencillamente la dejó en Kiriat-jearim. Por tanto, la pasión de David era llevar de regreso el arca al monte Sion en Jerusalén, porque el Señor había escogido Sion como su morada. Dios mismo dijo de Sion: "Este es para siempre el lugar de mi reposo; aquí habitaré, porque la he querido".[21]

¿Sabes por qué Dios escogió el monte Sion y no el monte Sinaí? Se debe a que el monte Sion representa su gracia, mientras que el monte Sinaí representa su ley. En el primer Pentecostés, 50 días después de la primera Pascua, Dios dio los Diez Mandamientos en el monte Sinaí, y 3.000 personas murieron.[22] El día de Pentecostés después de la resurrección de Jesús, Dios dio el Espíritu Santo en el monte Sion, y 3.000 personas fueron salvas y nació la Iglesia de nuevo pacto.[23] La ley mata, pero el Espíritu de la vida. La ley condena, pero la gracia salva. Dios ha escogido la gracia sobre la ley, ¡el monte Sion sobre el monte Sinaí!

Cuando entiendas la tipología del arca del pacto, verás que llevar de regreso el arca del pacto es lo mismo que llevar de regreso a Jesucristo a un lugar de prominencia, y hacerle a Él y su obra terminada el centro de toda tu enseñanza y predicación.

Hace mucho tiempo, el Señor me dijo lo siguiente: "Hijo, haz regresar a Jesucristo a la iglesia".

Mira, me entristece que en muchas iglesias en la actualidad uno apenas oiga mencionar el nombre de Jesús. En cambio, se oye enseñar psicología; se oyen enseñanzas motivacionales; se oye "hacer, hacer, hacer", "visión, visión, misión" o "llamado, llamado, llamado". Se oye muy poco de Jesucristo y de su obra terminada. ¿Es eso de lo que se trata el cristianismo? ¿Lo que uno hace, su llamado y su visión?

Hay un popular versículo del libro de Apocalipsis que los cristianos utilizan para los incrédulos. Dice: "He aquí, yo estoy a la puerta y llamo; si alguno oye mi voz y abre la puerta, entraré a él, y cenaré con él, y él conmigo".[24] Cuando vemos el contexto de este versículo, en realidad no está escrito para incrédulos, ¡si no para la iglesia en Laodicea![25] Ahora bien, ¿por qué está el Señor fuera de la iglesia y llamando?

Todo se trata de revelar a Jesús

Cuando viajo por todo el mundo para predicar el evangelio de Jesús, mi mayor recompensa como pastor es poder conocer a preciosos creyentes y revelarles a Jesucristo otra vez. No hay mayor recompensa que la de saber que he abierto sus ojos para ver más de Jesús, de su gracia, de su belleza y de la perfección de su obra, porque sé que ese es mi llamado en la vida de parte del Señor.

Aún recuerdo que Wendy y yo estábamos viviendo en un lugar muy pequeño cuando nos casamos. Fue nuestro primer apartamento. Nuestro estudio era tan diminuto que ni siquiera teníamos una silla en aquella época. Cuando yo me sentaba en el piso de mi estudio leyendo las Escrituras, Dios me hablaba. Él comenzó a mostrarme con más claridad de la que yo había visto nunca que no se estaba dando a Jesucristo un lugar central en el Cuerpo de Cristo y, como resultado, la plenitud de sus bendiciones no estaba fluyendo como debería.

*Cuando a Jesucristo no se le da un lugar central
en el Cuerpo de Cristo, la plenitud de sus
bendiciones no está fluyendo como debería.*

Cuando Él me mostró esto, yo dije: "Señor, si yo predico sermones que estén llenos de Jesús, y si todos mis sermones tratan sobre Jesús, creo que nadie querría escucharlos". Entonces, le oí decir lo siguiente: "Hijo, ¿seguirás estando dispuesto a hacerlo incluso si nadie acude? Si nadie quiere oírlos, ¿seguirás predicando cada sermón lleno de Jesús?". Yo quedé sorprendido por su pregunta, y lo pensé durante un rato porque siendo un pastor joven, yo era ambicioso y quería que la iglesia creciese. Entonces le dije, y nunca olvidaré lo que dije: "Señor, incluso si nuestra iglesia es más pequeña después de hacer eso, estoy dispuesto a hacerlo". Por tanto, no me importaba si las personas lo aceptarían o no. Sencillamente comencé a predicar sobre Jesucristo y su obra terminada.

Ya han pasado muchos años, y ahora sé que la pregunta era una prueba de parte del Señor. Nuestra iglesia no se hizo más pequeña; no, explotó justamente después de aquel encuentro con el Señor. De ser solamente unos cientos de personas en aquel momento, hemos crecido hasta llegar a más de 15 000 personas mientras escribo. Sigo recordando exactamente dónde estaba yo sentado en mi estudio cuando Dios me dio ese reto. Desde ese momento en adelante, Él me ha dado todo lo que necesito para cumplir este llamado. Él me ha dado una esposa increíble, una hija maravillosa (cuando Él me habló, Jessica aún no había nacido) y estupendos líderes para apoyar este llamado. Todo lo que Él me ha dado en mi vida ha sido para llevarme a un lugar donde Jesús pueda ser exaltado.

Muchos me han dicho que yo estoy llamado a predicar la gracia, pero mi principal llamado no es solamente enseñar sobre la gracia; es volver a situar a Jesús en el lugar central de la Iglesia, y su gracia es parte de eso. No se puede separar a Jesús de su gracia de ninguna manera. La Biblia dice: "Pues la ley por medio de

Moisés fue dada, pero **la gracia y la verdad vinieron por medio de Jesucristo**".[26]

Realmente no es fácil predicar la gracia porque cuando uno predica la gracia, no le da importancia alguna al hombre sino toda a Jesús. Y al hombre no le gusta eso. Al hombre le gusta pensar que ha ayunando 40 días y 40 noches para conseguir la unción. Quiere ser capaz de decir: "Yo pagué el precio del poder espiritual". Oye, amigo, Jesús ya pagó el precio. No se trata de que tú ayunes. Se trata de la obra de Jesucristo!

Llevar a Jesús de regreso al monte Sion

Permíteme explicarte lo que significa llevar a Jesús de regreso al monte Sion. Llevar a Jesús de regreso al monte Sion es llevar a Jesús de regreso al lugar de la gracia. ¿Has oído sermones en los que predican sobre Jesús, pero los sermones son muy duros?

Cuando yo era adolescente y estaba en mi anterior iglesia, recuerdo un sermón que realmente me asustó. El predicador dijo: "Jesús mismo dijo que a menos que su justicia sea mayor que la justicia de los escribas y los fariseos, nunca entrará en el reino de los cielos". Entonces dijo: "Si los fariseos tenían ese estándar, entonces nosotros debemos tener estándares incluso más altos que ellos". Yo me sentí realmente condenado. ¿Qué esperanza había para mí, ya que yo ni siquiera llegaba a la altura del estándar de los fariseos?

Aunque ese predicador estaba predicando de las palabras de Jesús, nunca llevó a Jesús al contexto de la gracia. Hizo parecer a Jesús duro y legalista; no llevó el arca de regreso a Sion. Ahora bien, interpretemos lo que Jesús estaba diciendo realmente en el contexto de la gracia. Estaba diciendo que el único camino para entrar al cielo es tener la justicia de ÉL que sobrepasa todos los demás estándares de justicia. ¡Su justicia está muy por encima de la justicia propia de los escribas y los fariseos! ¿Y sabes qué? La justicia de ÉL es un regalo para ser recibido gratuitamente. ¡Es tuyo hoy!

¡Ser un hombre conforme al corazón de Dios!

Este es el secreto de las bendiciones de David. Él buscó el arca del pacto y Dios le llamó un hombre conforme a su corazón. Hoy, también tú puedes ser el hombre o la mujer conforme al corazón de Dios. Puedes seguir a Jesús y llevarle de regreso al centro de tu vida. Haz a Jesús el centro de todo aspecto de tu vida. La Biblia dice que donde dos o tres están reunidos en su nombre, Él estará en medio de ellos.[27]

Si tu matrimonio se está desmoronando, permíteme decirte que lo más probable es que estés situando tus demandas sobre tu esposo para que él te dé lo que solamente Jesús puede dar, estás buscando en tu esposa que ella te dé lo que deberías obtener solamente de Jesús. Ambos terminan poniendo demasiada presión en el otro. Todo matrimonio necesita una "tercera parte". Su nombre es Jesús. Él debe estar en medio de todo matrimonio.

Hoy, también tú puedes ser el hombre o la mujer conforme al corazón de Dios haciendo a Jesús el centro de todo aspecto de tu vida.

Haz a Jesús, su obra terminada y su gracia el centro de todo en tu vida. Haz que Él sea el centro de tu matrimonio, de tu familia, de tu carrera y de tus finanzas, ¡y permite que la plenitud de sus bendiciones fluya en tu vida hoy!

Capítulo 17

Imagen de pura gracia

CUANDO MI HIJA Jessica tenía unos cinco años de edad, le pregunté: "¿Qué es una Biblia?". Ella respondió: "Es un libro que habla de Jesús y que tiene una cinta roja en él". ¡Oh, me encanta eso! ¿No es precioso ver las cosas desde la perspectiva de un niño? Ella no describió la Biblia en términos religiosos que a los adultos nos gustan. Ella solamente veía la Biblia en su forma más sencilla y pura: un libro que habla de Jesús, ¡con una cinta roja en él! Desde luego, tuve que explicarle que la cinta roja es un marcador. ¿Pero sabes qué? Ciertamente hay un "hilo escarlata" que discurre por todo este libro, desde el comienzo en Génesis hasta el final en Apocalipsis. **Se trata** de Jesús y de su obra terminada en la cruz.

Cuando los nuevos creyentes leen el Antiguo Testamento por primera vez, puede que se pregunten de qué se trata toda la matanza de animales, los sacrificios y el derramamiento de sangre. Bien, cuando entiendes que sin derramamiento de sangre no hay perdón de pecados, comenzarás a apreciar el valor de la sangre, especialmente la sangre que Jesús derramó por nuestros pecados.

La Biblia dice que después de que Adán y Eva pecasen al comer del árbol del conocimiento del bien y del mal, Dios "hizo al hombre y a su mujer túnicas de pieles, y los vistió".[1] La primera vez que un animal fue sacrificado para cubrir los pecados del hombre se produjo justamente allí en el huerto de Edén. Todos los sacrificios de animales en el Antiguo Testamento son sombras de Jesucristo, quien es la sustancia. La sangre de toros y machos cabríos bajo el viejo pacto señalaban todos ellos a la sustancia de Cristo, cuya sangre fue derramada en la cruz del Calvario. Como dijo Juan el Bautista: Jesús es "el Cordero de Dios, que quita el pecado del mundo".[2] En el libro de Apocalipsis, Juan oyó una voz que decía: "He aquí que el León de la tribu de Judá", pero cuando se giró para mirar al León, en cambio vio "un Cordero como inmolado".[3] Todo en la Biblia desde Génesis hasta Apocalipsis señala a la muerte de Jesús en la cruz. Debido a su sacrificio estamos bajo el nuevo pacto de la gracia en la actualidad.

Todo en la Biblia desde Génesis hasta Apocalipsis señala a la muerte de Jesús en la cruz.

El viejo pacto siempre hará que te mires a ti mismo, mientras que el nuevo pacto siempre hará que te gires y mires a Cristo crucificado. Los profetas del Antiguo Testamento llaman a recordar tus pecados, mientras que los predicadores del Nuevo Testamento llaman a recordar tu justicia. Los predicadores del Antiguo Testamento te dicen lo que anda mal en ti, mientras que los predicadores del Nuevo Testamento te dicen lo que anda bien en ti debido a lo que Jesús ha hecho, a pesar de lo que anda mal en ti. El **primer milagro de Moisés**, quien representa la ley, fue convertir el agua en sangre, dando como resultado la muerte.[4] El **primer milagro de la gracia** fue que Jesús convirtió agua en vino, dando como resultado celebración y vida.[5] La ley mata, pero el Espíritu da vida.

Pura gracia desde Egipto a Sinaí

Cuando Dios liberó a los hijos de Israel de la esclavitud en Egipto, no lo hizo porque ellos hubieran guardado los Diez Mandamientos. Los Diez Mandamientos ni siquiera habían sido dados aún. Los hijos de Israel salieron de Egipto por la sangre del Cordero.

El Señor me mostró algo hace varios años que me impulsó hacia la revolución del evangelio. Yo estaba sentado en la sala de mi casa, sencillamente pasando tiempo en la Palabra, cuando Él me habló y dijo: "Hijo, estudia el viaje de los hijos de Israel desde Egipto al monte Sinaí, porque es una imagen de pura gracia. Ni un solo israelita murió durante ese período, aunque todos murmuraron y se quejaron".

Yo nunca había oído a nadie predicar eso anteriormente, ni tampoco lo había leído en ningún libro. Por tanto, febrilmente fui a esa parte de las Escrituras, intentando encontrar a alguien que hubiera muerto, ¡para así poder demostrar que Dios estaba equivocado! ¿Has estado en esa situación anteriormente, intentando demostrar que Dios está equivocado? Bien, nunca podrás tener éxito, y ciertamente yo no pude encontrar a ningún israelita que hubiese muerto, aunque el pueblo se quejaba y murmuraba.

Aunque Dios había rescatado a los hijos de Israel de sus capataces egipcios realizando grandes señales y maravillas, los hijos de Israel no honraron a Dios, y murmuraron y se quejaron una y otra vez. Cuando el ejército egipcio llegaba rápidamente hacia ellos desde atrás y el mar Rojo estaba delante de ellos, los hijos de Israel clamaron a Moisés diciendo: "¿No había sepulcros en Egipto, que nos has sacado para que muramos en el desierto?".[6]

Esa era una queja contra Dios, y la murmuración y la queja son pecados. Pero ¿cuál fue la respuesta de Dios? Él dividió el mar Rojo y ellos cruzaron por tierra seca hasta el otro lado, a salvo de sus enemigos. Incluso después de que Dios los hubiera llevado a salvo al otro lado del mar, la murmuración continuó. En Mara, ellos se quejaron de las aguas amargas. ¿Cuál fue la respuesta de Dios? Él endulzó las aguas amargas.[7] En el desierto, ellos clamaron contra Moisés cuando tuvieron hambre. ¿Cuál fue la respuesta de Dios? Él hizo llover pan del cielo.[8] Pero aún así, los hijos de Israel se quejaban. Cuando de nuevo no tuvieron agua, clamaron contra Moisés diciendo: "¿Por qué nos hiciste subir de Egipto para matarnos de sed a nosotros, a nuestros hijos y a nuestros ganados?".[9] ¿Cuál fue la respuesta de Dios? Él sacó agua de la roca.

Estudia la Biblia tú mismo, y encontrarás que cada vez que los hijos de Israel murmuraban y se quejaban, eso solamente producían nuevas demostraciones del favor de Dios, su provisión y su bondad. ¿Por qué? Porque durante aquel período, las bendiciones y provisiones que ellos recibían no dependían de su obediencia o su bondad; dependían de la bondad y la fidelidad de Dios al pacto abrahámico, el cual era un pacto de gracia.

El intercambio de pactos en el monte Sinaí

Entonces, sucedió algo trágico justamente a los pies del monte Sinaí. En Éxodo 19:8, tu Biblia dice que el pueblo clamó a Moisés diciendo: "Todo lo que Jehová ha dicho, haremos". En el texto hebreo original, esta es en realidad una frase de orgullo. Ellos estaban diciendo: "Todo lo que Dios requiere y demanda de nosotros, somos capaces de realizarlo". En otras palabras, ellos estaban diciendo: "Dios, deja de evaluarnos o bendecirnos basándote en tu bondad. Comienza a evaluarnos, juzgarnos y bendecirnos basándote en **nuestra obediencia**". Por tanto, ellos efectivamente intercambiaron pactos: el pacto abrahámico que se basa en la gracia por el pacto de Sinaí, que se basa en la ley.

Mientras tanto, Dios estaba con ellos y había luchado por ellos. Él dividió el mar Rojo, hizo llover maná del cielo y sacó agua de la roca, aunque ellos seguían murmurando y quejándose. Pero en el momento en que ellos dijeron aquellas orgullosas palabras, Dios tuvo que cambiar su tono. Él le dijo a Moisés que dijese al pueblo que no se acercase al monte, porque "cualquiera que tocare el monte, de seguro morirá".[10]

¿Por qué crees que Dios cambió su actitud aquí? Fue debido a que el hombre presumía de su propia fuerza y entró en un pacto basado en su obediencia. Esto es lo que llamamos fariseísmo. Ya que el pueblo quería ser juzgado sobre la base de lo que hacía, en el capítulo siguiente Dios les dio los Diez Mandamientos. Desde entonces en adelante, ya que ellos presumían de que podían hacer todo lo que Dios mandase, Dios tuvo que evaluarlos basándose en sus leyes. Él les bendeciría si ellos guardaban sus mandamientos, pero serían maldecidos si no lo hacían. Lo que el pueblo no entendía era que tenían que obedecer todos los Diez Mandamientos perfectamente, porque si fallaban solamente en uno serían culpables de todos.[11] Mira, la ley es un todo compuesto, y Dios no evalúa por partes.

Ahora veamos lo que sucedió cuando los hijos de Israel se situaron a ellos mismos bajo la ley. Después de haber presumido de que podían cumplir todo lo que Dios había demandado de ellos, las obras de la carne fueron **inmediatamente** manifestadas. Ellos quebrantaron el primer mandamiento: "No tendrás dioses ajenos delante de mí",[12] ¡haciéndose un becerro de oro y adorándolo como su Dios![13] ¿No es eso triste? Por tanto, ten cuidado cuando presumas de guardar o defender la ley, porque las obras de la carne seguirán poco después.

Desde ese momento en adelante, cada vez que los hijos de Israel murmuraban y se quejaban, muchos de ellos morían. Observa lo siguiente: **antes de Sinaí, nadie moría; después de Sinaí, en el momento en que murmuraban, morían.** Antes de Sinaí, cada fracaso producía una nueva manifestación del favor de Dios. Pero ahora que los israelitas estaban bajo el pacto de la ley, el pecado tenía que ser castigado. Sus bendiciones y provisiones ya no dependían de la bondad de Dios, su fidelidad y su gracia. Bajo el pacto de la ley, sus bendiciones dependían de su perfecta obediencia, y cada fracaso y pecado daba como resultado juicio y castigo.

Por eso la ley de Moisés se denomina el ministerio de muerte y condenación. Es una norma inflexible que tenía que ministrar muerte y condenación a los israelitas siempre que pecaban. Uno pensaría que después de 2.000 años las personas aprenderían, pero hay creyentes en la actualidad que siguen utilizando la misma frase que los hijos de Israel a los pies del monte Sinaí. Ellos presumen: "Todo lo que el Señor ha hablado lo haremos".

Ya no estamos bajo el viejo pacto

¿Puedes ver lo que el Señor me estaba mostrando? El viaje de los israelitas desde Egipto hasta Sinaí era una **imagen de pura gracia**. No dependían de la bondad de ellos sino de la **bondad de Él**, no de la fidelidad de ellos sino de la **fidelidad de Él**. Antes de que fuese dada la ley, ellos estaban bajo la gracia y nadie era castigado incluso cuando fallaban; pero inmediatamente después de que se diera la ley, no se perdonaba a nadie cuando fallaban. La buena noticia es que ya no estamos bajo el viejo pacto de la ley. Hemos sido liberados de la ley mediante la muerte de Jesús en la cruz. Debido a Jesucristo, ahora estamos bajo el nuevo pacto de la gracia, el cual significa que en la actualidad Dios no nos evalúa basándose en lo que hacemos, sino en **su** bondad y fidelidad.

Si sigues intentando ser justificado por tu obediencia a la ley, ¡estás negando efectivamente lo que Jesús ya ha hecho por ti en la cruz!

¿Por qué los creyentes en la actualidad viven como si la cruz no marcase ninguna diferencia? En lugar de disfrutar del nuevo pacto de la gracia, siguen luchando para estar bajo el viejo pacto de la ley y de los Diez Mandamientos. Te declaro que la cruz de Jesús **sí** marcó una diferencia. Si sigues intentando ser justificado por tu obediencia a la ley, ¡estás negando efectivamente lo que Jesús ya ha hecho por ti en la cruz!

Bajo el viejo pacto, Dios dijo: "de ningún modo tendrá por inocente al malvado".[14] Sin embargo, en el nuevo pacto Dios dice: "Y nunca más me acordaré de sus pecados".[15] ¿Puedes ver el contraste? Es el mismo Dios quien habla; ¿qué ha sucedido entonces? Ha sucedido la **cruz**, amigo mío. La cruz marcó la diferencia. Actualmente, Dios no recuerda más tus pecados ni te los echa en cara porque Él ya los ha juzgado en el cuerpo de su Hijo. Los creyentes se confunden cuando no entienden que la cruz ha marcado una diferencia. Considera lo siguiente: si aún debemos estar bajo los Diez Mandamientos, tal como muchos argumentan, entonces ¿que logró la cruz de Jesús?

La gracia ha hecho lo que la ley no podía hacer

"Pastor Prince, ¿está usted insinuando que hay algo equivocado en la ley?".

No, ¡desde luego que no! No hay nada intrínsecamente equivocado en la ley. Como dijo el apóstol Pablo: "¿Qué diremos, pues? ¿La ley es pecado? En ninguna manera. Pero yo no conocí el pecado sino por la ley...".[16] Estoy diciendo exactamente lo mismo que dijo Pablo. Mediante la ley es como tenemos el conocimiento del pecado, pero eso es todo lo que la ley puede hacer. Saca a la luz tus pecados, pero no puede cubrir, limpiar o quitar tus pecados. La ley fue pensada para mostrar nuestros pecados y llevarnos a la desesperación que nos conduzca a darnos cuenta de que por nuestros propios esfuerzos nunca podemos salvarnos a nosotros mismos. Estaba pensada para mostrarnos que todos necesitamos un Salvador que pueda limpiar y quitar nuestros pecados. Ese es el propósito de la ley.

La ley condenó lo mejor de nosotros, pero la gracia salva lo peor de nosotros.

Aunque la ley es santa, justa y buena, no tiene poder para hacernos santos, justos o buenos. Solamente la magnífica creación de Jesús y el esplendor de su amor puede hacerte santo, justo y bueno. ¡Y su sangre ya te ha hecho santo, justo y bueno! Dios ya ha hecho lo que la ley no podía hacer. ¿Cómo? Enviando a su propio Hijo para ser condenado en tu lugar, para que pudieras ser hecho justicia de Dios. Esa es tu posición actualmente: eres hecho justo en Cristo.

Con la llegada del nuevo pacto, la Biblia dice que Dios ha hecho que el antiguo pacto sea obsoleto.[17] ¡Deja de aferrarte a algo que la Biblia ha declarado obsoleto! La ley condenó lo mejor de nosotros.

Incluso David fue condenado bajo la ley, y yo personalmente creo que él es el mejor de quienes estaban bajo el antiguo pacto. La ley condena lo mejor de nosotros, pero la gracia salva lo peor de nosotros. Bajo la ley, si quebrantas una sola ley serás culpable de todas. Igualmente, bajo la gracia, si haces una cosa correctamente, y es creer en el Señor Jesús, ¡entonces serás justificado de todas![18]

El evangelio verdadero siempre produce paz en tu corazón

Hace varios años tuve el privilegio de aconsejar a una de las mejores amigas de Wendy. Wendy la había invitado a estar con nosotros para lo que se suponía que sería una sencilla cena, pero terminó alargándose varias horas. La amiga de Wendy era una joven cristiana que no asistía a nuestra iglesia. En la cena, ella compartió que uno de sus líderes espirituales le había dicho que la vida cristiana era difícil, y que ella tenía que sufrir por el Señor y cumplir lo que prometía. Le habían dicho que tenía que trabajar mucho, orar mucho y asegurarse de leer la Biblia cada día para que Dios pudiera agradarse de ella.

No leemos la Biblia para calificarnos para las bendiciones de Dios. Leemos la Biblia para aprender sobre nuestras bendiciones y nuestra herencia en Cristo.

Cuando ella compartió eso con nosotros, yo sentí que era mi responsabilidad decirle la buena noticia; por tanto, compartí con ella que no tenemos que leer la Biblia porque queremos calificarnos para las bendiciones de Dios. Leemos la Biblia para **aprender** sobre nuestras bendiciones y nuestra herencia en Cristo. ¿Ves la diferencia? Le dije que si yo dejaba de leer la Biblia durante algunos días, no debería sentirme **culpable**, debería sentirme **con hambre**. Dios no se agrada de nosotros sobre la condición de que leamos la Biblia, hagamos largas oraciones y cumplamos lo que prometemos. ¡No, desde luego que no! Él se agrada de nosotros debido a que nuestra confianza está en **Jesús**, que es quien nos califica.

La Biblia nunca dijo que sean nuestras obras las que nos califican. Dice: "con gozo dando gracias al Padre que nos hizo aptos para participar de la herencia de los santos en luz".[19] Es **el Padre** quien nos ha calificado, y Él nos calificó enviando a su Hijo a salvarnos. Él nos ha hecho aptos para ser participantes de su favor, su sanidad, prosperidad, amor, gozo, paz y bienestar en nuestras familias. Todas estas bendiciones son la herencia de los santos, compradas por la sangre de Jesucristo. Somos participantes de nuestra herencia dando gracias al Padre por enviar a su Hijo.

Compartí con aquella mujer que ella puede despertarse cada día y decir: "Padre, te doy gracias por haberme calificado para caminar en victoria, sanidad y prosperidad". Le dije que no debería estar quebrándose la cabeza y preguntándose lo que debía HACER para calificarse para la bondad de Dios. ¡La bondad de Él ya es suya!

Hay demasiadas enseñanzas en la actualidad que les dicen a los creyentes lo que deben hacer para calificarse para esto y aquello. El camino de Dios es que sepamos que por medio de Jesús ya estamos calificados.

Al final de la cena, yo dije: "Prueba lo que he compartido de la bondad de Dios, su gracia y la obra de Jesús en la cruz, contra lo que has oído en tu iglesia. ¿Cuál de esas cosas produce paz en tu corazón?". Ella respondió: "Aunque puede que no lo entienda todo acerca de Jesús porque recién me convertí, sé que lo que has compartido ha producido gran paz y gozo en mi corazón".

Amigo, el gozo y la paz son las marcas del Reino de Dios. Dios no es el autor de la confusión. Él llama a su pueblo a salir de la confusión. Hazte esta pregunta: ¿Qué produce más paz y gozo en mi corazón, oír sobre su juicio e indignación, u oír sobre su bondad y su gracia? ¿Qué produce paz y gozo duraderos, saber que Dios nunca te castigará ni te condenará por sus pecados debido a que Jesús ya ha sido castigado y condenado por ti, u oír que Dios a veces se agrada pero otras veces está enojado contigo dependiendo de lo que hagas? ¿Qué produce verdadero arrepentimiento, el temor al juicio o su bondad incondicional?

Tu respuesta se encuentra en la gracia de Él, y no en lo que tú mismo haces.

Amigo, si eres sincero, sabes que la respuesta se encuentra en Jesús y en su obra terminada. Se encuentra en la gracia de Él, y no en lo que tú mismo haces. Al intentar calificarte a ti mismo para las bendiciones de Dios con toda tu lectura de la Biblia, tus oraciones y tu duro trabajo, estás diciendo junto con los hijos de Israel al pie del monte Sinaí: "Todo lo que el Señor ha hablado lo haremos". Le estás diciendo al Señor que no te evalúe, te juzgue y te bendiga según su bondad y su fidelidad. Le estás pidiendo que te evalúe y te juzgue según **tu propia** bondad y fidelidad. ¿Es eso lo que quieres realmente? Si no es así, entonces comienza a poner tu confianza en la obra terminada de Cristo hoy, ¡y disfruta de las bendiciones que fluyen desde la bondad incondicional de Él!

Capítulo 18

Una cosa te falta

¿**E**STÁS BATALLANDO PARA vivir la vida cristiana hoy? Tu reposo se encuentra en la cruz de Jesús. Si quieres experimentar éxito sin esfuerzo, entonces entiende que ya no se trata de que hagas bien esto o aquello. Se trata de depender de lo que Jesús ha hecho por ti. Mira lo que la propia obra del hombre ha producido. ¿Ha resultado algún bien de tus propios esfuerzos por guardar la ley de Moisés? Cuando el hombre se glorió en la ley, lo siguiente que vimos fue un becerro de oro. Este no es el camino de Dios. Ya no estamos bajo la ley de Moisés. ¡Gloria a Dios, porque ahora estamos bajo el pacto de su abundante gracia!

La bondad de Dios nos lleva al arrepentimiento

"Pero pastor Prince, tenemos que predicar la ley de Dios y su juicio, o no habrá arrepentimiento por parte de la gente".

Amigo, el corazón de Dios nunca es condenar. Nosotros queremos juicio, pero Dios quiere misericordia. La Biblia dice que la benignidad de Dios te guía al arrepentimiento.[1] ¿Sabes cómo Jesús transformó a un pescador bocazas como Pedro? Al ser pescador, Pedro probablemente era un hombre corpulento y fuerte. Por tanto, ¿cómo hizo Jesús que se arrodillara? ¿Fue una fiera predicación sobre el juicio de Dios o un duro sermón sobre la ley de Moisés lo que quebranto a ese pescador? ¡Nada de eso! Jesús bendijo a Pedro con una pesca que hundía la barca y rompía las redes, y cuando Pedro vio la bondad de Dios, se postró a los pies de Jesús y dijo: "Apártate de mí, Señor, porque soy hombre pecador".[2] Ahora bien, prestemos mucha atención aquí. ¿Qué llegó primero, el arrepentimiento de Pedro o la bondad de Dios? Claramente, fue la bondad de Dios lo que llegó primero. Amigo mío, ¡es verdaderamente la bondad de Dios la que nos conduce al arrepentimiento!

Cuando experimentamos su amor por nosotros es cuando podemos responder con nuestro amor por Él.

Sin embargo, sigue habiendo personas que insisten en que tenemos que predicar sobre el arrepentimiento. Bueno, ¡yo no estoy de acuerdo! Creo que deberíamos hacerlo a la manera de Dios: predicar la bondad de Dios y permitir que la bondad de Dios conduzca a las personas al arrepentimiento. El arrepentimiento será un arrepentimiento verdadero; no será un arrepentimiento motivado por el temor al juicio y la indignación. Será un arrepentimiento genuino motivado por la gracia de Él, su amor incondicional y su compasión. Después de todo, nuestra capacidad de amar a Dios surge de que primero gustemos su amor por nosotros. Cuando experimentamos su amor por nosotros es cuando podemos responder con nuestro amor por Él. La Biblia dice: "Nosotros le amamos a él, porque él nos amó primero".[3]

¿Sabes cómo define el amor la Palabra de Dios? El apóstol Juan dijo: "En esto consiste el amor: no en que nosotros hayamos amado a Dios, sino en que él nos amó a nosotros, y envió a su Hijo en propiciación por nuestros pecados".[4] Esta es la definición de amor de la Biblia. No se trata de **nuestro** amor por Él, sino más bien de **su** perfecto amor por nosotros. Contrariamente a la creencia convencional, el verdadero arrepentimiento sincero resulta de una revelación del inmenso e inagotable amor de Dios. No se encuentra en leyes, juicio e indignación. Cuando Pedro vio la bondad de Jesús y su amor, cayó de rodillas en total rendición a Jesús.

Por tanto, seamos bíblicos, amigo. No es la predicación de ira, fiera indignación y juicio lo que hará que los corazones de las personas acudan a Dios. Es la bondad, gracia y misericordia de Él. Cuando se obtiene un destello de ello, no se puede evitar ser abrumado por todo lo que Él es, y eso conducirá al verdadero arrepentimiento. Que las personas acudan a la iglesia para disfrutar de la bondad de Dios porque cuando son impactadas por su **gracia**, sin duda seguirán arrepentimiento, santidad y piedad. Del mismo modo en que no puedes estar bajo el sol sin broncearte, no puedes estar bajo la gracia sin llegar a ser santo.

Momento de cambiar de opinión

A propósito, para todos los que sienten que debería haber más predicación sobre el arrepentimiento, ¿saben lo que la palabra "arrepentimiento" significa? La palabra "arrepentimiento" es la palabra griega *metanoeo*, que según Thayer´s Greek Lexicon, sencillamente significa "cambiar de opinión".[5] Pero debido a que hemos sido influenciados por nuestro trasfondo denominacional al igual que por nuestra propia educación religiosa, muchos de nosotros tenemos la impresión de que el arrepentimiento es algo que implica lamento y tristeza. Sin embargo, eso no es lo que dice la Palabra de Dios. Arrepentimiento significa cambiar de opinión.

Cuando Juan el Bautista dijo: "Arrepentíos, porque el reino de los cielos se ha acercado",[6] estaba diciendo esencialmente: "Cambien de opinión, porque el reino de los cielos se ha acercado". Esto significa que aunque no utilicemos la palabra "arrepentimiento" todo el tiempo con el pueblo de Dios, cada vez que ellos están sentados bajo la predicación ungida de su Palabra, se está produciendo arrepentimiento: sus mentes están siendo cambiadas mediante la predicación del evangelio.

Cuando oyen el evangelio de Jesús predicado, están cambiando de opinión sobre sus viejas creencias que les mantenían atados, y están recibiendo la verdad que les libera. Incluso mientras lees este libro, se está produciendo arrepentimiento. Estás renovando tu mente con las Buenas Nuevas de Jesús; estás siendo cada vez más consciente de su obra terminada y de tu justicia en Cristo. Cuando comienzas a recibir la revelación de que ya no estás bajo el viejo pacto de la ley, sino que ahora estás bajo el nuevo pacto de la gracia, ¡la Biblia llama a eso arrepentimiento!

Arrepentimiento de obras muertas

Con frecuencia se exhorta a los creyentes a arrepentirse del pecado. Sin embargo, en el Nuevo Testamento en realidad se nos exhorta a arrepentirnos de obras muertas. Mira, el pecado es sencillamente el **fruto**, y las obras muertas son la **raíz**.

Dice en el libro de Hebreos que el primer fundamento de nuestra fe es "arrepentimiento de obras muertas, de la fe en Dios".[7] Ahora bien, "obras muertas" no son pecados; son las así llamadas buenas obras que las personas hacen para obtener justicia delante de Dios. Si oras porque piensas que la oración te hace ser recto delante de Dios, eso es una obra muerta. Pero si oras porque **eres** recto delante de Dios y sabes que Él te ama, entonces hay poder. ¿Puedes ver la diferencia? Es la misma actividad, oración, pero la base y la motivación para hacerlo son completamente diferentes. Una es una obra muerta mientras que la otra es una obra viva por la gracia.

De modo similar, si estudias la Biblia porque piensas que hacer eso te hace ser recto delante de Dios, estás equivocado. No habrá fluir; no habrá revelación porque no estás fluyendo con el Espíritu de verdad, quien da testimonio a tu espíritu de que ya eres recto delante de Dios. Pero si estudias la Biblia porque sabes que eres recto delante de Dios y que la Biblia es una carta de amor de Aquel que te hizo recto, se abrirán para ti tesoros de la Palabra de Dios.

Amigo, ¿te has arrepentido alguna vez de obras muertas?

Jesús dijo: "arrepentíos, y creed en el evangelio".[8] En otras palabras, Él estaba diciendo a los judíos de su época: "Cambien de opinión y crean en las Buenas Nuevas: yo derramaré mi sangre, y mediante mi sufrimiento y mi pasión, ¡todos sus pecados serán perdonados!". Si sigues viviendo bajo la ley y dependiendo de tus propios esfuerzos para calificarte y agradar a Dios, ¡es momento de arrepentirte (cambiar de opinión) de obras muertas y creer en el evangelio!

Una cosa te falta

Quiero mostrarte dos historias de la Biblia que contrastan de modo eficaz la ley y la gracia. Estas historias se encuentran en Lucas, capítulos 18 y 19. En Lucas 18:18–23 tenemos la historia del joven rico que acudió a Jesús y preguntó: "¿Qué debo hacer para heredar la vida eterna?". Ahora bien, pensemos por un momento en esta pregunta. ¿Cuál debería ser la respuesta evangélica correcta?

La respuesta evangélica correcta debería ser: "Cree en Él y heredarás la vida eterna". Pero eso no fue lo que Jesús le dijo. En cambio, Jesús le dio la ley de Moisés, diciendo: "No adulterarás; no matarás; no hurtarás; no dirás falso testimonio; honra a tu padre y a tu madre". Jesús le dio los Diez Mandamientos. ¿Por qué? Porque el joven rico acudió con orgullo, creyendo que él podía **hacer** algo para ganarse y merecerse la vida eterna. Siempre que llegues presumiendo de tus esfuerzos, Jesús te dará la ley de Moisés.

Ahora escucha lo que el joven dijo como respuesta a Jesús: "Todo esto lo he guardado desde mi juventud". ¡Asombroso! ¡Este hombre realmente afirmó que había guardado todos los Diez Mandamientos desde su juventud! Al igual que los fariseos, algunas personas realmente creen que son capaces de guardar todas las leyes de Moisés, sin saber que han rebajado la ley de Dios hasta un lugar en el que creen que pueden guardarla. Jesús vino a darle de nuevo a la ley de su impecable estándar; no sólo debe haber una adherencia externa a la ley, sino que también debe haber una adherencia interna. Jesús mostró que la ley de Dios está por encima de los propios esfuerzos del hombre. El joven rico probablemente esperaba que Jesús le elogiase por guardar la ley, y se sentía realmente confiado en sí mismo. Pero observemos lo que Jesús le dijo. En lugar de elogiarle, le dijo: "**Aún te falta una cosa**".

Mira, cada vez que presumes de guardar la ley, Jesús encontrará algo que te falta. En este caso, le dijo al joven que vendiese todo lo que tenía, lo diese a los pobres y le siguiese. El joven había presumido de haber guardado todos los mandamientos, pero ahora Jesús le estaba dando el primer mandamiento: "No tendrás dioses ajenos delante de mí",[9] (ni siquiera el dinero), y veamos lo que sucedió. El joven se alejó triste. ¡Ni siquiera fue capaz de darle una moneda al Señor! Piensa en el increíble privilegio de seguir a Jesús. Jesús le dio al hombre la oportunidad de seguirle, pero el hombre no pudo porque no podía soportar alejarse de su riqueza. En toda su presunción, ni siquiera era capaz de cumplir el primer mandamiento.

Amigo, si acudes al Señor lleno de fariseísmo, presumiendo de tu capacidad de cumplir la ley, Él te mostrará que, según la ley, aún te falta una cosa.

La gracia abre el corazón

Ahora bien, leamos Lucas 19:1–10. Jesús entró en Jericó y una multitud se reunió para verle. Entonces, cuando pasaba al lado de un árbol sicómoro, levantó la vista y vio a Zaqueo, el bajito y pequeño Zaqueo que se había subido al árbol esperando ver a Jesús cuando pasara por allí.

Zaqueo era un recaudador de impuestos corrupto, un pecador. Pero en lugar de darle los Diez Mandamientos, Jesús le mostró gracia (favor inmerecido) y se invitó a sí mismo a la casa de Zaqueo. Desde luego, las personas en la multitud sintieron desagrado y dijeron "que había entrado a posar con un hombre pecador".

Ahora bien, observemos lo que sucedió en la casa de Zaqueo. Antes de que terminase la cena, Zaqueo se puso en pie y le dijo al Señor: "He aquí, Señor, la mitad de mis bienes doy a los pobres; y si en algo he defraudado a alguno, se lo devuelvo cuadruplicado". Jesús sonrió a Zaqueo y dijo: "Hoy ha venido la salvación a esta casa".

Yo creo que fue el Espíritu Santo quien puso estas dos historias lado a lado. No creo que sucedieran en orden cronológico. Creo que el Espíritu Santo las puso en este orden divino para mostrarnos los efectos contrarios de estar bajo el pacto de la ley y estar bajo el pacto de la gracia.

Cuando el joven rico llegó presumiendo de guardar la ley, Jesús **respondió con la ley**. Y el joven ni siquiera pudo dar una moneda a Jesús, y se fue triste. Pero en el capítulo siguiente, cuando Jesús **no dio ninguna ley sino que mostró su gracia**, no sólo abrió el corazón de Zaqueo, ¡sino que también abrió su cartera! ¿Puedes imaginarlo? Abrió la cartera de un recaudador de impuestos corrupto. ¡Ese es verdaderamente el poder de la gracia! Conduce al verdadero arrepentimiento. Cuando experimentas su gracia, no puedes evitar ser generoso.

La ley condena el fariseísmo, pero la gracia transformara al pecador.

Después de que Jesús derramase su amor y su gracia incondicionales sobre Zaqueo, el corazón de Zaqueo rebosó con el favor de Dios inmerecido y que no puede ganarse. Él sabía en lo profundo de su corazón que, como pecador y recaudador de impuestos corrupto, no se merecía que Jesús estuviera en su casa. Lo único que había esperado era echar un vistazo a Jesús desde el árbol, pero la bondad de Dios sobrepasó con mucho sus expectativas. Y al igual que Pedro fue llevado a arrodillarse cuando vio la bondad de Jesús, Zaqueo fue llevado al arrepentimiento cuando experimentó la bondad de Jesús. Mira, la ley condena el fariseísmo, pero la gracia transformara al pecador.

Contrariamente al joven rico, Zaqueo no acudió a Jesús presumiendo de guardar la ley. Él sabía que no se merecía nada, y por eso Jesús pudo mostrarle gracia. Del mismo modo, muchos creyentes en la actualidad no se permiten a sí mismos recibir gracia del Señor porque, como el joven rico, su confianza está en su propia justicia y en guardar la ley. Cuando dependes de la ley, se te devolverá la ley para sacar a la luz las áreas que te faltan. Cuando piensas que has guardado perfectamente la ley, siempre habrá una cosa que te falte.

El papel de la ley es llevarte al límite de ti mismo, llevarte a un lugar donde sepas con toda seguridad que no puedes hacer nada para merecerte la salvación de Dios, sus bendiciones y su favor.

Nuestro Padre celestial está esperando a que renunciemos a nuestros propios esfuerzos. En el momento en que comienzas a arrepentirte de todas las obras muertas que has estado haciendo para intentar calificarte y merecer la aceptación de las bendiciones de Dios, Dios derramará sobre ti su abundante gracia: su favor inmerecido y que no puede ganarse.

Dios busca la transformación interior del corazón

"Pero, pastor Prince, si renuncio a guardar la ley de Moisés, ¿qué va a gobernar mi conducta y asegurar que sea aceptable a Dios?".

No tienes que preocuparte por el modo en que será gobernada tu conducta sin tener conciencia de la ley. La Palabra de Dios dice que la gracia te enseñará: "Porque la gracia de Dios se ha manifestado para salvación a todos los hombres, enseñándonos que, renunciando a la impiedad y a los deseos mundanos…".[10]

La gracia es un maestro, y enseñó a Zaqueo. ¿Recuerdas cuál fue su respuesta después de haber experimentado abundancia de gracia? Él dijo: "He aquí, Señor, la mitad de mis bienes doy a los pobres; y si en algo he defraudado a alguno, se lo devuelvo cuadruplicado". La gracia es la que conduce a las personas al verdadero arrepentimiento. La gracia no da como resultado una modificación superficial de la conducta, sino una transformación interior del corazón.

No es la feroz predicación del juicio de Dios lo que nos conduce al arrepentimiento. Es la bondad de Dios la que nos conduce al arrepentimiento.

Recibe enseñanzas urgidas, y escucha cada vez más sobre la gracia de Dios, su obra terminada y su bondad. Empieza a "cambiar de opinión": ¡de situarte bajo el viejo pacto de la ley a verte a ti mismo disfrutando del favor inmerecido de Dios bajo el nuevo pacto de la gracia!

La gracia es lo que conduce a las personas al verdadero arrepentimiento y a la transformación interior del corazón.

Capítulo 19

La clave para una vida victoriosa sin esfuerzo

L AS PERSONAS TIENEN temor a predicar el evangelio de la gracia porque creen que si predican la gracia, los creyentes se irán y pecarán. Parecen tener más confianza en la carne del hombre para guardar la ley que en el poder de la cruz. Sin embargo, no es la gracia la que aviva el pecado, es la ley.[1]

No olvides que después de que Israel presumiera ante Dios: "Todo lo que Jehová ha dicho, haremos",[2] quebrantaron el primer mandamiento e hicieron un becerro de oro a los pies del monte Sinaí. ¿Has leído alguna vez que **el poder del pecado es la ley**?[3] Cuanto más intentas guardar la ley y no pecar, peor se vuelve. Por ejemplo, si yo te digo que **no** pienses en un dinosaurio color púrpura en este momento, ¿qué es lo primero que viene a tu mente?

Vamos, te dije que **no** pensaras en un dinosaurio color púrpura. ¡Quítate de tu cabeza esa imagen del dinosaurio color púrpura!

Cuanto más intentes no ver un dinosaurio color púrpura, más ocupada está tu mente con ese dinosaurio color púrpura. Mira, no puedes evitarlo. Cuanto más lo intentes, más verás ese dinosaurio color púrpura. De la misma manera, cuanto más te sitúas bajo la ley, cuanto más intentas no pecar, más consciente serás de pecado.

Los propios esfuerzos dan como resultado derrota

Imagina a un hombre que sabe que tiene un problema con la lujuria. Cuando se levanta en la mañana, le dice al Señor: "Señor, dame victoria hoy. Ayúdame a no desear a las mujeres. No quiero tener lujuria, así que ayúdame a no tenerla hoy. No tendré lujuria. No tendré lujuria. No tendré…".

Pero en el momento en que sale de su apartamento y ve a alguien caminando con una falda, ¿cuál crees que será su primer pensamiento? ¡Será un pensamiento lujurioso! Cuanto más intente no tener lujuria, más ocupada estará su mente con la lujuria. De hecho, cualquier cosa con falda desencadenará su mente para que tenga lujuria, ¡incluso si la persona que camina con "falda" es un escocés vestido con kilt!

Imagina otro escenario en el que una señora se dice a sí misma: "No puedo soportar a esa compañera. Siempre parece decirme cosas que me enojan mucho. Pero como soy cristiana, haré todo lo posible por amarla. Obedeceré la ley. Le amaré. Le amaré como a mí misma. Le amaré…". Incluso mientras conduce al trabajo, esta señora piensa para sí: "No me enojaré con ella cuando la vea. Le amaré".

¿Pero sabes qué? En el momento en que entra en su oficina, la compañera a la que está **intentando** amar le saluda con un brillante "¡buenos días!". Al instante, en lugar de amor, ella siente enojo e irritación: "Es el modo en que ella dice 'buenos días'. Es muy pretenciosa. ¡Es una hipócrita! ¡La odio!". Y cuanto más intenta que su compañera le caiga bien, es peor. ¿Te ha sucedido eso alguna vez?

Una vida victoriosa sin esfuerzo

Veamos a otro cristiano que tiene un problema con la lujuria y el enojo. Pero este cristiano cree en la gracia, así que cuando se levanta, le dice al Señor: "Señor, ni siquiera voy a intentarlo hoy. Sé que no puedo vencer esto por mí mismo. Señor, descanso en ti. Tú vives la vida victoriosa por mí. Yo no puedo vencer la lujuria con mis propias fuerzas. No puedo amar a esa compañera por mis propias fuerzas. Mis ojos están en ti. Aunque yo no puedo hacerlo, sé que tú puedes. Gracias por tu gracia. Estaré bien".

Entonces, sale de su casa y se va al trabajo. Mientras va conduciendo al trabajo, ve un inmenso cartel que muestra a una mujer en bikini. Y cuando se siente tentado a tener pensamientos de lujuria, dice: "Gracias, Padre, porque soy la justicia de Dios en Cristo. Sé que tú estás aquí conmigo. No he perdido tu presencia. Incluso cuando fallo, tú estás conmigo. Gracias por tu gracia". La tentación llega y la tentación se va. Él descansa; no se dirige a un lado de la carretera y se lamenta: "Oh Dios, ¿por qué me está sucediendo esto otra vez? ¡Por favor, perdóname, Señor!", porque sabe que cuanto más confiese y se enfoque en su debilidad, peor será.

Las personas que viven bajo culpabilidad y condenación están abocadas a repetir sus pecados.

A propósito, ¿sabes lo que hacen normalmente las personas que creen en confesar sus pecados para ser perdonados? Más de una vez, se dicen a sí mismos: "Me ahorraré mis confesiones para esta noche. Mientras tanto, ya que soy culpable de lujuria, voy a ver esta película y permitirme echar una ojeada a esta revista para hombres. Reuniré estos pecados y los confesaré todos ellos al final del día".

Mira, las personas que viven bajo culpabilidad y condenación están abocadas a repetir sus pecados. Piensan que ya que la comunión con Dios ha sido rota, bien podrían seguir adelante y permitirse sus debilidades antes de reconciliarse con Dios.

Por otro lado, los creyentes bajo la gracia saben que siempre son rectos y que la comunión con Dios nunca se rompe. Incluso cuando fallan, saben que Jesús sigue estando con ellos. Saben que la justicia es un regalo y que el Espíritu Santo está presente para convencerles de su justicia en Cristo. Cuanto más creen que somos justos, más experimentan verdadera victoria sobre el pecado. Amigo, hemos establecido lo siguiente antes: **la creencia correcta siempre produce vida correcta.**

Regresemos al creyente que cree en la gracia. Ahora, cuando entra a la oficina saluda a la compañera que le cae mal. Esa compañera dice un agudo "¡buenos días!" cerca de sus oídos. Aunque él está irritado y siente que surge enojo, es capaz de dar gracias: "Señor, gracias por amarme incluso cuando me siento así". En lugar de decir: "Dios, perdóname por fracasar tanto", es capaz de elevarse por encima de sus sentimientos de enojo e irritación, y captar una revelación fresca del amor incondicional de Dios por él.

En lugar de sentirse irritado y enojado consigo mismo por estar irritado y enojado con su compañera, rebosa de la gracia de Dios y es capacitado con una habilidad sobrenatural para amar incluso a la compañera que menos le gusta. ¿Puedes ver la diferencia entre quienes creen en la gracia de Dios y su perdón, y quienes intentan vencer el pecado por sus propios esfuerzos? ¡Quienes dependen de la gracia de Dios ven el poder de Él fluyendo en sus vidas!

Amigo, de vez en cuando serás tentado a pecar. Pero mientras que la ley solamente aviva tu carne para ser más consciente de pecado, la gracia te da el poder de ser victorioso sobre el pecado sin esfuerzo. Por eso el apóstol Pablo dijo: "Porque el pecado no se enseñoreará de vosotros; pues no estáis bajo la ley, sino bajo la gracia".[4] Cuando te sitúas a ti mismo bajo la ley, en el momento en que eres tentado te condena a ti mismo, y en ese estado de culpabilidad y condenación, tienes más probabilidad de seguir esa tentación y ese pecado.

Sin embargo, cuando te sitúas bajo la gracia de Dios, en el momento en que eres tentado recibes una dosis nueva de su gracia y su perdón. Te ves a ti mismo justo y eso te da el poder para elevarte por encima de la tentación.

Velad debidamente, y no pequéis.[5] Cuando crees que eres justo **incluso** cuando pecas, tus pensamientos y acciones se pondrán en consonancia con tu creencia. Como contraste, los creyentes que no saben que somos justos, incluso cuando pecan seguirán en su ciclo de pecado.

La creencia correcta conduce a la vida correcta

Charles Haddon Spurgeon, probablemente el primer pastor que construyó jamás una mega iglesia en Londres, el Tabernáculo Metropolitano, fue un famoso y respetado predicador a principios del siglo XX. Era conocido como "el príncipe de los predicadores", y sin considerar a qué denominación pertenecían, muchos ministros y teólogos respetaban y siguen respetando a Spurgeon. Lo siguiente es lo que Spurgeon decía sobre la gracia:

Ninguna doctrina está tan calculada para guardar al hombre de pecado sino la doctrina de la gracia de Dios. Quienes la han denominado una "doctrina licenciosa" no sabían nada en absoluto al respecto. Pobres ignorantes, no sabían que sus propias obras viles eran la doctrina más licenciosa bajo el cielo. Si conocieran la gracia de Dios en verdad, enseguida verían que no había nada que les guardase de mentir como el conocimiento de que somos elegidos de Dios desde la fundación del mundo. No hay nada como una creencia en mi perseverancia externa, y la inmutabilidad del afecto de mi Padre, que pueda mantenerme cerca de Él desde una motivación de simple gratitud.

Nada hace al hombre tan virtuoso como la creencia de la verdad. **Una doctrina mentirosa pronto engendrará una práctica mentirosa. El hombre no puede tener una creencia errónea sin tener como resultado una vida errónea.** Yo creo que una cosa engendra naturalmente la otra. De todos los hombres, quienes tienen la piedad más desinteresada, la reverencia más sublime, la devoción más ardiente, son quienes creen que son salvos por gracia, sin obras, mediante la fe y no de sí mismos, sino que es un regalo de Dios. Los cristianos deberían prestar atención, y ver que siempre es así, para que por ningún medio Cristo sea crucificado de nuevo y llevado a manifiesta vergüenza.[6]

¿No son hermosas esas palabras? Spurgeon estaba diciendo que si tu conducta es errónea, se debe a que hay algo erróneo en tus creencias. La gracia de Dios es el poder para guardarte de pecado. La creencia correcta conduce a una vida correcta. Cree que eres justo debido a la sangre de Jesús, y el resultado de creer esto será pensamientos y actos correctos.

Si tu conducta es equivocada, se debe a que hay algo equivocado en tus creencias.

Victoria en los pensamientos

En el Cantar de los Cantares, Salomón dijo: "Tus mejillas, como cachos de granada detrás de tu velo".[7] Las mejillas son una referencia a la cabeza. La Biblia realmente compara tu cabeza con la granada. Cuando cortas una granada por la mitad, descubrirás que está llena de semillas blancas y un hermoso líquido rojo. Cuando yo estuve en Israel, me dijeron que el líquido rojo es muy fuerte; si te manchas con él la camisa, la mancha será muy difícil de eliminar.

Ahora bien, este es un cuadro muy potente para que lo tengas si quieres victoria sobre tus pensamientos. Puede que estés batallando con tentaciones, con pensamientos furiosos y enojados, o con pensamientos de culpabilidad y condenación, pero el Señor quiere que tengas victoria sobre esas batallas en tu mente. Él quiere que imagines tu cabeza como si fuera una granada. El abundante líquido rojo es un cuadro de la sangre de Jesucristo, y las muchas semillas son tus pensamientos. La sangre de Jesús constantemente está lavando y limpiando tus pensamientos. La tentación que tenías en tu cabeza en este momento ya ha sido limpiada. Tus pensamientos están bajo una cascada constante de limpieza y perdón.

Cuando la Biblia declara en 1 Juan 1:7 que la sangre de Jesucristo nos limpia de todo pecado, el tiempo verbal en griego de la palabra "limpia" denota una acción presente y continua. En otras palabras, la sangre de Jesús sigue "limpiando continuamente".[8] Esto significa que la sangre nunca deja de limpiar tus pensamientos. Incluso en este momento, tus pensamientos de culpabilidad están siendo limpiados. Los pensamientos enojados y lujuriosos están siendo limpiados. ¡Todo modo de tentación está siendo limpiado! En el momento en que piensas un mal pensamiento, estás siendo limpiado. El problema con los creyentes en la actualidad es que piensan para sí: "Soy cristiano; ¿cómo puedo tener entonces estos pensamientos tan terribles?".

Amigo, escucha con atención lo que estoy a punto de decir: no puedes evitar que los pájaros vuelen sobre tu cabeza, ¡pero sin duda puedes evitar que hagan un nido en tu cabeza! No puedes evitar que tu carne y el diablo pongan pensamientos negativos y tentaciones en tu mente. Pero puedes tener victoria sobre tus pensamientos ocupándote de que **todos** tus pensamientos sean continuamente limpiados por la sangre de Jesús. La obra redentora de Él es su victoria sobre tus pensamientos.

Acusaciones contra gracia

En el libro de Romanos, Pablo dijo: "¿Qué, pues, diremos? ¿Perseveraremos en el pecado para que la gracia abunde?".[9] Obviamente, Pablo fue malentendido y acusado de decirle a la gente que pecase más para que abundase la gracia. Esta es la misma acusación que ha sido levantada contra mí.

Pablo **nunca** dijo: "Pequemos más para que la gracia abunde", y yo tampoco lo he dicho. Quiero volver a dejar esto explícitamente claro: Yo, Joseph Prince, ¡estoy vehementemente, agresivamente e irrevocablemente en contra del pecado! El pecado es malo y conduce a consecuencias destructivas. Yo estoy del mismo lado que cualquiera que esté en contra del pecado, sólo que con la siguiente diferencia: algunos creen que la victoria sobre el pecado se encuentra en predicar más la ley, pero yo veo que en las

Escrituras, la victoria sobre el pecado se encuentra en la predicación de la gracia de Dios.

Leamos lo que Pablo dijo en este contexto:

Romanos 5:20

Pero la ley se introdujo para que el pecado abundase; mas cuando el pecado abundó, sobreabundó la gracia.

¿Has observado que la ley entró para que el pecado pudiera abundar? Claramente significa que cuanto más predicas la ley, más abundará el pecado. Después de todo, la fortaleza del pecado es la ley. Por tanto, cuando ves pecado y predicas más de la ley, estás literalmente añadiendo leña al fuego.

La superabundancia de la gracia de Dios

Al decir que donde abundó el pecado sobreabundó la gracia, estoy predicando el mismo mensaje que Pablo predicó (es bueno estar en compañía de Pablo). Lo que Pablo quiso decir, que es lo mismo que yo quiero decir, es lo siguiente: **el pecado no detiene el fluir de la gracia de Dios, pero la gracia de Dios detendrá el pecado**. Hazte esta pregunta: ¿Qué es mayor, tus pecados o la gracia de Dios? La respuesta es obvia. ¡La gracia de Dios es siempre mayor! De hecho, cuando lees "mas cuando el pecado abundó, sobreabundó la gracia" en el original griego, en realidad dice que donde abunda el pecado, la gracia "**sobreabunda**".[10] Por tanto, donde hay pecado, ¡la gracia de Dios está en sobreabundancia!

No podemos tener temor a predicar la gracia porque es el único poder para detener el pecado en las vidas de las personas. Cuando fallas, en lugar de sentirte culpable y condenado, recibe la sobreabundante gracia de Dios que te dice que sigues siendo la justicia de Dios. Su sobreabundante gracia es la que te rescatará de ese pecado. Quienes se revuelven en la culpabilidad y la condenación son quienes no tienen capacidad alguna de vencer sus pecados. Ya que creen que la gracia de Dios se ha alejado, ¿qué esperanza pueden tener? La victoria sobre el pecado llega solamente cuando las personas encuentran la sobreabundancia de la gracia de Dios. ¡Su gracia es la que ha hecho justos a los pecadores!

La victoria sobre el pecado llega solamente
cuando las personas encuentran la
sobreabundancia de la gracia de Dios.

La justicia de Dios está de tu lado hoy

"Pastor Prince, ¿cómo puedo yo ser justo cuando no he hecho nada recto, y especialmente cuando acabo de fracasar?".

Responderé tu pregunta si puedes decirme lo siguiente: ¿Cómo pudo Jesús ser condenado como pecador cuando no cometió pecado alguno?

Jesús llevó todos tus pecados sobre sí mismo en la cruz. Y una vez que tus pecados han sido castigados, sería "injusto" de parte de Dios demandar pago por tus pecados otra vez. ¡Él no puede castigar tus pecados dos veces! Sí, es santo, correcto y justo que Dios castigue el pecado; pero al haber castigado el pecado en el cuerpo de su sustituto Jesucristo, Dios no demandará de nuevo castigo por tus pecados, precisamente porque Él es santo y justo.

Por tanto, si entiendes que la justicia de Dios ya ha sido ejecutada en la cruz, verás que hoy, como creyente del nuevo pacto bajo la gracia, la santidad de Dios, la rectitud de Dios y la justicia de Dios están DE TU LADO demandando tu absolución, liberación, sanidad, prosperidad...la justicia de Dios demanda hoy que tienes y disfrutas de **todos los beneficios de la cruz**.

No pases por alto esta poderosa revelación. ¡Este es el evangelio de Jesús! Debido a que todos tus pecados han sido castigados en el cuerpo de tu sustituto Jesucristo, la justicia de Dios está de tu parte, demandando tu justificación y perdón. Por eso, incluso cuando fallas, la gracia de Dios sobreabundará y se tragará tu fracaso. Ha sido pagado en el Calvario.

La Biblia dice: "y si alguno hubiere pecado, abogado tenemos para con el Padre, a Jesucristo el justo. Y él es la propiciación por nuestros pecados; y no solamente por los nuestros, sino también por los de todo el mundo".[11] Jesús es tu abogado hoy y Él demanda que seas absuelto. Su sangre ha sido derramada y Él se convirtió en la propiciación (propiciatorio) por todos tus pecados. Cuando Dios te mira, lo único que ve es la sangre de Jesús que te hace ser completamente justo. ¡Aleluya!

El apóstol Pablo predicó la gracia radicalmente

Yo estoy predicando el evangelio que Pablo predicó, y yo estoy predicando radicalmente como lo hizo él, para que el pueblo de Dios pueda disfrutar de verdadera libertad y victoria en su gracia. Pero debido a que predico esta buena noticia, mi nombre ha sido arrastrado por el barro en algunos círculos. Veo que las personas que han escuchado mi predicación me aborrecen o me quieren. Bueno, creo que estoy en buena compañía. Hay una cosa que necesitas saber acerca de Jesús: no puedes quedarte sentado en la valla cuando se trata de Él. No hay terreno neutral; o bien le amas o, como los fariseos, le aborreces con pasión. Para quienes me aborrecen, no lo tomo de modo personal, porque en realidad están aborreciendo el evangelio. Están defendiendo la ley, sin darse cuenta de que es el ministerio de muerte y condenación.[12]

Ahora bien, en todo lo que te he predicado en este libro, ¿te he señalado hacia la Biblia? ¿He exaltado a Jesucristo y su obra terminada? ¿O soy una de esas personas que exaltan al hombre y sus esfuerzos? Una cosa sobre el evangelio de la gracia es que no señala nada del hombre y lo dirige todo hacia Jesús. Por el contrario, la ley siempre señala al hombre. Te dice que a menos que **tú** hagas esto, o a menos que **tú** hagas aquello, no tendrás este milagro o esa victoria.

Hace años, se dijeron algunas palabras realmente desagradables de mí con respecto al evangelio de gracia que yo estaba predicando, y me sentí desalentado. Era el año 2000. Durante ese período, sucedió que yo estaba en Nueva York con Wendy y, como era mi costumbre, salí a buscar una librería cristiana. Encontré una, pero antes de entrar dije: "Dios, ¿puedes por favor alentarme? Yo sé que este evangelio viene de ti, pero necesito un poco de aliento por tu parte".

Cuando estaba en la librería, me dirigí hacia un rincón donde encontré una serie de libros del Dr. Martyn Lloyd-Jones. El Dr. Martyn Lloyd-Jones había sido pastor de Westminster Chapel en Londres durante casi 30 años. Era muy respetado dentro de círculos carismáticos y no carismáticos igualmente, y era considerado por muchos el Charles Spurgeon de la Iglesia moderna. Sin embargo, yo no estaba familiarizado con sus enseñanzas en aquel entonces, ya que nunca le había escuchado predicar ni había leído lo que él escribió sobre la gracia. Pero eso estaba a punto de cambiar.

Recuerdo preguntarme a mí mismo por qué me sentía atraído hacia aquella sección, ya que los libros del Dr. Martin Lloyd-Jones también podría conseguirlos en mi ciudad. Sin embargo, seguí la dirección del Espíritu Santo y agarré un libro al azar. Se abrió en la enseñanza del Dr. Lloyd-Jones sobre Romanos 8:1, que dice: "Ahora, pues, ninguna condenación hay para los que están en Cristo Jesús". Él decía: "El apóstol [Pablo] está aseverando que si somos cristianos, sus pecados y los míos, los pecados pasados, presentes y futuros, ¡ya han sido tratados una vez para siempre!". Vaya, yo estaba emocionado porque eso sonaba muy parecido a lo que yo había estado predicando, y había habido escasez de tales enseñanzas. En estos tiempos uno no escucha mucha predicación como esa. Y de todos los libros en la librería, yo me vi atraído hacia ese. Sabía que era la respuesta a la oración que yo había hecho antes de entrar en la librería, así que seguí leyendo:

> El apóstol [Pablo] está aseverando que si somos cristianos,
> sus pecados y los míos, los pecados pasados, presentes y

futuros, ¡ya han sido tratados una vez para siempre! ¿Había entendido usted eso? La mayoría de nuestros problemas se deben a que no entendemos la verdad de este versículo.

"Ahora, pues, ninguna condenación hay para los que están en Cristo Jesús" con mucha frecuencia se entiende mal en el sentido de que significa que solamente los pecados del pasado han sido tratados. Desde luego que significa eso; pero también se refiere a sus pecados presentes; aún más, significa que cualquier pecado que usted pueda tener oportunidad de cometer ya ha sido tratado. Usted nunca, nunca puede, estar bajo condenación. Eso es lo que el apóstol está diciendo: nada puede llevar al cristiano de nuevo a una posición de condenación...

El cristiano no puede perderse, el cristiano no puede estar bajo condenación. "Ninguna condenación" es una palabra absoluta, y no debemos apartarnos de ella. Hacerlo es contradecir y negar las Escrituras...

Pero ¿por qué dice eso el apóstol, y sobre qué base lo dice? ¿No es peligroso decirlo? **¿No incitará a las personas a pecar? Si les decimos a los cristianos que sus pecados pasados, presentes y futuros ya han sido quitados por Dios, ¿no les estamos diciendo más o menos que son libres para salir y pecar? Si usted reacciona de esa manera a mis afirmaciones estoy más que contento, porque obviamente soy un intérprete bueno y verdadero del apóstol Pablo.**[13]

A medida que leía el pasaje, me sentí realmente renovado y fortalecido. Era bueno escuchar de un hombre de Dios experimentado que había predicado este mismo evangelio antes incluso de que yo naciese. Él estaba diciendo en efecto que si los ministros no son acusados de las mismas cosas de las que fue acusado Pablo, entonces significa que no están siendo verdaderos intérpretes del mensaje de Pablo. (Recuerde que Pablo fue acusado de decir que deberíamos pecar más de modo que la gracia pudiera sobreabundar). Por tanto, cuando leí sus escritos, sentí que estaba en buena compañía, primero con Pablo, y después con el querido Dr. Martyn Lloyd-Jones.

Cuando predicas el verdadero evangelio, debes predicar gracia radical. Cuando yo estaba en Suiza en 1997, el Señor me dijo: "Si no predicas la gracia radicalmente, las vidas de las personas nunca serán radicalmente bendecidas y radicalmente transformadas".

He estado haciendo eso desde entonces, y con el nuevo aliento de parte del Señor en aquella librería en Nueva York, supe que no dejaría de predicar la gracia radicalmente porque quería ver vidas radicalmente transformadas y creyentes que vivieran con verdadera victoria sobre todo hábito y pecado destructivos. Es el evangelio que Pablo predicaba.

¡Es el evangelio que te conducirá a una vida victoriosa sin esfuerzo en Cristo Jesús!

Cuando la gracia es predicada radicalmente, las vidas de las personas serán radicalmente bendecidas y transformadas.

Capítulo 20

El problema con la mezcla

S ABES POR QUÉ muchos creyentes en la actualidad tienen una perspectiva de Dios confundida? ¿Qué haría que los creyentes piensen que Dios a veces está enojado con ellos, pero otras veces se agrada de ellos? ¿Por qué algunos creyentes pensarían que su Padre celestial realmente les castigaría con enfermedades y dolencias cuando sería impensable que ellos utilizaran tales medidas draconianas con sus propios hijos? ¿Cuál es la causa de esta aparente esquizofrenia que existe en el Cuerpo de Cristo actualmente? Te propongo que esta confusión surge de lo que se denomina "galacianismo".

El galacianismo es esencialmente una mezcla de pactos. Es la mezcolanza de enseñanzas acerca de Dios que contienen un poco de la ley y también un poco de la gracia. La iglesia en Galacia batallaba con esto, y por la gravedad del tono del apóstol Pablo hacia los gálatas, es obvio que Pablo consideraba este asunto muy seriamente.

Nunca encontrarás a Pablo diciendo a los creyentes en la iglesia en Corinto: "¡Oh corintios insensatos!". Sin embargo, sabemos que la iglesia en Corinto era un desastre. La gente participaba en todo tipo de pecados. Tenían peleas, envidia y celos, y algunos de ellos incluso iban a prostitutas del templo. Había creyentes que se demandaban unos a otros ante los tribunales. La congregación también utilizaba mal los dones del Espíritu. En general, había todo tipo de actividades inmorales en la iglesia en Corinto. ¡Había un profundo caos! Sin embargo, ni una sola vez Pablo les llamó "corintios insensatos", o en nuestro lenguaje actual "corintios ESTÚPIDOS". Estudia tu Biblia, y no encontrarás ni siquiera un ejemplo. Por el contrario, Pablo afirmó a los corintios y les dijo: "Fiel es Dios, por el cual fuisteis llamados a la comunión con su Hijo Jesucristo nuestro Señor".[1] Él habló positivamente de hechos, asegurándoles que "no tenían falta de ningún don" y que serían confirmados hasta el fin y "para que seáis irreprensibles en el día de nuestro Señor Jesucristo".[2] ¿No es eso sorprendente?

La mala doctrina es peor que la mala conducta

Ahora, observemos el claro contraste entre el modo en que Pablo trata a la iglesia corintia y a la iglesia en Galacia. A la iglesia en Galacia le dijo: "¡Oh gálatas insensatos! ¿quién os fascinó...?".[3] Más adelante, vuelve a decir: "¿Tan necios sois?".[4] ¡Pablo estaba enojado! Estaba molesto con lo que estaba sucediendo en Galacia, y dejó claro que no estaba contento en absoluto con los gálatas. La mayoría de personas esperaría que Pablo estuviera más molesto con los creyentes en Corinto, pero no lo estaba. Su intensa reacción hacia la iglesia en Galacia revela **lo que es prioritario para Dios**. Está claro que a los ojos de Dios, ¡**creer la mala doctrina es peor que mostrar mala conducta**!

Por si acaso no lo entendiste la primera vez, permite que lo diga de nuevo: para Dios, ¡**la mala doctrina es mucho peor que la mala conducta**! Cuando se trató de mala conducta en Corinto, Pablo fue amable y tranquilo hacia los creyentes; pudo manejar su mala conducta porque sabía que la gracia de Dios podía ocuparse de sus fiestas de mala conducta. Por eso fue capaz de hablarles positivamente, incluso decirles: "Gracias doy a mi Dios siempre por vosotros, por **la gracia de Dios** que os fue dada en Cristo Jesús".[5] Pero cuando se trató de mala doctrina en Galacia, él reprendió a los creyentes allí porque anulaban la gracia de Dios al mezclarla con la ley.

En el primer capítulo de Gálatas, Pablo dice: "Estoy maravillado…", o como tú y yo diríamos actualmente: "Estoy horrorizado…". ¿Qué le horrorizaba? Pablo continúa: "Estoy maravillado de que tan pronto **os hayáis alejado** del que os llamó por **la gracia de Cristo**, para seguir un evangelio diferente. No que haya otro, sino que hay algunos que os perturban y quieren pervertir el evangelio de Cristo".[6]

Pablo estaba enojado porque los gálatas se estaban alejando de "**la gracia de Cristo**" hacia "un evangelio diferente", y porque había algunas personas que querían "pervertir el evangelio de Cristo". Pablo había predicado el evangelio de la gracia a los gálatas, pero descubrió que había judaizantes que introducían elementos de la ley, mezclando la gracia de Dios con la ley. No tengas en poco este problema. Fue un grave problema, y enojó mucho a Pablo. Ya que Pablo estaba lleno del Espíritu Santo y su enojo fue inspirado por el Espíritu, nos beneficiaría entender realmente por qué la mezcla de ley y gracia le enojó.

La gracia es la solución a la mala conducta

Imagina que tienes un montón de ropa sucia en tu sala, y cada día ese montón se hace más grande. El olor de ese montón es más fuerte y más insoportable a medida que pasan los días. ¿Es este un gran problema? Bueno, depende. Mientras tu lavadora esté funcionando, no será un problema por mucho tiempo. Independientemente de cuánta cantidad de ropa sucia tengas, mientras tu lavadora funcione, sigue habiendo esperanza. La ropa sucia solamente se convierte en un problema si destruyes o te deshaces de la lavadora. Sin lavadora, la ropa sucia que se está apilando ciertamente se convierte en un gran problema. ¿Qué vas a hacer con toda esa ropa sucia si no tienes una lavadora que funcione?

Mira, la ropa sucia es la "mala conducta" y la lavadora es "la gracia". Ahora bien, no me malentiendas, pues ciertamente no queremos que nuestra casa huela mal. Pero si tienes mala conducta, mientras haya gracia en la iglesia, la gracia te enseñara y te dará el poder para vencer tu mala conducta. Pero si no hay gracia alguna en la iglesia, o si la gracia está mezclada con la ley y anulada, entonces ¿qué esperanza hay para vencer tu mala conducta?

Permitir la mezcla pervierte el evangelio de Cristo

Por eso Pablo tuvo que ser firme con los gálatas. Al permitir que la gracia se mezclase con la ley, los gálatas había pervertido el evangelio de Cristo. Pablo les había predicado el evangelio de la gracia, pero después de que él se fuera, llegaron algunos judaizantes y les dijeron mentiras como: "Sí, es bueno que ustedes sean salvos por la gracia, pero no es suficiente que tengan a Jesús. También deben conocer y guardar la ley de Moisés para ser agradables a Dios". En esencia, ellos estaban diciendo: "La gracia es buena, pero la gracia hay que equilibrarla con la ley". Por tanto, enseñaban a los gálatas cosas como los Diez Mandamientos y les decían que tenían que ser circuncidados. ¡La respuesta de Pablo fue pronunciar una doble maldición sobre aquellos que predicaban el falso evangelio a los gálatas! Su inflexible postura hacia aquellos que predicaban la mezcla representa el corazón de Dios actualmente.

No se puede equilibrar la gracia con la ley

"Pastor Prince, usted cree en la gracia mientras que yo creo que se debe guardar la ley para ser justificado. ¿Realmente importa si yo creo algo distinto a usted?".

Bueno, importaba lo suficiente para que Pablo pronunciase una doble maldición. Los creyentes no creen que sea un grave problema tener mezcla. Pero nuestra respuesta a la mezcla de ley y gracia debería estar en consonancia con la de Pablo: él estaba horrorizado de que los gálatas estuvieran mezclando ley y gracia.

En la mayoría de lugares en la actualidad, el problema no es la ley pura. No encontrarás ley pura en las iglesias cristianas; lo que encontrarás en muchos lugares en la actualidad es una mezcla de ley y gracia. Escucharás enseñanzas que combinan el viejo y el nuevo pacto. Escucharás cosas como: "Sí, usted es salvo por la gracia, pero ahora que es salvo es mejor que no dé por sentada la salvación. Tiene que comenzar a vivir una vida santa guardando los Diez Mandamientos". Esto se llama mezcla: tienes un poco de gracia y un poco de ley. Muchos creyentes creen que esto, equilibrar ley y gracia, está bien. Sin embargo, el Señor me ha mostrado que **lo que el hombre llama equilibrio, Dios lo llama mezcla**. Amigo mío, no puedes equilibrar ley y gracia. Tu justificación es totalmente una obra de la gracia de Él, o bien es por tus propias obras. La gracia de Él quedará anulada cuando añadas aunque sea un poco de mezcla de los propios esfuerzos del hombre para ser justificado. Esto es grave. Dios aborrece la mezcla.

Aunque la mayoría de personas no tienen problema alguno en estar de acuerdo que han sido salvos por la gracia, aun así siguen sujetándose a sí mismos a la ley. Dependen de "las obras de la ley" o de su obediencia a la ley para ganarse y merecer las bendiciones de Dios. Cuando van bien según su propia estimación, esperan ser bendecidos; pero cuando fracasan, acumulan sobre sí mismos culpabilidad y condenación, y esperan ser castigados.

> *Gracia es el favor de Dios no merecido y que no puede ganarse; en el momento en que intentas merecerte los favores gratuitos de Dios, su gracia queda anulada.*

En el nuevo pacto, Dios no quiere que seamos bendecidos cuando obedecemos la ley y maldecidos cuando fallamos. ¿Acaso no suena ese sistema terriblemente parecido al viejo pacto? Gracia es el favor de Dios no merecido y que no puede ganarse; en el momento en que intentas merecerte los favores gratuitos de Dios, su gracia queda anulada.

En el nuevo pacto, Dios quiere que seamos bendecidos a causa de su Hijo y lo que Él hizo en la cruz. No tiene nada que ver con nuestro rendimiento o nuestra capacidad de guardar la ley. Quienes intentan ser justificados por guardar la ley siguen teniendo una mentalidad del viejo pacto, aunque profesen que están en el nuevo pacto. Han acudido al viejo sistema que estaba basado en obras y obediencia, en lugar de confiar en el nuevo sistema que se basa en la fe y la creencia. Cuando hay mezcla entre el viejo y el nuevo pacto, entre el pacto de la ley y el pacto de la gracia, pierdes ambos, ¡y los beneficios de ambos pactos quedan anulados! ¿Cómo sabemos esto? Cuál es la base bíblica para ello? Veamos lo que Jesús dijo:

Marcos 2:22

Y nadie echa vino **nuevo** en odres **viejos**; de otra manera, el vino nuevo rompe los odres, y **el vino se derrama**, y los **odres se pierden**; pero el vino nuevo en odres nuevos se ha de echar.

¿A qué se refería Jesús cuando compartió sobre el vino nuevo y los odres viejos? Se estaba refiriendo a la mezcla de los dos pactos. El vino nuevo representa el nuevo pacto de la gracia, mientras que el odre viejo representa el viejo pacto de la ley. ¿Has visto anteriormente odres viejos? Están agrietados, son duros e inflexibles. Así es la ley. Es inflexible. Y cuando derramas el vino nuevo de la gracia en el odre viejo de la ley, perderás ambos porque el odre quedará estropeado y el vino se derramará. Las virtudes del viejo y del nuevo pacto quedarán canceladas y perdidas.

No puedo entender por qué muchos creyentes siguen intentando equilibrar ley y gracia. Si estás a favor de la ley, está a favor de la ley completamente. Si estás a favor de la gracia, entonces está a favor de la gracia completamente. ¡Es imposible equilibrar ambas cosas! Por eso Jesús también dijo:

Apocalipsis 3:15–16

Yo conozco tus obras, que ni eres frío ni caliente. **¡Ojalá fueses frío o caliente!** Pero por cuanto eres tibio, y no frío ni caliente, te vomitaré de mi boca.

Por años, he oído a predicadores predicar que en Apocalipsis 3:15–16 Jesús se estaba refiriendo a personas que no están "ardiendo para Jesús". ¿Has escuchado antes esa expresión? ¿Y qué significa estar "ardiendo para Jesús"? Tradicionalmente, se nos ha enseñado que es leer 10 capítulos de la Biblia al día, dar testimonio a tus compañeros y colegas, ¡y asistir a todas las reuniones de oración que puedas encontrar! Ser frío significa precisamente lo contrario: dejar de hacer esas cosas por completo.

El versículo siempre se ha predicado como si se tratase de nuestros actos y nuestra conducta. Pero Jesús dijo que Él prefiere que seamos fríos o calientes, y no tibios. Esto no tendría sentido si Él se estuviera refiriendo a actos y conducta, porque ¿no seguiría siendo mejor ser tibios por Jesús que ser totalmente fríos? Entonces, ¿por qué querría Él que la iglesia en Laodicea fuese fría (si no era caliente)? ¡Vamos! Yo siempre le digo lo siguiente a mi iglesia: Cuando vengan el domingo, ¡no olviden traer también sus cerebros! No se limiten a aceptar todo lo que oigan. Tienen que probar el mensaje y asegurarse de que es coherente con el evangelio de Jesús. El evangelio sencillamente significa "buenas noticias". Por tanto, si lo que usted está escuchando no son buenas noticias, pero en cambio produce temor, duda, juicio y condenación en su corazón, descártelo, amigo, porque no es el evangelio de Jesús.

Ser frío o caliente, no tibio

Ahora, ¿te gustaría saber lo que realmente significa Apocalipsis 3:15–16? Los dos versículos solamente tendrían sentido cuando se interpretan a la luz de la mezcla de los pactos de ley y gracia en la iglesia en Laodicea. El Señor estaba diciendo que quería que la iglesia fuese fría (enteramente bajo la ley) o caliente (enteramente bajo la gracia). Mira, si estuvieras al menos completamente bajo la ley, eso te conduciría a desesperarte y acudir a los brazos salvadores de Jesús. La ley te revelaría tu propio pecado e incapacidad para estar a la altura de ella, y eso haría que vieses tu necesidad de la gracia de Él.

Pero cuando tienes mezcla, cuando crees en la gracia pero sigues aferrándote a la ley, neutralizas el poder de convicción de la ley para llevarte al límite de ti mismo de modo que clames pidiendo la gracia del Salvador. Por eso no puedes ser frío y caliente al mismo tiempo, o seguir la ley y la gracia al mismo tiempo. En el momento en que intentas equilibrar la gracia con la ley, neutralizas ambas, y le robas a cada pacto su efecto pleno en tu vida. Te vuelves tibio a causa de la mezcla, ¡y Dios aborrece la mezcla porque te roba el poder de reinar en vida mediante la abundancia de su gracia! No puedes poner vino nuevo en odres viejos. ¡Perderás los dos!

Intentar equilibrar gracia con la ley te roba el poder de reinar en vida mediante la abundancia de su gracia.

Eso es exactamente lo que Pablo estaba diciendo a los gálatas cuando les explicó el propósito de la ley.

Gálatas 3:24–25
De manera que la ley ha sido nuestro ayo, para llevarnos a Cristo, a fin de que fuésemos justificados por la fe. Pero venida la fe, ya no estamos bajo ayo.

La ley era nuestro "tutor" o ayo, para llevarnos al límite de nuestros propios esfuerzos y hacia Cristo. La ley es una medida imposible para que el hombre la cumpla. Los fariseos rebajaron la ley hasta un nivel que ellos podían cumplir. Realmente pensaban que sus obras, su lectura de las Escrituras y sus oraciones en voz alta, podían justificarles. Pero cuando Jesús salió a escena, sus palabras más duras, les llamó "generación de víboras", estuvieron reservadas para esos legalistas. Él llevó la ley de nuevo a su medida perfecta. Según Jesús, cuando fantaseas con una mujer, ya eres culpable de adulterio. Cuando alguien se enoja con un hermano sin causa, es culpable de asesinato.

"Pastor Prince, esa es una medida imposible. ¡Todos fracasaremos!". ¡Exactamente! Finalmente lo estás entendiendo. Jesús nos estaba mostrando la verdadera medida de la ley y la santidad de Dios. ¡Es imposible que el hombre cumpla su ley! Si **no** estás a favor de la gracia, entonces asegúrate de ser totalmente "frío": estar completamente bajo la ley. No mezcles ley y gracia. Cuando te sitúas por completo bajo la ley, descubrirás que la ley será tu tutor para llevarte al límite de ti mismo. Cuando finalmente reconozcas que no puedes salvarte a ti mismo, acudirás al Salvador y su gracia llenará tu corazón. Mira, cuando piensas que **tú puedes**, las manos de Él están atadas y no puede. Pero cuando sabes que **tú no puedes**, ¡es entonces cuando ÉL PUEDE! ¿Lo entiendes?

¿Puedes salvarse a ti mismo?

Antes de que un salvavidas intente rescatar a alguien que se esté ahogando, esperará a que la persona renuncie a sus propios esfuerzos por salvarse a sí mismo. Si la persona sigue luchando, moviendo sus manos y sus pies hacia todas partes, un salvavidas bien entrenado no se acercará a esa persona porque sabe que él mismo será arrastrado y los dos se ahogarán. Por tanto, aunque el salvavidas quiera salvar a la persona que se está ahogando, no puede hacerlo hasta que la persona haya agotado sus propias fuerzas y renuncie a intentar salvarse a sí mismo. Entonces, el salvavidas inmediatamente le agarra y le lleva a la seguridad.

De modo similar, cuando crees que puede salvarte a ti mismo, la gracia de Dios no puede fluir. Si mezclas ley y gracia, ambas "se ahogarán" y perderás LAS DOS. En otras palabras, la persona que se está "ahogando" debe **saber** que se está ahogando y que no puede salvarse a sí misma (ahora bien, ¡eso sí que es una profunda revelación!). Solamente cuando renuncia a sus propios esfuerzos, la gracia puede llegar a rescatarle. Jesús no tuvo ningún efecto sobre los fariseos precisamente porque ellos pensaban que eran autosuficientes al guardar la ley, y no veía necesidad alguna de un Salvador. ¡Ellos no tenían revelación alguna de que se estaban ahogando!

Caer de la gracia

Pablo les dijo a los gálatas: "De Cristo os desligasteis, los que por la ley os justificáis; **de la gracia habéis caído**".[8] Esta es la verdadera definición de "caer de la gracia". Actualmente, cuando alguien peca, los ministros dicen que la persona "ha caído de la gracia. Pero Pablo **nunca** les dijo a los corintios que ellos habían caído de la gracia a pesar de todos sus pecados. Caer de la gracia, entonces, es caer en la ley. Notemos que la gracia es el terreno elevado. Cuando estás bajo la ley, has caído de tu terreno elevado de la gracia. En el arca del pacto, el propiciatorio está situado **por encima** de los Diez Mandamientos. Caes de la gracia cuando regresas a los Diez Mandamientos.

La ley se trata de los esfuerzos del hombre, mientras que la gracia da toda la gloria a Dios. Por eso Pablo les dijo a los gálatas que el evangelio no es un evangelio que agrada al hombre.[9] Él estaba esencialmente diciendo: "Si yo quiero agradar al hombre, estaría predicando la ley". Las personas legalistas reaccionan cuando escuchan que ya no pueden presumir de sus propios esfuerzos para guardar la ley. Las únicas personas que aprecian la gracia son quienes han llegado al límite de sí mismas, al límite de sus propios esfuerzos para salvarse a sí mismos. Lo han intentado una y otra vez hasta que finalmente han renunciado y admitido que no pueden cumplir la norma inquebrantable de la ley. Ese es el momento en que están preparados para recibir el favor inmerecido de Dios: su gracia salvadora.

Todos estamos en contra del pecado, pero la gracia es el poder para salir del pecado.

Amigo, todos estamos en contra del pecado, pero la gracia es el poder para salir del pecado. Cuanto más enredado estés en la ley, más avivará la ley el pecado en ti. La ley estaba pensada para sacar a la luz el pecado. Es triste que muchos predicadores se nieguen a aceptar el evangelio de la gracia hasta que se ven a ellos mismos atrapados en pecado. Solamente cuando se encuentran a sí mismos atrapados por el pecado, entienden que sólo la gracia puede darles verdadero poder sobre el pecado. Esto es lo que Pablo aseguró cuando dijo: "Porque el pecado no se enseñoreará de vosotros; pues no estáis bajo la ley, sino bajo la gracia".[10]

¡La buena noticia es que puedes aceptar la gracia de nuestro Señor HOY y tener dominio sobre el pecado HOY!

Mi viaje hacia entender la gracia

A propósito, en caso de que te lo preguntes, **yo no fui introducido al evangelio de la gracia debido a algún pecado moral.**

El Señor me reveló su gracia por medio de mis propios esfuerzos contra todas las enseñanzas erróneas que había recibido en mi juventud. Yo había escuchado tanta predicación legalista que realmente creía que había perdido mi salvación. Creía que había cometido el pecado imperdonable de blasfemar contra el Espíritu Santo. Iba por las calles evangelizando a personas, y al mismo tiempo creía que yo había perdido mi salvación. Hacía eso porque había esperado que, algún día, aquellos a los que yo había testificado fuesen al cielo y cuando Dios les preguntase: "¿Cómo fuiste salvo?", ellos contestaran: "Mediante alguien llamado Joseph Prince". Entonces, Dios se daría cuenta de que yo estaba en el infierno y se acordaría de mí. ¡Yo realmente creía eso!

Yo intentaba con todas mis fuerzas y con todo mi vigor guardar la ley. Confesaba todos mis pecados casi en cada minuto en que estaba despierto, hasta que mi mente casi se cerraba. Fue solamente cuando llegué al final de mí mismo cuando vi la necesidad de mi hermoso Salvador Jesucristo, y fue Él quien abrió mis ojos al nuevo pacto de la gracia. Bien, ese fue mi viaje hacia descubrir el evangelio de la gracia. Por tanto, amigo, yo sé lo que significa estar bajo la ley. Tengo experiencia de primera mano de la imposibilidad de guardar la ley, y ella me ha conducido a Cristo, tal como Pablo dijo que haría.

Es tiempo de dejar Babilonia

Amigo, mezclar ley y gracia es peligroso. Hará que vivas en confusión. Te hará pensar que Dios a veces se agrada de ti pero otras veces está enojado contigo. La confusión te hace creer que el mismo Dios que puede sanarte o y también puede castigarte con una enfermedad mañana. La mezcla conduce a la confusión, y Dios no es el autor de la confusión. Pero gloria a Dios, la revolución del evangelio está liberando al pueblo de Dios en todo el mundo. Yo veo al Cuerpo de Cristo saliendo de Babilonia. La palabra "Babilonia" significa "confusión mediante mezcla",[11] y veo a la Iglesia salir de la esclavitud de la mezcla y la confusión. ¡Aleluya! La Iglesia ha estado en Babilonia por demasiado tiempo, pero está saliendo.

Amigo, es momento de que salgas de la mezcla y la confusión. Escoge el pacto de la gracia o el pacto de la ley. O bien disfruta de las bendiciones del Señor mediante su favor inmerecido y que no puede ganarse, o confía en tus propios esfuerzos y tu propia conducta para merecerte y ganarte favores de parte del Señor. No puedes aferrarte a ambas cosas. Mi oración es que escojas la primera. ¡Deja Babilonia y disfruta de la abundancia de su gracia hoy!

Capítulo 21

El secreto de una gran fe

¿**H**AS SENTIDO ALGUNA vez que necesitabas más fe? ¿Te has mirado a ti mismo y te has dicho que si tan sólo tuvieras más fe, verías tu victoria financiera o tu sanidad?

Amigo mío, tengo buenas noticias para ti hoy: la fe no es una batalla. **El oír de la fe** y las **obras de la ley** son totalmente opuestos. Y como la ley se trata de nuestros propios esfuerzos, **no hay ningún esfuerzo propio en la fe**.

Le doy gracias a Dios por mis raíces en las enseñanzas de la palabra de fe. Verdaderamente descansa sobre los hombros de grandes hombres de Dios como el hermano Kenneth E. Hagin que nosotros seamos capaces de entender más en la actualidad la Palabra de Dios. Cuando yo crecía, aprendí mucho sobre la fe del hermano Hagin, quien verdaderamente tuvo una especial revelación de la fe de parte del Señor. Yo profundamente le honro y le respeto por todo lo que él me ha enseñado.

Sin embargo, después de muchas generaciones de enseñanzas de fe, hay personas que han convertido la fe en un trabajo. ¿Has escuchado a personas decir: "Oh, esto le sucedió porque usted no tiene fe suficiente", o "no tiene usted una gran fe para ver esa victoria"? No sé cómo te sientes cuando escuchas cosas como esas, pero yo siempre me siento condenado por no tener más fe.

El ministerio de la descalificación

Durante años, mi ministerio fue un ministerio que descalificaba a las personas. Yo predicaba: "La razón de que usted esté enfermo es que algo anda mal en usted". Yo enseñaba sobre "las siete razones" por las que las personas no son sanadas, y cuanto más predicaba con respecto a eso, más personas veía que no eran sanadas. Le decía a mi congregación: "No hay nada equivocado en Dios, nada equivocado en su Palabra, ¡así que debe de haber algo equivocado en ustedes!". Pensaba que esa era una buena enseñanza porque era lo que yo escuchaba también a otros predicadores predicar. Pero un día, cuando yo estaba predicando así, escuché al Señor hablarme en mi interior. Él dijo: "¡Deja de descalificar a mi pueblo! Mi sangre ya les ha calificado. ¡Deja de descalificarles!".

No hay nada equivocado en Dios, nada equivocado en su Palabra y, mediante la sangre de Jesús, ¡no hay nada equivocado en ti! ¡Recibe tu milagro!

Ahora sé que la fe es lo contrario a la ley, y que cuantas más personas se miren a sí mismas y a sus propios esfuerzos para recibir del Señor, más fe es agotada en ellas. Por tanto, cuando el Señor abrió mis ojos a la gracia, yo cambié por completo lo que predicaba y comencé a declarar a mi congregación: "No hay nada equivocado en Dios, nada equivocado en su Palabra y, mediante la sangre de Jesús, **¡no hay nada equivocado en ustedes!** ¡Reciban su milagro!".

¡Aleluya! Cuando dejé de señalar a las personas hacia lo equivocado en ellas y en cambio señalé a lo **correcto en ellas debido a Jesús**, fue impartida fe y comenzamos a experimentar una explosión de milagros de sanidad como nunca antes. Cánceres fueron sanados, tumores fueron eliminados sobrenaturalmente y vidas fueron transformadas. Eso es lo que sucede cuando los creyentes saben que han sido hechos justos por la sangre de Jesús. ¡Comienzan a entender que tienen el derecho comprado por sangre a ser sanados, a experimentar victorias financieras y a disfrutar de restauración en sus matrimonios!

La fe ya no se vuelve una barrera para recibir las promesas de Dios. Las personas dejan de pensar que son incapaces de recibir victorias debido a que no tienen fe suficiente. ¡De ninguna manera! Cuando los creyentes captan la revelación de que no hay nada equivocado en Dios, nada equivocado en su Palabra y, por su gracia, nada equivocado en ellos, ¿sabes qué? Algo comienza a sucederle a su fe. Ellos comienzan a ver más de Jesús; comienzan a ser cada vez más conscientes de que Jesús ha sido crucificado por causa de ellos. Y cuanto más ven lo que Jesús ha hecho por ellos, más ven aquello para lo que Jesús les ha CALIFICADO, más fe surge dentro de ellos y se producen milagros. ¡Aleluya!

Amigo, no tienes que desear tener más fe para cualquier milagro que estés pidiendo a Dios en este momento. Mira a Jesús en la cruz por ti, y la fe que necesitas para afrontar cualquier decisión o reto llegará a tu vida. ¡Sencillamente mira a Jesús! Él es el autor y consumador de la fe.[1] La fe viene por el oír, y el oír por la Palabra de Cristo. Cuanto más oigas de Jesús, más fe surge en tu corazón. Aférrate a las enseñanzas que predican sobre Jesús y su obra terminada. No hay poder en la filosofía humana o en las tradiciones del hombre, ¡pero hay poder en el evangelio de Jesucristo!

Recibí un potente testimonio de una señora que estaba sentada en uno de mis servicios, oyendo a Jesús ser predicado. No hubo imposición de manos ni ninguna oración concreta por los enfermos aquel día. Pero cuando ella se fue a su casa aquella noche, fue eliminado un quiste que había tenido en su cuerpo por meses. ¡Toda gloria y alabanza a Jesús! Dios confirma su Palabra mediante señales y maravillas. Cuando las personas oyen el evangelio de Jesús, es impartida fe y fluye la sanidad.

El secreto para recibir tu milagro

Yo asistí a una conferencia hace años, y recuerdo escuchar sobre todo tipo de cosas que teníamos que hacer para obrar los milagros de Dios. Por ejemplo, nos dijeron que teníamos que hacer largas oraciones. Por favor, no me malentienda. No estoy diciendo que no crea en la oración. Me encanta acudir a mi Abba en oración. Yo también he enseñado a nuestra iglesia sobre la importancia de orar, especialmente de orar en lenguas. Pero ¿se encuentra en la oración el secreto para que se produzcan milagros en tu vida?

También he oído a personas decir que la clave para los milagros se encuentra en ayunar 40 días y 40 noches.

"Pastor Pince, ¡debería usted saber que Jesús ayunó 40 días y 40 noches!".

Bueno, Él era Jesús. La pregunta que deberíamos hacer es: "¿Nos dijo Jesús que ayunáramos?". Ahora bien, sé que cuando los discípulos de Jesús no pudieron echar fuera a cierto espíritu de un muchacho, la Biblia sí registra que Jesús, en referencia al espíritu, dijo: "Este género con nada puede salir, sino con oración y ayuno".[2] Por tanto, las personas han leído este único versículo y han llegado a la conclusión de que el secreto del poder espiritual es el ayuno. ¿Pero sabes que en el texto original griego la palabra "ayuno" no aparece en este versículo?[3] ¡Fue añadida por los traductores! Y si lees el pasaje en otras versiones de la Biblia, no encontrarás la palabra "ayuno" en este versículo.

En 1 Corintios, Pablo dijo que los esposos y las esposas no deberían privarse el uno al otro de las relaciones sexuales "a no ser por algún tiempo de mutuo consentimiento, para ocuparos sosegadamente en la oración".[4] Repito: después de leer este único versículo de Pablo, ¡las personas han ido diciendo que el secreto del poder espiritual es abstenerse de las relaciones íntimas con el cónyuge! Ahora bien, si lees el texto original griego, u otras versiones de la Biblia, ¡la palabra "ayuno" tampoco aparece aquí![5]

Si tienes curiosidad por lo que Pablo estaba realmente diciendo, entonces permíteme que te diga que en realidad estaba alentando a los esposos y las esposas a tener una vida sexual saludable, y no privarse el uno al otro del placer sexual. Dios quiere que disfrutes de tu matrimonio, y cuando lo haces, la Palabra de Dios declara que el diablo no tendrá espacio para tentarte. En el mismo versículo, Pablo les dice a los esposos y esposas: "para que no os tiente Satanás a causa de vuestra incontinencia". Piénsalo de este modo: cuando un hombre ha comido en casa, ya no tendrá hambre cuando salga con sus amigos. (El que tenga oídos para oír, ¡oiga!).

A lo largo del Nuevo Testamento, Pablo apenas habló sobre el ayuno. Sin embargo, el Cuerpo de Cristo de algún modo se las ha arreglado para dar el mayor énfasis a las propias obras del hombre (como el ayuno). El énfasis de Pablo estaba en el nuevo pacto de gracia, pero en lugar de enfocarse en entender el nuevo pacto, ¡las personas están obsesionadas con el hacer! Dicen: "Olvide la gracia. Sencillamente dígame qué hacer".

¿Y has visto cómo ayunan algunas personas? Cuando ayunan, se aseguran de que todo el mundo se entere. Huelen mal, llevan el cabello despeinado, son gruñones, se enojan con sus esposas y sus hijos, ¡e incluso dan una patada al perro! Puedo imaginar a uno de esos tipos diciendo a su esposa: "Mujer, ¿no sabes que hoy estoy ayunando? ¿Por qué has preparado una maravillosa comida para los niños? ¡Puedo olerla desde mi estudio! ¿No sabes que me estás haciendo tropezar?". Y cuando su hijo acude a él corriendo y quiere jugar, él aparta bruscamente al niño: "¡Vete, muchacho! Papá está ocupado en la Palabra hoy. Vete a jugar tú solo y dejar de molestarme". Si eso es lo que sucede cuando tú ayunas, bien, creo que es mejor que interrumpa el ayuno. ¡Ve a comer algo y disfruta de tu familia!

Si estás ayunando, todo el mundo no necesita saberlo. Por favor, lávate la cara, lávate el cabello, ¡ponte colonia y cepíllate los dientes! Ese es el consejo de la Biblia,[6] a propósito. Dice que no deberías declarar tu ayuno al hombre para que los demás queden impresionados por tus esfuerzos. En cambio, ¡deberías ungir tu cabeza con aceite!

Ahora bien, ¿hago yo ayuno? Sí, lo hago, en el sentido de que en más de una ocasión estoy tan enfrascado con el Señor en oración o con el estudio de su Palabra que me olvido de comer. Él abre mis ojos a ciertas verdades, un versículo conduce a otro, y en mi anhelo por leer más de su Palabra, inconscientemente me pierdo mis comidas regulares, e incluso me encuentro olvidándome de dormir para estar en su presencia. Pero no hago un ayuno de modo consciente, creyendo que el ayuno hará que obtenga mi milagro.

¿Estás retorciéndole el brazo a Dios?

Cuando no entiendes lo que significa estar bajo la ley o estar bajo la gracia, puedes terminar intentando retorcerle el brazo a Dios con tus esfuerzos para convencerle de que mereces una victoria un milagro de parte de Él. ¿Realmente piensas que debido a que has ayunado 40 días y 40 noches, o has orando durante doce horas seguidas, Dios tiene que contestar tus oraciones? ¿Estás intentando retorcerle el brazo a Dios con tus obras? Vamos, amigo, la única razón de que Dios responda nuestras oraciones hoy es la obra terminada de Jesús. No te engañe por más tiempo. Dios no es deudor de ningún hombre. Nuestros esfuerzos por hacer largas y duras oraciones y nuestros ayunos no le impresionan. El hombre no puede merecerse las bendiciones de Dios por sus propios esfuerzos. No se trata de nuestros sacrificios. ¡Se trata del sacrificio **de Él**!

En virtud de Jesús, todas las bendiciones de Dios y su poder milagroso ya son tuyos cuando crees en su Hijo.

Lo único que Dios ve es la obra de su Hijo en la cruz, y en virtud de Jesús, todas las bendiciones de Dios y su poder milagroso ya son tuyos cuando crees en su Hijo. Escucha con atención lo que Pablo les dijo a los gálatas que dependían de sus propios esfuerzos:

Gálatas 3:5
Aquel, pues, que os suministra el Espíritu, y hace maravillas entre vosotros, ¿lo hace por las obras de la ley, o por el oír con fe?

Mira a todas las personas que recibieron milagros de Jesús durante su ministerio en la tierra. Ni uno solo de ellos lo merecía. Ellos no hicieron nada para ganarse sus milagros; sencillamente recibieron sus milagros debido a la gracia de Él. Por otro lado, no encontramos ningún registro de que aquellos que intentaban merecerse bendiciones de Dios, los fariseos, ¡recibiesen nada de Jesús!

Cuando ves a Jesús en su gracia, Él te ve a ti en tu fe

Hace algunos años el Señor me habló y dijo: "**Cuando mi pueblo ve mi gracia, yo veo su fe**" ¿Recuerdas a la mujer que había tenido hemorragias durante doce años? Ella no solo vio a Jesús lleno de poder para sanar, sino que también le vio lleno de gracia. ¿Cómo sabemos eso? Se debe a que ella habría sabido muy bien que según la ley de Moisés, estaba considerada inmunda debido a su estado, y que no debía tocar a nadie, y menos ser descubierta abriéndose camino en medio de una multitud. Sin embargo, ella creía que si tan sólo podía tocar el borde del manto de Jesús, sería sanada.

En lugar de esperar castigo por haber quebrantado la ley de Moisés, ¡ella esperaba ser sanada! No vio a Jesús como duro y condenador. Le vio como un misericordioso Salvador que rebosaba misericordia y compasión. En el momento en que tocó el borde de su manto, inmediatamente el flujo de su sangre quedó seco, y ella sintió en su cuerpo que era sanada de su enfermedad. ¿Fue ella consciente alguna vez de su fe? No, ella era consciente sólo de Jesús y de su gracia. Cuando ella **vio su gracia**, Él se giró y **vio la fe de ella**. Con gran ternura le dijo: "Hija, tu fe te ha hecho salva".[7]

La fe para cualquier victoria o milagro en tu vida surge cuando ves la gracia de Él.

No tienes que intentar reunir fe para sanidad o para victoria económica. La fe para cualquier victoria o milagro en tu vida surge cuando ves la gracia de Él. ¡Él murió para que tú pudieras vivir! No lo merecías, pero aún así Él lo hizo por ti. Ve a Jesús en la cruz por ti. Esa es la demostración de su gracia. Y cuando ves la gracia de Él, ¡tu fe se vuelve inconsciente y surgirán milagros!

El secreto de una gran fe

¿Sabes que hubo únicamente dos personas en la Biblia de las que Jesús dijo que tenían "una gran fe"?

La primera fue el centurión romano.[8] Él acudió a Jesús y dijo: "Señor, mi criado está postrado en casa, paralítico, gravemente atormentado", y el Señor dijo: "Yo iré y le sanaré". El centurión respondió: "Señor, no soy digno de que entres bajo mi techo; solamente di la palabra, y mi criado sanará. Porque también yo soy hombre bajo autoridad, y tengo bajo mis órdenes soldados; y digo a éste: Ve, y va; y al otro: Ven, y viene; y a mi siervo: Haz esto, y lo hace". Ahora escuchemos la respuesta de Jesús. Él dijo: "De cierto os digo, que ni aun en Israel he hallado tanta fe".

Mientras leía yo estos versículos una noche, el Señor me preguntó: "¿Por qué tenía ese hombre una gran fe?". Yo respondí inmediatamente que era porque, al ser un centurión romano, era un hombre de autoridad y por tanto entendía la autoridad del Señor Jesús. Yo tenía confianza en mi respuesta, al haber aprendido que para tener una gran fe necesitamos entender la autoridad del Señor y la autoridad que Él ha dado al creyente.

El Señor me dijo: "Bien, ¿y qué de la otra persona de la que yo dije que tenía una gran fe?". Se estaba refiriendo a la mujer cananea que tenía una hija poseída por un demonio.[9] Ella había acudido a Jesús y le había rogado que echase fuera al demonio de su hija. Pero Jesús respondió: "No está bien tomar el pan de los hijos, y echarlo a los perrillos". Jesús estaba diciendo que no era bueno que Él echase a un gentil el pan que era para los judíos. Pero la mujer respondió: "Sí, Señor; pero aun los perrillos comen de las migajas que caen de la mesa de sus amos". Y Jesús le dijo: "Oh mujer, grande es tu fe; hágase contigo como quieres". Y en aquella misma hora, su hija quedó sana.

El Señor continuó: "Bien, si el centurión tenía una gran fe porque entendía la autoridad, ¿qué de esta mujer? Ella no era soldado; era ama de casa". Ahora bien, el Señor me tenía ahí, y yo pensé: "Bueno, hasta ahí llega la teoría que yo había aprendido en mis primeros años, porque ¿qué autoridad podía haber entendido aquella ama de casa, al no ser soldado?". Entonces, el Señor me dijo: "Hijo, busca el denominador común en estas dos personas y descubrirás el secreto de una gran fe".

Vaya, yo estaba emocionado. ¡Estaba a punto de descubrir el secreto de tener una gran fe! Pero después de más de media hora, seguía sentado en mi estudio, buscando el denominador común. Yo buscaba y buscaba, pero sin ningún fruto. Sencillamente no podía encontrar la respuesta. Finalmente, mi "mente rápida como un rayo" me dijo que debería pedir al Señor la respuesta; por tanto, dije: "Señor, tú tienes que mostrarme la respuesta porque no puedo verla". Uno era un hombre y la otra era una mujer. Uno era soldado y la otra era ama de casa. Yo no podía descubrir lo que tenían en común.

Entonces, el Señor me dijo lo siguiente: "Ambos eran gentiles. No eran judíos". Y Él dijo: "Uno era romano y la otra era cananea. Ambos no estaban bajo la ley de Moisés y, por tanto, no se descalificaron a ellos mismos. No estaban bajo condenación, y por eso podían tener una gran fe para recibir de mí". Vaya, ¡qué revelación tan poderosa! ¡La ley es ciertamente lo contrario a la fe!

¿Sabes que hay un versículo en Gálatas que dice que "**la ley no es de fe**"?[10] En Romanos también dice: "Porque si los que son de la ley son los herederos, **vana resulta la fe**, y anulada la promesa".[11] Por tanto, claramente, no hay modo en que podamos dar la ley a las personas y aun así esperar de ellas que tengan fe. La ley les descalificará para recibir cualquier bendición de parte del Señor. Solamente la fe en su gracia es lo que calificará al pueblo de Dios y les hará tener una gran fe para recibir lo que necesiten del Señor. ¡Este es el secreto de tener una gran fe para cualquier situación en tu vida!

No sólo creas mis palabras. Estudia la Biblia por ti mismo y ve si la revelación que yo he recibido del Señor es bíblica. Está justamente ahí, en la Biblia. Yo no la aprendí de ningún hombre; tampoco la leí en ningún libro. Fue una revelación de Él. Y observemos que cuando el Señor habla, Él siempre regresa a la Biblia y siempre es coherente con su Palabra escrita.

Fe inconsciente

Creo con todo mi corazón que cuando te sitúes bajo la gracia y seas liberado de las obras de la ley, la fe ya no será una lucha ni una barrera porque caminarás con fe inconsciente. No te preguntarás: "¿Tengo la fe suficiente?" todo el tiempo, sino que verás a Jesús en su gracia, y la fe sencillamente surgirá desde el interior. Es así de sencillo. Todo lo que recibes de Dios, lo recibes por fe en su gracia. Caminamos por fe. Peleamos la buena batalla de la fe. Somos salvos por la fe, sanados por la fe y hechos justos por la fe. La vida cristiana es una vida de fe en la gracia de Él. Cuanto más de su gracia recibas, más fe surge. Nuestro problema en el pasado era que poníamos nuestra fe en nuestra propia fe, y eso no funcionaba. Deberíamos poner nuestra fe en la gracia y el amor de Dios, porque la Biblia dice que la fe obra por el amor.[12] Esta no es una referencia a nuestro propio amor, sino al amor de Él por nosotros.

La fe es sacar del ámbito espiritual lo que ya está ahí, lo que ya es cierto de ti.

Fe no es intentar hacer suceder algo que no esté ya ahí. La fe es sacar del ámbito espiritual lo que ya está ahí, lo que **ya** es cierto de ti. No te estoy diciendo que confieses algo que no eres. Ya sea que confieses o no que eres la justicia de Dios en Cristo, sigues usted siendo la justicia de Dios en Cristo. Pero cuando lo confiesas, te vuelves consciente de ello. Lo sientes, y eso se vuelve poderoso y real en tu vida.

Tú no confiesas que eres justo **a fin de llegar a ser** justo. ¡Confiesas que eres justo porque **ya eres** justo! De modo similar, confiesas que eres rico no para llegar a ser rico; confiesas que eres rico porque ya eres rico por medio de Jesús. En la cruz, ¡Él se hizo pobre para que tú pudieras, mediante la pobreza de Él, poder llegar a ser rico![13] Confiesas esto para ser consciente de que, por medio de Jesús, ya eres rico. Eso no es tener fe en la fe. Es fe en la bondad y la gracia de Él.

Fe en la sangre de Jesús

Muchos creyentes están muy enredados mirando su propia fe para que les salve y les produzca bendiciones en sus vidas. Lo que no entienden es que no es su fe lo que les salva. Es la gracia de Él y solamente su sangre la que les salva. Cuando crees que es la sangre la que te salva, Dios ve eso como fe en la sangre. Sin embargo, no es tu fe en la sangre lo que te protege, libera o salva; es simplemente solo la sangre la que te salva. Permite que ilustre esta verdad con una representación de lo que podría haber sucedido la noche antes de que los israelitas fuesen liberados de Egipto.

La noche de la Pascua, Dios dijo: "y veré la sangre y pasaré de vosotros".[14] Recuerda: hubo nueve plagas, pero no fueron las plagas las que liberaron a los israelitas de Egipto; fue la sangre del cordero. Después de las nueve plagas, el corazón del faraón seguía estando endurecido, así que Dios finalmente utilizó su as, y fue entonces cuando el faraón liberó a los israelitas.

El as de Dios era la sangre del cordero. El diablo no tiene defensa alguna contra la sangre. Mira, los primogénitos de los israelitas fueron protegidos no porque fuesen buenos; fueron protegidos debido a la sangre del cordero. Si los hijos de Israel no hubiesen aplicado la sangre a los postes de sus puertas, sus primogénitos no habrían sido salvados, habrían muerto junto con los primogénitos de los egipcios. Tampoco fueron protegidos porque fuesen judíos, sino debido a la sangre del cordero. Dios no dijo: "Cuando vea su apellido, todos sus maravillosos títulos o que son de una nacionalidad en particular, pasaré de largo". No, ¡se basaba completamente en la sangre del cordero! "**Cuando vea la sangre...**". ¿De qué habla la sangre del cordero? Habla de la sangre de nuestro sacrificio: Jesucristo. Él es el cordero verdadero que quita el pecado del mundo.[15] Del mismo modo, en la actualidad Dios no mira tu buena conducta, si guardas la ley, tu herencia o tus títulos cristianos para bendecirte y guardarte del mal. No, Él mira la sangre de Jesús. Desde el momento en que recibiste a Jesucristo, ¡su sangre te cubre perfectamente!

Ahora, veamos cómo dos familias judías podrían haber pasado la noche de Pascua.

En la primera familia, donde el padre y el hijo son primogénitos, el hijo pregunta a su padre: "Papá, ¿pusiste la sangre en los postes?".

Su papá le dice: "Sí, hijo, he hecho lo que Moisés nos indicó. Pero realmente espero tener fe suficiente en la sangre".

"Papá, papá, ¿tienes fe suficiente?".

"No lo sé", dice el padre encogiéndose de hombros. "¡Realmente no sé si tengo fe suficiente en la sangre!".

Al oír los gritos y los clamores que provienen de las casas de los egipcios, se abrazan con fuerza, temblando de temor durante toda la noche.

En la segunda familia, otro padre e hijo primogénitos esperan pasar esta importante noche. Pero en su casa, tanto el padre como el hijo están cantando alabanzas y adorando a Dios.

El padre sonríe a su hijo y le dice: "Hijo, hemos hecho lo que Dios nos dijo que hiciéramos. Hemos puesto la sangre en los postes de las puertas. Ahora dejemos el resto a Él. Él nos protegerá. No tenemos que temer".

También ellos oyen los gritos y los clamores que provienen de las casas de los egipcios, pero siguen cantando alabanzas y adorando a Dios.

Ahora bien, permite que te pregunte: ¿Qué familia fue liberada? ¿Qué familia fue salva? ¡La respuesta es AMBAS! Ambas familias fueron liberadas porque el ángel de la muerte vio la sangre que había en los postes de sus puertas y pasó de largo por sus casas. La primera familia, por tanto, temió y sufrió sin necesidad. Para la segunda familia, no fue su fe en la sangre ni tampoco su alabanza y adoración a Dios lo que les salvó. ¡Solamente la sangre les salvó! Sin embargo, debido a que ellos creyeron que la sangre les salvaría, no se preocuparon y temblaron de temor sin necesidad, sino que pasaron la noche con descanso, gozo y paz shalom.

Cuando crees que es la sangre la que te salva, Dios ve eso como fe en la sangre. Sin embargo, no es tener fe en la sangre lo que te salva; es solamente la sangre lo que te salva. Deje de preguntarte si tienes fe suficiente, y simplemente cree que es la sangre de Él la que te salva, te libera y te bendice. Cree que es **solamente** la sangre de Él, y no su sangre **sumada** a tus propias obras (tu propia fe), o la sangre de Él **sumada** a que tú guardas los mandamientos, lo que te salva.

Deja de preguntarte si tienes fe suficiente,
y simplemente cree que es la sangre de Él
la que te salva, te libera y te bendice.

Por tanto, no te quedes enredado ni seas dependiente de tu propia capacidad para tener fe, o en tus obras para mantener viva tu fe. Ten una nueva revelación de Jesús y de su sacrificio en la cruz, y verás su gracia por ti. No tendrás ninguna duda de que Dios, que no retuvo a su propio Hijo, ¡te dará gratuitamente todas las cosas![16]

Amigo, **cuando veas la gracia de Él, Dios te verá a ti en tu fe**. ¡La fe ya no es una batalla cuando ves a Jesús! Surgirá de modo inconsciente, ¡y caminarás en verdadera victoria sobre toda área de derrota en tu vida hoy!

Capítulo 22

Suceden cosas buenas

HACE ALGUNOS AÑOS tuve la oportunidad de compartir con un predicador de Palabra de Fe que es pastor de una iglesia en Bergen, Noruega. Él compartió conmigo un testimonio de uno de los miembros de su iglesia. Ese miembro en particular era un hombre de negocios, que había desarrollado el hábito de ver pornografía en la habitación de su hotel durante sus muchos y frecuentes viajes de negocios. Él intentaba todo lo posible romper el hábito, empleando todo tipo de disciplina espiritual, pero sencillamente no podía detenerse, y estaba consumido de vergüenza y condenación.

Cada vez que tenía que dejar a su familia para hacer otro viaje de negocios, su corazón se llenaba de temor porque sabía que no podría vencer la tentación a pesar de lo disciplinado que intentase ser. Entonces, en uno de sus viajes de negocios que le llevó a Singapur, visitó nuestra iglesia y adquirió algunos de mis sermones en CD sobre la gracia de Dios. Después de escuchar los mensajes durante unas tres semanas, ¡se encontró completamente liberado de ese sucio hábito! ¡Aleluya!

Actualmente, cuando este precioso hermano viaja, no depende de su propia fuerza de voluntad para vencer la tentación de ver pornografía en la habitación de su hotel. Él descansa por completo en la revelación de que es tan justo como Jesús por la gracia de Dios. Y cuanto más consciente es de que él es justo, más se disipa la tentación de pecar en secreto en la habitación de su hotel. ¡Despierta a la justicia y no peques! ¡Es la gracia de Dios la que nos da verdadera victoria!

Ese es el poder del evangelio. ¡Es poder de Dios para tu sanidad! Puedes confiar en tus propios esfuerzos y tu fuerza de voluntad todo lo que quieras, pero esas cosas sólo te llevarán hasta cierto punto. Amigo mío, pon tu dependencia por completo en la gracia de Él. ¡Es el único poder que puede liberarte de todas las ataduras!

Me contaron otro emocionante testimonio personal cuando yo estaba en Noruega para una conferencia con mi querido amigo Age Aleskjaer. El pastor Age compartió conmigo sobre un milagro que le sucedió a alguien de otra iglesia en Noruega. Ese miembro de la iglesia fue completamente sanado de sordera en un oído después de escuchar grabaciones de mensajes que yo había predicado en la conferencia. Mientras escuchaba uno de mis mensajes, su oído sencillamente se abrió, ¡y él fue SANADO! Nadie puso manos sobre él, ni tampoco nadie oró por él. Fue sanado sencillamente por oír el evangelio de Cristo predicado. ¡Toda la gloria sea a Jesús! Ese es el poder del evangelio, amigo.

Cuanto más oigamos las Buenas Nuevas,
más milagros y victorias veremos.

Cuando las personas oyen las Buenas Nuevas de que todos sus pecados han sido perdonados debido a la cruz de Jesús, sucede algo sobrenatural. Eso es lo que sucedió en el libro de Hechos. Cuando el apóstol Pablo predicó sobre el perdón, se produjeron milagros de sanidad mientras las personas escuchaban. El hombre que era cojo de nacimiento saltó y caminó por primera vez en su vida. Las personas en la iglesia están buscando un gran poder, pero ¿dónde se encuentra? El libro de Hechos declara que donde hay mayor gracia, ¡hay mayor poder![1]

La revolución del evangelio está surgiendo por todo el mundo. Marca mis palabras: cuando cada vez más personas oigan el verdadero evangelio que no está adulterado por los esfuerzos del hombre, oirás cada vez más de estos milagros y victorias sobrenaturales en la iglesia. Ha agradado a Dios sanar, rescatar, prosperar y liberar a quienes simplemente crean en el evangelio por medio de la locura de la predicación. Por tanto, a medida que salga su Palabra, cuando creas que eres perdonado y justo, ¡serás sanado! En este momento, incluso mientras lees este libro que habla sobre Jesús, ¡estás siendo sanado, prosperado y bendecido!

Suceden cosas buenas a quienes creen que Dios les ama

"Pero pastor Prince, ¿qué tiene que ver el perdón con la sanidad?". Leamos lo que dice la Palabra de Dios en el Salmo 103:

Salmo 103:1–5
Bendice, alma mía, a Jehová, y bendiga todo mi ser su santo nombre. Bendice, alma mía, a Jehová, y no olvides ninguno de sus beneficios. Él es quien perdona todas tus iniquidades, el que sana todas tus dolencias; el que rescata del hoyo tu vida, el que te corona de favores y misericordias; el que sacia de bien tu boca de modo que te rejuvenezcas como el águila.

Observa el modo en que el Espíritu Santo ha ordenado sus beneficios: el perdón de tus iniquidades llega antes de la sanidad de tus enfermedades. En otras palabras, cuando sabes que has sido perdonado de **todos** tus pecados, pasados, presentes y futuros, sigue la sanidad de todas tus enfermedades.

Hay muchos creyentes que sufren enfermedades y dolencias debido a la culpabilidad. Haya o no una base real para su culpabilidad y condenación, la culpabilidad y condenación siguen siendo destructivas. Por eso el evangelio es tan poderoso. Es la buena noticia de la gracia y el perdón de Dios la que libera al creyente de todo sentimiento de suciedad o condenación, y le da el poder para ser libre del círculo vicioso de condenación y pecado.

La culpabilidad y la condenación perpetúan el ciclo de pecado, mientras que la gracia de Él, su sangre y su justicia liberan y proporcionan libertad del pecado. Jesús le dijo a la mujer agarrada en adulterio: "Ni yo te condeno; vete, y no peques más".[2] El poder para vencer el pecado se encuentra en el regalo de la no condenación. Amigo, Dios ha perdonado todas tus iniquidades. No olvides nunca este beneficio al igual que todos los demás beneficios que la obra terminada de Jesús ha comprado para ti. ¡Bendice al Señor por todos sus beneficios y bendiciones hacia ti cada día!

En una ocasión, cuando me estaba preparando para predicar, el Señor compartió conmigo lo siguiente: "Suceden cosas buenas a las personas que creen que Dios les ama". Yo utilicé esta frase como título para mi sermón. Probablemente sea uno de los títulos de sermón más largo que haya recibido jamás de parte de Él, pero es muy poderoso. El que te sucedan cosas buenas no depende de quién eres, de las calificaciones académicas que tengas o de cuál sea tu profesión. ¡Te suceden cosas buenas simplemente cuando crees que Dios te ama! Él te ama todo el tiempo. Incluso cuando fallas, ¡Él te ama! Su amor no es como nuestro amor. Nuestro amor es condicional, pero el amor de Él no depende de nuestra conducta; depende totalmente de su gracia y de la obra de su Hijo Jesucristo.

¡Te suceden cosas buenas simplemente
cuando crees que Dios te ama!

¿Sabes lo que Pablo oraba para la iglesia en Éfeso? Esta era una de las iglesias más espirituales en su época, y él oraba para que ellos pudieran comprender "cuál sea la anchura, la longitud, la profundidad y la altura" del "amor de Cristo".[3] ¿Puedes ver aquí la imagen de la cruz de Jesús? La anchura, la longitud, la profundidad y la altura señalan a los cuatro extremos de la cruz.

Notemos el énfasis de Pablo en el amor **de** Cristo. En otras palabras, no es nuestro amor **por** Cristo. Pablo oraba para que ellos tuvieran una revelación del amor de Jesús por ellos y no el amor de ellos por Jesús. Ahora, observemos atentamente el resultado de que ellos conocieran el amor de Él: serían llenos de toda la **plenitud de Dios**. He escuchado muchos sermones diciendo que si haces esto o aquello, serás lleno de la plenitud de Dios; pero no es eso lo que la Biblia dice. Dice que cuando **conoces el amor de Cristo**, ¡serás lleno de la plenitud de Dios!

Pablo no se detiene aquí. Sigue diciendo: "Y a Aquel que es poderoso para hacer todas las cosas mucho más abundantemente de lo que pedimos o entendemos...".[4] Dios se hace grande en tu vida cuando conoces su amor. Él te dará no sólo abundantemente, sino mucho más abundantemente de TODO lo que puedes pedir o pensar. Por tanto, cuando conoces el amor de Él por ti, puedes PEDIR A LO GRANDE y PENSAR A LO GRANDE, ¡y Dios seguirá sobrepasando lo que pidas y pienses! Sin embargo, hay personas en la actualidad que siguen presumiendo de su amor por Dios, creyendo que Él les bendecirá en conjunto con sus buenas obras. ¡Eso es incorrecto!

Una revelación nueva de su amor

En mi propia vida ha habido algunas cosas por las que yo he estado creyendo a Dios, pero no ha pasado nada por años, hasta que entendí lo mucho que Dios me ama. Cuando entendí lo mucho que Él me ama, fue como si de repente la puerta de sus bendiciones se abriera de par en par, y comenzaron a sucederme todo tipo de cosas buenas, en mí y a mi alrededor. Suceden cosas buenas a quienes saben que Dios les ama.

Recuerdo un incidente en el que Dios reveló su amor por mí muy claramente. Mi hija Jessica tenía unos dos años de edad y sufría un ataque viral. Wendy y yo la habíamos llevado a los médicos, y ellos pincharon sus venas para todo tipo de análisis, pero no pudieron encontrar ninguna razón ni remedio para su enfermedad.

Mi corazón se dolía al oír a mi Jessica llorar durante toda la noche. Yo intenté todo lo que sabía. Ataba y desataba, confesaba la Palabra de Dios, gritaba, imponía manos...todo ello sin éxito alguno. Durante días, mi pequeña seguía llorando de dolor. Cuando finalmente yo no pude soportarlo más, acudí al Señor y comencé a llorar en su presencia, con el sonido de los lloros de mi bebé aún resonando aunque yo me había encerrado en mi estudio. Lloré: "Señor, tienes que hablarme. ¿Qué está sucediendo? He intentado hacer todo lo que sé".

El Señor entonces me llevó a Génesis 22, donde Dios le dijo a Abraham que ofreciese a su hijo Isaac en holocausto a Él. Dios le dijo a Abraham: "Toma ahora tu hijo, tu único, Isaac, a quien amas...".[5] Aunque Abraham tenía dos hijos, Isaac e Ismael, Dios sólo reconocía a Isaac, quien nació del Espíritu (un cuadro de un resultado por gracia). Él no reconocía a Ismael, que nació de la carne (un cuadro de un resultado del esfuerzo propio). Yo leí lo que Dios le dijo a Abraham sobre que Isaac era su único hijo, y pensé: Dios está realmente presionando aquí. Debió de haber sido muy difícil para Abraham sacrificar a su hijo, y Dios tuvo que "subrayarlo" al hacer hincapié en que Isaac era su único hijo a quien él amaba: "Toma ahora tu hijo, tu **único**, Isaac, **a quien amas**".

Entonces, llegué a la parte en que Abraham estaba a punto de matar a su hijo y Dios le detuvo. Abraham entonces miró a sus espaldas y encontró un cordero enredado en unas ramas por los cuernos. ¡Dios había provisto un cordero para el sacrificio! Mientras ellos iban subiendo por un lado de la montaña, el cordero iba subiendo por el otro lado. (Amigo, cuando no parezcas ver tu provisión llegando hasta ti, no te preocupes. Cada vez que te mueves hacia el propósito de Dios, Él proveerá para ti. ¡Tu provisión está de camino por el otro lado de la montaña!). Por tanto, Dios detuvo a Abraham para que no bajase su cuchillo. Él dijo: "No extiendas tu mano sobre el muchacho, ni le hagas nada; porque ya conozco que temes a Dios, **por cuanto no me rehusaste tu hijo, tu único**".[6]

Cuando leí la última parte de ese versículo, el Espíritu Santo abrió mis ojos de repente, y me mostró que Dios en realidad había estado hablando de Él mismo. Él era el Padre que renunciaría a su Hijo. Toda la historia del muchacho que llevaba la leña a sus espaldas y se dirigía al lugar del sacrificio ¡era un cuadro de Jesús llevando la cruz a sus espaldas y dirigiéndose al lugar del sacrificio en el Calvario! Dios nos estaba diciendo que Él entregaría a su Hijo, **su único Hijo, el Hijo a quien Él amaba**, como rescate por nosotros. Hasta que sepas lo mucho que Dios ama a Jesús, nunca sabrás lo mucho que Dios te ama a ti, porque Dios entregó a Jesús para salvarte.

Él te amó tanto que no retuvo a su Hijo, su único Hijo, el Hijo a quien Él amaba, por ti.

Mientras leía el pasaje, entendí lo mucho que Dios me amaba. Él me amaba tanto que no retuvo a su Hijo, su único Hijo, el Hijo a quien Él amaba, por mí. En ese momento yo había comenzado a llorar de nuevo en mi estudio, pero aquellas no eran lágrimas por mi hija; eran lágrimas que salían de un profundo e íntimo sentimiento del abrumador amor de Dios por mí. En ese momento, sentí su amor sobre mí; y justamente entonces, mi hija dejó de llorar en la otra habitación. Desde aquel momento en adelante, ¡ella fue totalmente sana! Mientras yo estaba experimentando una revelación nueva del amor de Él por mí, ¡el milagro para mi hija se produjo! Amigo, suceden cosas buenas a quienes saben que Dios les ama.

La ley es una pesada carga

La razón por la cual las personas están llenas de amargura, enojo y resentimiento no es que Dios no les ame; es que piensan que deben ganarse el amor de Dios por su conducta y por hacer buenas obras. Cuando Jesús dijo: "Venid a mí todos los que estáis trabajados y cargados, y yo os haré descansar",[7] no estaba hablando de personas que estuvieran cansadas de trabajar en sus empleos seculares. Estaba hablando de personas que estaban bajo la carga de la ley. Estaba hablando de quienes se esforzaban bajo la ley por agradar a Dios, de quienes estaban sobrecargados con la ley. Les estaba diciendo que dejasen sus esfuerzos propios y le permitiesen a Él darles descanso. Mira, la ley demanda mientras que la gracia imparte descanso. La ley dice: "Haz cosas buenas y obtén bien. ¡Haz lo malo y obtén palos!". ¿No dicen eso todos los demás sistemas de creencia?

A veces, cuando oigo el modo en que algunos predicadores predican, realmente me pregunto: ¿Ha cambiado algo la cruz? El sistema de ser bendecido cuando haces el bien y ser maldecido cuando fallas ya estaba en su lugar antes de que Jesús viniera. ¿Por qué siguen enseñando que estamos bajo ese sistema en la actualidad? Vamos, amigo, no niegues la cruz de Jesús. La cruz de Jesús lo cambió todo. ¡Jesús recibió todo nuestro "mal" y nosotros tomamos todo el "bien" de Él! Ese es el evangelio de Jesucristo. ¡Se basa por completo en la gracia de Él!

Tú eres el amado de Dios

Cuando Jesús fue bautizado en el río Jordán, una voz del cielo dijo: "Este es mi Hijo amado, en quien tengo complacencia".[8] Esto está registrado en la Biblia para tu beneficio. Hoy, Dios te ha aceptado en el Amado. En este momento, Él se agrada de ti porque estás en Cristo. Hoy, el modo en que Jesús es el Hijo amado de Dios es el mismo modo en que tú eres el hijo amado de Dios. De hecho, Jesús oró al Padre que sus discípulos (eso nos cubre también a nosotros) supieran que el modo en que su Padre le ama a Él es el mismo modo en que su Padre les ama a ellos.[9]

Inmediatamente después de que Jesús fuera bautizado, fue dirigido por el Espíritu al desierto para ser tentado por el diablo. ¿Qué le dijo el diablo a Jesús? Le dijo: "Si eres Hijo de Dios, di que estas piedras se conviertan en pan".[10] Notemos que el diablo astutamente dejó caer una palabra vital cuando incitó a Jesús a demostrar que Él era el Hijo de Dios. Dios dijo audiblemente que Jesús era su "Hijo amado", pero el diablo no hizo mención alguna de la palabra "amado". Deliberadamente dejó fuera la palabra "amado" cuando llegó para tentar a Jesús. Él hace lo mismo contigo en la actualidad porque sabe que si te recuerda que eres el amado de Dios, todos sus planes, maquinaciones y estrategias malvadas para tentarte fracasarán. **Cuando sabes que eres el amado de Dios, cualquier cosa que el diablo quiera sacar contra ti fracasará.** Las personas entregan sus vidas al pecado cuando se sienten rechazadas y no queridas; pero cuando saben que son el amado de Dios, ninguna tentación puede tener éxito contra ellas. Veamos la respuesta de Jesús a la primera tentación del diablo. La primera tentación fue que Él convirtiese las piedras en pan. ¿Hay alguna ley en el Antiguo Testamento que diga que uno no puede convertir piedras en pan? No. Por tanto, ¿qué estaba diciendo el diablo?

Cuando el diablo dijo: "Di que estas PIEDRAS se conviertan en pan" estaba diciendo, de hecho, a Jesús que obtuviera su alimento de la ley que estaba escrita en PIEDRAS. Ahora, veamos la respuesta de Jesús: "No sólo de pan vivirá el hombre, sino de toda palabra que sale de la boca de Dios".[11] Cuando Jesús se refirió a "toda palabra que sale de la boca de Dios", se estaba refiriendo a la palabra *rhema*[12], o "palabra ahora". ¿Que acababa Dios de decirle a Jesús antes de entrar en el desierto? Él había dicho: : "Este es mi Hijo **amado**, en quien tengo complacencia". ¡Esta es la palabra por la que nosotros también tenemos que vivir hoy!

Tú eres el amado de Dios mediante Jesucristo. No tenemos que vivir según los Diez Mandamientos escritos y grabados en piedras. No hay alimento alguno en el ministerio de muerte y condenación. Jesús murió en la cruz para que nosotros podamos estar en Él, y así poder vivir por la misma palabra que sale de la boca de Dios cuando Él llamó a Jesús su amado. Actualmente, Dios te ve en Cristo. Óyele decirte: "Tú eres mi Hijo amado, en quien tengo complacencia".

Quitar la piedra

El Señor me dijo hace muchos años: "Hijo, tu ministerio es quitar la piedra". Permite que te explique lo que esto significa. En la historia de Lázaro,[13] Jesús mandó a las personas que quitasen la piedra del sepulcro de Lázaro. Aunque las personas dijeron que Lázaro ya llevaba muerto cuatro días y que el olor sería terrible, Jesús insistió porque sabía que Lázaro había sido resucitado.

Mira, incluso cuando Lázaro estaba vivo, la vida de resurrección no pudo fluir mientras él estuviera atado detrás de la piedra. La piedra tenía que ser quitada para que surgiera la vida de resurrección. De eso se trata mi ministerio: quitar la piedra. Hay muchos creyentes que **tienen** vida de resurrección porque han sido salvos, pero no están experimentando victorias en sus cuerpos, finanzas, vidas familiares y carreras porque están atados de manos y pies, y atrapados detrás de la piedra. Antes de que la vida de resurrección pueda fluir, ¡hay que quitar la piedra!

Amigo, la piedra es una imagen de la ley. La ley fue escrita y grabada en piedras, y mientras los creyentes estén bajo la ley, el ministerio de muerte y condenación les ata. Mi comisión de parte del Señor es quitar la piedra de los creyentes que son salvos y nacidos de nuevo. Necesitas quitar la ley que ata. Cuando quitas la piedra, y es entonces cuando Lázaro sale, ¡es cuando ves la gloria de Dios!

Las personas tienen temor a que si quitan la piedra de la ley, eso les dará licencia para pecar. Pero ¿has notado que las personas ya están pecando sin licencia y que estar bajo la ley no ha detenido el pecado? La respuesta al pecado se encuentra en la gracia; es la gracia la que detendrá el pecado. No estamos quitando la piedra de carne muerta y apestosa (los perdidos) sino de personas resucitadas (creyentes). Al igual que Lázaro, que ya había sido hecho vivo, las piedras demuestran ser un obstáculo para que esas personas salgan.

Amigo, saber que eres hecho el amado de Dios por su gracia te dará dominio en la vida para vencer hábitos de pecado y tentaciones. Las tentaciones no pueden prosperar cuando tienes una revelación de que eres el amado de Dios. Cuando sabes lo precioso y valioso que eres para Dios, y las profundidades del amor de tu Abba por ti, ¿por qué querrías desperdiciar tu vida participando en pecados que sólo causan destrucción y muerte?

Las tentaciones no pueden prosperar cuando tienes una revelación de que eres el amado de Dios.

Cuando el diablo intente lanzar tentaciones contra ti, nunca te recordará que eres el amado de Dios. Él quiere que te cuestiones tu identidad y tu posición como hijo de Dios amado porque sabe que cuando dudes de que eres el amado de Dios, él puede hacerte sentir separado de Dios; puede amontonar culpabilidad y condenación sobre ti y tentarte aún más. Te dirá cosas como: "¿Cómo puedes tener esos pensamientos? ¿Y te llamas a ti mismo cristiano?". Por tanto, incluso cuando fallas, continúa viéndote como el amado de Dios. ¡Sigues siendo la justicia de Dios en Cristo Jesús!

Estar ocupados en su amor

"Pero pastor Prince, ¿cómo puedo decir que sigo siendo el amado de Dios cuando he fallado?".

¡Puedes decirlo porque su amor por ti es constante e incondicional! ¿Eres amado por Dios debido a lo que has hecho? No, ¡se debe a lo que Jesús ha hecho en la cruz! Por tanto, Dios no dejará de amarte debido a lo que **tú** hayas hecho. Además, Él te amó cuando estabas aún en el vientre de tu madre, y seguirá amándote cuando le veas cara a cara.

Permítame compartir contigo mi experiencia con el amor de Dios cuando yo he fallado y fracasado. Ya sabes que Wendy es una esposa maravillosa. No sólo es realmente hermosa, sino que también es muy sabia. A veces, ella me hace cierta sugerencia y cuando yo pongo en práctica exactamente lo que ella ha sugerido, la gente me dice: "Pastor Prince, ¡es una idea brillante!". Ella realmente me hace verme bien. Por tanto, obviamente, ella es muy inteligente. Pero independientemente de lo maravillosa o inteligente que ella sea, hay ocasiones en que tenemos "intensas discusiones" porque ella no ve "mi sabiduría". (Mira, los pastores no nos peleamos; solamente tenemos "intensas discusiones" con nuestro cónyuge. Además, nunca nos preocupamos. Sólo tenemos "intereses y aprensiones"). ¡El peor momento para tener esas "intensas discusiones" es cuando vamos de camino a la iglesia y yo tengo que predicar! En el pasado, esas acaloradas discusiones algunas veces duraban más de un día. Pero desde que yo descubrí lo mucho que el Señor me ama, justamente en medio del silencio helado que normalmente sigue a esas intensas discusiones, escuchaba a Jesús decirme: "Hijo, ¿sabes que en medio de tu enojo te sigo amando?".

Anteriormente, yo no pensaba en esa palabra del Señor porque me enseñaron que en el momento en que te enojas o fallas, te apartas de la comunión con Dios. Me enseñaron que en el momento que yo fallaba, ¡las bendiciones desaparecían y el favor de Él se detenía! Y debido a que yo creía eso, influenciaba el modo en que vivía mi vida diaria al igual que mi relación con mi esposa. Como resultado, yo solía enojarme cada vez más con ella porque le culpaba a ella de hacer que mi comunión con Dios se interrumpiera. Por tanto, el enojo seguía cociéndose y creciendo.

Pero actualmente conozco la verdad. Sé que incluso cuando yo fallo, Dios y yo seguimos estando "unidos" (seguimos siendo "amigos", ¿sabes lo que quiero decir?) debido a la sangre de Jesús. Dios me sigue viendo como su hijo amado. Tengo el regalo de la justicia independientemente de lo que yo haga. Sé que Dios me sigue amando, que nuestro compañerismo no está interrumpido y que su favor sigue fluyendo en mí.

Amado, no hay nada que puedas hacer hoy para que Dios te ame más, y no hay nada que puedas hacer para que Él te ame menos. Cuando fallas, ese es el momento en que necesitas alimentarte de su amor por ti. Comienza a verte a ti mismo como el discípulo a quien Jesús ama. Personaliza su amor por ti del modo en que lo hizo Juan. ¡Él se refirió a sí mismo como "el discípulo a quien Jesús amaba" cinco veces en su propio Evangelio! (Consigue mi sermón en CD, *Llegar a ser un discípulo al que Jesús ama: el secreto de Juan*. ¡Sin duda alguna te bendecirá!).

El sol brilla sobre toda la hierba del campo. Pero cuando personalizas el amor de Dios por ti, es como si estuvieras tomando una lupa y situándola sobre una brizna de hierba. Hacer eso intensifica la luz y el calor sobre esa brizna de hierba, y poco tiempo después comenzará a arder. Amado, no es suficiente con saber que Dios ama **a todos**. Necesitas saber y creer que Él que ama **a ti**, y dejar que esa revelación arda en tu corazón, especialmente cuando fracasas. Y a medida que sigas alimentándote de su amor por ti, su amor comenzará a rebosar en ti. Eso es lo que yo hago.

Cuando estás lleno de su amor por ti, toda ira se disipa. Cuando yo tuve la revelación de su amor por mí incluso en medio de mis fracasos, descubrí que las "intensas discusiones" con Wendy eran más breves y menos frecuentes, y el amor de Cristo se hizo cada vez más real. En lugar de permanecer en el enojo, descubrí que se hacía más fácil para mí acercarme a Wendy en medio de nuestras "discusiones", sonreírle y reconciliarme con ella rápidamente. ¡Eso es lo que sucede cuando estás ocupado con el amor de Él y no con tus propios fracasos! A propósito, actualmente mi esposa y yo tenemos uno de los matrimonios más emocionantes en la tierra de Dios, totalmente por la gracia de Dios.

Ser David que derriba a Goliat

Amigo, comienza a practicar el amor de Dios por ti y eso se traducirá en victoria en tu vida cotidiana. Había un feo gigante llamado Goliat. Estoy seguro de que estarás familiarizado con la historia de cómo un joven pastor llamado David salió contra Goliat y le derrotó. No hay detalles insignificantes en la Biblia. Incluso los nombres en la Biblia conllevan secretos para nuestro beneficio.

El nombre "Goliat" viene de la palabra hebrea *galah*, que significa "exiliar".[14] Ser exiliado es ser despojado de todo lo que eres y todo lo que tienes. Por tanto, el nombre de Goliat esencialmente significa que él había sido despojado de todo: exiliado. ¡Vaya nombre! Goliat es un cuadro del diablo: Jesús le ha despojado de todas sus armas contra nosotros.[15] El nombre "David", por otro lado, significa "amado".[16] La batalla en el valle de Ela era, por tanto, una batalla entre un amado de Dios y un exiliado despojado. ¡Capta esta revelación! ¡Para derribar al gigante es necesario alguien que sepa que es el amado de Dios! ¡Este es el secreto para convertirse en un derribador de gigantes! No importa cuál sea tu gigante en este momento; podría ser un problema matrimonial o una situación económica. Comienza a ver que eres el amado de Dios y tus gigantes comenzarán a ser derribados.

---

*Comienza a ver que eres el amado de Dios y
tus gigantes comenzarán a ser derribados.*

Amigo, Dios te ama; eres su hijo amado independientemente de lo que hayas hecho. Él te ama tal como eres porque has sido limpiado más blanco que la nieve con la sangre de Jesús. Vive cada día por estas palabras de tu amoroso Padre celestial: "Tú eres mi hijo amado en quien tengo complacencia". Su favor está sobre ti, en tu familia, en lugar de trabajo y en todo lo que haces. Eres una bendición dondequiera que vas.

Si Dios no retuvo de ti a su Hijo, ¿por qué retendría de ti sanidad, provisión económica, protección, paz mental y todas las otras bendiciones? Cuando el Dios todopoderoso es tu Padre amoroso y tú eres su hijo amado, ¿qué temores puedes tener? ¿Temor al pasado, al presente y al futuro? ¿Temor a no tener suficiente? ¿Temor a la enfermedad? ¿Temor a la muerte? ¿Temor al castigo? Amado, cuando tienes una revelación de lo mucho que Dios te ama y de que Él te ve completamente justo por la sangre de Jesucristo, todos tus temores se disiparán, porque si Dios está por ti, ¿quién puede estar contra ti?

Amado, aparta tu mirada de tus circunstancias y clama sin temor a tu Padre. ¡Él te ama y nunca te juzgará o condenará! Él te ama con amor eterno. Aliméntate de su amor, ¡y recibe de Él mucho más abundantemente de todo lo que puedes pedir o pensar!

Palabras finales

A LO LARGO DE este libro he intentado mostrarte el evangelio de Jesucristo mediante las Escrituras al igual que mediante mis propias batallas con las enseñanzas erróneas que había recibido cuando estaba creciendo en el Señor. Te he demostrado que bajo la dispensación de la gracia, Dios no te juzga y no castiga a sus propios hijos con enfermedades, dolencias o accidentes. Debido a la obra terminada de Jesús en la cruz, Él no estará enojado contigo ni te reprenderá incluso cuando falles. Por tanto, no olvides la frase principal del nuevo pacto, que dice que tus pecados y tus obras de impiedad Él no las recuerda más.

Muchos creyentes están derrotados en la actualidad porque no conocen al Dios del nuevo pacto de gracia. Creo todo mi corazón que debido a que has hecho este maravilloso viaje conmigo por el camino de Emaús y has visto por ti mismo, comenzando desde Moisés hasta los Profetas, todas las cosas concernientes a Jesucristo y a su obra terminada, tu corazón ahora arderá con su amor extravagante por ti. ¡Jesús verdaderamente aporta de nuevo la palabra "increíble" a la palabra gracia!

Actualmente, Dios quiere bendecirte con su gracia, favor inmerecido y que no puede ganarse, en cada área de tu vida. Deja ir de intentar merecerte y ganarte tu propia aceptación delante de Dios con tus propias obras y esfuerzos, pues eso solamente frustrará la gracia de Dios y anulará los efectos de la cruz en tu vida. Amigo mío, Jesús ya terminó la obra. Cree con todo tu corazón que no se trata de lo que tú necesitas hacer hoy, sino de lo que ya ha sido hecho y logrado por ti.

Amado, te he predicado el evangelio de Jesucristo y estoy cumpliendo la comisión que Él me dio en 1997 de predicar la gracia radicalmente de modo que vidas puedan ser radicalmente transformadas. Sé que si tú has creído estas Buenas Nuevas de su gracia, tu vida ha comenzado a ser radicalmente transformada, juntamente con los incontables creyentes en todo el mundo que ya han sido impactados por la revolución del evangelio.

Es mi oración que este libro derribe las barreras de controversia que el enemigo ha erigido alrededor de la enseñanza de la gracia de Dios y su de justicia, de modo que puedas recibir no solamente gracia, sino **"abundancia de gracia"**, y recibir no sólo justicia, sino **"el don de justicia"**, y **comenzar a reinar en vida.** Comienza a reinar sobre el pecado, sobre la enfermedad, sobre la condenación, sobre la carencia económica y sobre la maldición de la ley mediante UNO: Jesucristo.

Todo lo que he compartido funciona con más poder y eficacia dentro del ambiente de la iglesia local. Estas verdades son para el bien del Cuerpo de Cristo, y no deberían dar como resultado que te conviertas en ley para ti mismo. Amigo, quiero verte disfrutar de la seguridad de la cobertura de una iglesia local en la que haya rendimiento de cuentas y sumisión. Es ahí donde nuestras bendiciones son tremendamente multiplicadas.

Te doy gracias por haber hecho este viaje conmigo y por darme la oportunidad de revelarte más de Jesús. Has sido un estupendo compañero de viaje. ¡Deberíamos repetirlo pronto! Mientras tanto, espero oír de ti en cuanto al modo en que en nuestro Señor Jesús ha tocado he impactado tu vida con su increíble gracia.

¡Todo se trata de Jesús y de su obra terminada!

Estás destinado a reinar por medio de Él.

**¡Este es el secreto del éxito, la sanidad y
la vida victoriosa sin esfuerzo!**

Notas

Capítulo 1
Destinado para reinar
1. NT: 936, Biblesoft's New Exhaustive Strong's Numbers and Concordance with Expanded Greek-Hebrew Dictionary. (c) 1994, Biblesoft & IBT, Inc.
2. Crowther, J., Kavanagh, K., Ashby, M. (eds). *Oxford Advanced Learner's Dictionary Of Current English, Fifth Edition.* Oxford University Press, 1995.
3. Juan 19:30
4. R Badham, Magnificent, *Blessed*, CD album por Hillsong Australia, 2002.
5. Colosenses 2:13
6. Hebreos 10:11
7. 1 Corintios 15:10

Capítulo 2
La ley ha sido cumplida
1. Gálatas 2:21
2. Colosenses 2:14, NVI
3. Mateo 5:17
4. Efesios 6:12
5. Romanos 3:20
6. Romanos 4:15
7. Apocalipsis 12:10

Capítulo 3
Controversias que rodean el evangelio de gracia
1. Juan 10:10
2. Lucas 6:19
3. 2 Corintios 8:9
4. Mateo 7:11
5. Hebreos 8:7–8
6. 1 Corintios 15:56
7. Romanos 10:3
8. 2 Corintios 5:21
9. 1 Corintios 15:34
10. Mateo 10:16
11. Mateo 11:28–30
12. Juan 14:6

Capítulo 4
¡Nos han robado!
1. 2 Corintios 5:21
2. Colosenses 2:13
3. Apocalipsis 1:8
4. Romanos 6:14

Capítulo 5
¿Está Dios juzgando a EE. UU.?
1. 2 Pedro 3:9
2. 1 Reyes 22:52

3. 2 Reyes 1:1–15
4. Génesis 19:25
5. 2 Timoteo 2:15
6. Lucas 9:54–56
7. Juan 3:17
8. Juan 10:10
9. Génesis 18:32
10. Génesis 19:22–24
11. Romanos 4:8
12. 1 Juan 2:1
13. 1 Juan 4:17
14. Mateo 5:21–22, 27–28
15. Santiago 2:10
16. Romanos 3:23

Capítulo 6
La conspiración del mal
1. Levítico 26:28
2. Isaías 53:2
3. Salmo 103:4
4. Thayer's Greek Lexicon. By Biblesoft
5. 2 Corintios 12:7
6. Números 33:55
7. 2 Corintios 12:9
8. Mateo 10:16

Capítulo 7
El evangelio que Pablo predicó
1. Romanos 10:17
2. NT:5547, Biblesoft's New Exhaustive Strong's Numbers and Concordance with Expanded Greek-Hebrew Dictionary. (c) 1994, Biblesoft & IBT, Inc.
3. Hechos 14:7
4. Hechos 13:44
5. Hechos 13:45
6. Mateo 27:51
7. Juan 10:10
8. Hechos 14:3–4
9. Hechos 14:5
10. Hechos 14:3
11. Gálatas 1:8
12. Gálatas 1:9

Capítulo 8
La frase principal del nuevo pacto
1. Mateo 12:31
2. Juan 15:26
3. Marcos 3:22
4. Marcos 3:28–30
5. Mateo 5:29–30
6. Mateo 12:34, 23:33
7. Colosenses 2:13

8. NT: 3956, Biblesoft's New Exhaustive Strong's Numbers and Concordance with Expanded Greek-Hebrew Dictionary. (c) 1994, Biblesoft & IBT, Inc.
9. Mateo 26
10. Juan 19:30

Capítulo 9
La catarata del perdón
1. Lucas 7:44–47
2. Mateo 5:21–22, 27–28
3. Romanos 14:23
4. 1 Corintios 6:19
5. Wuest, Kenneth S. (1954). 'In These Last Days: The Exegesis Of First John'. B. Eerdmans Pub. Co.
6. Hebreos 9:12, Efesios 1:7
7. Hebreos 10:1–14
8. Marcos 2:3–12

Capítulo 10
El ministerio de muerte
1. 2 Corintios 3:6
2. 2 Corintios 3:13
3. Éxodo 32:28
4. Hechos 2:41
5. 1 Corintios 15:56
6. Romanos 6:14
7. Hebreos 8:7
8. Hebreos 8:6
9. Hebreos 8:13
10. Romanos 1:16
11. Santiago 2:10
12. Romanos 5:20
13. Romanos 3:20
14. Gálatas 3:24
15. Génesis 3:22
16. Génesis 3:24
17. Juan 10:10

Capítulo 11
Desarraigar la raíz más profunda
1. ©1998–2007 Mayo Foundation for Medical Education and Research. *Stress: Unhealthy Response To The Pressures Of Life*. www.mayoclinic.com
2. Goleman, Daniel. (15 de diciembre de 1992). New Light On How Stress Erodes Health. *The New York Times*. Consultado el 24 de abril de 2007 de query.nytimes.com
3. Colbert, Don, M.D. (2005). *Stress Less*. Siloam, A Charisma Media Company.
4. Hebreos 10:22
5. Hebreos 10:2
6. OT:7853, Biblesoft's New Exhaustive Strong's Numbers and Concordance with Expanded Greek-Hebrew Dictionary. (c) 1994, Biblesoft & IBT, Inc.

7. Apocalipsis 12:10
8. Hebreos 8:12
9. Juan 14:16
10. 1 Corintios 15:34, NTV
11. Mateo 12:35
12. Juan 3:17
13. Juan 14:26
14. Proverbios 10:6

Capítulo 12
La condenación mata
1. 2 Corintios 3:7, 9
2. Romanos 7:10–11
3. Romanos 7:7–8
4. Romanos 5:20
5. Romanos 7:15
6. Romanos 7:19, 24
7. Wuest, Kenneth S. (1955). 'Romans In The Greek New Testament'. B. Eerdmans Pub. Co.
8. Romanos 7:25
9. Deuteronomio 21:18–21

Capítulo 13
El regalo de la no condenación
1. Mateo 26:28
2. Juan 9:1–7
3. OT: 7853, Biblesoft's New Exhaustive Strong's Numbers and Concordance with Expanded Greek-Hebrew Dictionary. (c) 1994, Biblesoft & IBT, Inc.
4. Romanos 8:1, NVI
5. Isaías 54:17
6. Hebreos 9:22
7. Juan 8:4
8. Romanos 6:14
9. Romanos 7:15
10. Romanos 7:24
11. Romanos 8:3

Capítulo 14
No más conciencia de pecado
1. Lucas 7:37–39, 48
2. Tito 2:11–12
3. Strong, James, (2001). *The New Strong's Expanded Exhaustive Concordance of the Bible*. Thomson Nelson Publishers.
4. Salmo 139:23
5. Hebreos 8:12
6. 1 Juan 4:17
7. Juan 10:15, 17
8. Juan 1:29
9. 2 Corintios 5:21
10. Hebreos 10:14
11. Hebreos 10:10
12. Levítico 1:9, 13, 17
13. Hebreos 10:1–4
14. Hebreos 10:19
15. Hebreos 10:22

16. Mateo 9:2–7

Capítulo 15
El camino de Emaús
1. Lucas 4:18
2. Lucas 24:17
3. Lucas 24:32
4. NT:1695, Biblesoft's New Exhaustive Strong's Numbers and Concordance with Expanded Greek-Hebrew Dictionary. (c) 1994, Biblesoft & IBT, Inc.
5. NT:1695, Thayer's Greek Lexicon, Electronic Database. (c) 2000, Biblesoft & IBT, Inc.
6. Proverbios 4:22
7. Lucas 24:13
8. Lucas 24:33
9. Salmo 119:25
10. Hechos 14:8–10
11. 1 Reyes 17:18
12. Romanos 8:17
13. Juan 3:14–15
14. Proverbios 25:2
15. Números 21:4–5
16. Salmo 78:24–25
17. Juan 6:48–50
18. 1 Corintios 1:23–24
19. Números 21:6
20. Números 21:8
21. Números 21:9
22. Romanos 8:3
23. Éxodo 27:1–4

Capítulo 16
El secreto de David
1. Hechos 13:22
2. OT: 7521, Biblesoft's New Exhaustive Strong's Numbers and Concordance with Expanded Greek-Hebrew Dictionary. (c) 1994, Biblesoft & IBT, Inc.
3. Salmo 132:4–5
4. Salmo 132:8
5. 1 Samuel 4:4
6. Éxodo 25:22
7. Éxodo 25:10–22, Éxodo 37:1–9
8. Isaías 55:12, Marcos 8:24
9. Isaías 2:20; Cantares 5:11, 14–15
10. OT: 3727, Biblesoft's New Exhaustive Strong's Numbers and Concordance with Expanded Greek-Hebrew Dictionary. (c) 1994, Biblesoft & IBT, Inc.
11. Números 17:1–10
12. Salmo 78:24–25
13. Números 21:5
14. 1 Juan 2:2
15. NT: 2435, Biblesoft's New Exhaustive Strong's Numbers and Concordance with Expanded Greek-Hebrew

Dictionary. (c) 1994, Biblesoft & IBT, Inc.
16. 1 Samuel 6:19
17. Santiago 2:13
18. Salmos 30:5, 106:1
19. OT: 7157, Biblesoft's New Exhaustive Strong's Numbers and Concordance with Expanded Greek-Hebrew Dictionary. (c) 1994, Biblesoft & IBT, Inc.
20. Salmo 132:6
21. Salmo 132:14
22. Éxodo 32:16–28
23. Hechos 2:1–41
24. Apocalipsis 3:20
25. Apocalipsis 3:14
26. Juan 1:17
27. Mateo 18:20

Capítulo 17
Imagen de pura gracia
1. Génesis 3:21
2. Juan 1:29
3. Apocalipsis 5:5–6
4. Éxodo 7:14–18
5. Juan 2:1–11
6. Éxodo 14:11
7. Éxodo 15:23–25
8. Éxodo 16:2–4
9. Éxodo 17:3
10. Éxodo 19:12
11. Santiago 2:10
12. Éxodo 20:3
13. Éxodo 32:1–8
14. Éxodo 34:7
15. Hebreos 8:12, 10:17
16. Romanos 7:7
17. Hebreos 8:13
18. Hechos 13:39
19. Colosenses 1:12

Capítulo 18
Una cosa te falta
1. Romanos 2:4
2. Lucas 5:8
3. 1 Juan 4:19
4. 1 Juan 4:10
5. NT: 3340, Thayer's Greek Lexicon, Electronic Database. (c) 2000 by Biblesoft & IBT, Inc.
6. Mateo 3:2
7. Hebreos 6:1
8. Marcos 1:15
9. Éxodo 20:3
10. Tito 2:11–12

Capítulo 19
La clave para una vida victoriosa sin esfuerzo
1. Romanos 7:7–8

2. Éxodo 19:8
3. 1 Corintios 15:56
4. Romanos 6:14
5. 1 Corintios 15:34
6. Charles Haddon Spurgeon. A Defense Of Calvinism. www.spurgeon.org
7. Cantares 4:3
8. Wuest, Kenneth S. (1954). 'In These Last Days: The Exegesis Of First John'. B. Eerdmans Publishing Company.
9. Romanos 6:1–2
10. NT: 5248, Biblesoft's New Exhaustive Strong's Numbers and Concordance with Expanded Greek-Hebrew Dictionary. (c) 1994, Biblesoft & IBT, Inc.
11. 1 Juan 2:1–2
12. 2 Corintios 3:7–9
13. Lloyd-Jones, D Martyn. (1973). *Romans, The Law*. Zondervan Pub. House.

Capítulo 20
El problema con la mezcla
1. 1 Corintios 1:9
2. 1 Corintios 1:7–8
3. Gálatas 3:1
4. Gálatas 3:3
5. 1 Corintios 1:4
6. Gálatas 1:6–7
7. Mateo 12:34, 23:33
8. Gálatas 5:4
9. Gálatas 1:10
10. Romanos 6:14
11. OT: 894, The Online Bible Thayer's Greek Lexicon and Brown Driver & Briggs Hebrew Lexicon. Copyright (c)1993, Woodside Bible Fellowship, Licensed from the Institute for Creation Research.

Capítulo 21
El secreto de una gran fe
1. Hebreos 12:2
2. Marcos 9:29
3. Wuest, Kenneth S. (1950). 'Mark In The Greek New Testament'. B. Eerdmans Pub. Co.
4. 1 Corintios 7:5
5. Wuest, Kenneth S. (1961). 'The Epistles: 1 Corinthians'. B. Eerdmans Pub. Co.
6. Mateo 6:16–18
7. Marcos 5:34
8. Mateo 8:5–13
9. Mateo 15:21–28
10. Gálatas 3:12
11. Romanos 4:14
12. Gálatas 5:6
13. 2 Corintios 8:9

14. Éxodo 12:13
15. Juan 1:29
16. Romanos 8:32

Capítulo 22
Suceden cosas buenas
1. Hechos 4:33
2. Juan 8:11
3. Efesios 3:18–19
4. Efesios 3:20
5. Génesis 22:2
6. Génesis 22:12
7. Mateo 11:28
8. Mateo 3:17
9. Juan 17:23
10. Mateo 4:3
11. Mateo 4:4
12. NT: 4487, Thayer's Greek Lexicon, Electronic Database. Copyright (c) 2000 by Biblesoft
13. Juan 11:1–44
14. OT: 1540, Biblesoft's New Exhaustive Strong's Numbers and Concordance with Expanded Greek-Hebrew Dictionary. (c) 1994, Biblesoft & IBT, Inc.
15. Colosenses 2:15
16. OT: 1732, The Online Bible Thayer's Greek Lexicon and Brown Driver & Briggs Hebrew Lexicon. Copyright (c)1993, Woodside Bible Fellowship, Licensed from the Institute for Creation Research.

Oración de salvación

Si te gustaría recibir todo lo que Jesús ha hecho por ti y hacerle tu Señor y salvador, por favor haz esta oración:

Señor Jesús, gracias por amarme y morir por mí en la cruz. Tu preciosa sangre me limpia de todo pecado. Tú eres mi Señor y salvador, ahora y para siempre. Creo que resucitaste de la muerte y que estás vivo hoy. Debido a tu obra terminada, ahora soy un hijo amado de Dios y el cielo es mi hogar. Te doy gracias por darme vida eterna, y llenar mi corazón de tu paz y gozo. Amén.

Nos gustaría oír de ti

Si has hecho la oración de salvación, o si tienes un testimonio que compartir después de leer este libro, por favor envíanos un mensaje a través de nuestra página web: www.josephprince.com

Te invitamos a que visites nuestra página
web donde podrás apreciar la pasión por
la publicación de libros y Biblias:

www.casacreacion.com

 @CASACREACION

 @CASACREACION

 @CASACREACION

Para vivir la Palabra